Herausgegeben von
Peter R. Weilemann

Hans von der Groeben

# Die Europäische Gemeinschaft und die Herausforderungen unserer Zeit

Aufsätze und Reden 1967–1987

Nomos Verlagsgesellschaft
Baden-Baden

**CIP-Kurztitelaufnahme der Deutschen Bibliothek**

**Groeben, Hans von der:**
Die Europäische Gemeinschaft und die Herausforderungen unserer Zeit: Aufsätze u. Reden 1967–1987 / Hans von der Groeben. Hrsg. von Peter R. Weilemann. – 1. Aufl. – Baden-Baden: Nomos Verlagsgesellschaft, 1987.
ISBN 3–7890–1406–0

1. Auflage 1987

# Inhaltsverzeichnis

# Vorwort

Der europäische Einigungsgedanke ist eine der machtvollsten Ideen internationalen ordnungspolitischen Denkens der zweiten Hälfte dieses Jahrhunderts. Seine geistesgeschichtlichen Wurzeln reichen zurück bis in das 17. Jahrhundert, doch es war erst unter dem Eindruck der Katastrophe des Zweiten Weltkrieges und der totalitären Herausforderung des Kalten Krieges, daß er politische Gestalt annahm. Verglichen mit der Dauer von Allianzen und anderen Zusammenschlüssen im Europa der Nationalstaaten sind die drei bis vier Jahrzehnte, die die Europäischen Gemeinschaften bestehen, eine lange Zeit. In der historischen Perspektive der Herausbildung des europäischen Staatensystems aber stellen sie revolutionäre Veränderungen dar, für deren Erfassung weder die überkommenen staats- und völkerrechtlichen Konzepte noch die herkömmlichen Methoden nationaler und internationaler Politik hinlänglich zu sein scheinen.

Die hier vereinten Aufsätze und Reden Hans von der Groebens (geb. 1907) sind Resultate unablässigen Forschens nach Annäherungen und Antworten auf diese politische und wissenschaftliche Herausforderung. Sie stammen aus der Feder eines Mannes, der von den allerersten Anfängen an die Ausgestaltung und Entwicklung der Europäischen Wirtschaftsgemeinschaft in führender Position maßgebend mitgeprägt und dann die Summe seiner praktischen Erfahrung mit wissenschaftlichem Engagement zu systematisieren unternommen hat.

Als Mitverfasser des weichenstellenden »Spaak-Berichts« wie als Vorsitzender des Ausschusses »Gemeinsamer Markt« während der Verhandlungen zum EWG-Vertrag wie später als für die Wettbewerbsordnung zuständiges Mitglied der Kommission hat Hans von der Groeben entscheidend dazu beigetragen und sichergestellt, daß der Gemeinsame Markt Europas nach marktwirtschaftlichen Regeln geordnet wurde. Dabei galt es, von Beginn an im Auge zu behalten, daß die EWG keine bloße Wirtschaftsgemeinschaft, sondern der Motor einer politischen Integration sein sollte. Wie und auf welches Ziel hin das in ihr angelegte integrationspolitische Potential nutzbar gemacht werden konnte, ist bis heute das zweite große Thema seines politischen Denkens wie wissenschaftlichen Arbeitens. Hans von der Groeben ist davon überzeugt, daß es keiner ideologischen Überhöhung des Europagedankens bedürfe. Europapolitik kann und muß rational begründet sein. Immer gehen seine Überlegungen deshalb von einem theoretischen Bezugsrahmen aus, der flexibel ist, aber in den Grundelementen klar definiert.

Die vorliegende kleine Auswahl an Schriften Hans von der Groebens – seine wissenschaftlichen Veröffentlichungen zählen mehrere Dutzend – orientiert sich an diesen drei Schwerpunkten. Dabei stammen die Beiträge bis auf einige wenige Ausnahmen aus den siebziger und achtziger Jahren, in denen er, vom Alltagsgeschäft und von politischen Entscheidungszwängen entlastet, seine politischen Erfahrungen und intellektuelle Neugier in praxisorientierten wissenschaftlichen Analysen zusammenfaßte.

Bemerkenswert dabei ist, daß die Ausnahmen gerade jene Beiträge ausmachen, die die theoretischen Ausgangsüberlegungen und das Verhältnis von Wissenschaft und Politik generell betreffen. Der Politiker gibt die Grundlinien vor, und der Wissenschaftler prüft die darin ausgesprochenen Ziele auf ihre Kohärenz und die zu ihrer Erreichung vorgeschlagenen Methoden. Denn erst die wissenschaftliche Rationalisierung der Zusammenhänge lenkt das Augenmerk auf die richtigen Optionen. Den so formulierten Ziel-Mittel-Komplex aber müssen beide, Politiker und Wissenschaftler, ausgehend von der konkreten Analyse der Wirklichkeit und unter dem Kriterium der Realisierbarkeit ständig überprüfen und gegebenenfalls anpassen.

In den Mittelpunkt seiner Analysen rückt von der Groeben schon früh die Kategorie sozialen Wandels. In einer geschichtlichen Phase, wo rapide technologische Entwicklungen, wachsende Mobilität in der Bevölkerung und zunehmende Verstädterung die wirtschaftlichen und gesellschaftlichen Verhältnisse ständig ändern, werden auch die geltenden Normen und Werte sowie Ordnungsvorstellungen samt der sie garantierenden politischen Institutionen herausgefordert und in Frage gestellt. Beide Bereiche beeinflussen sich gegenseitig. Sozialer Wandel kann nicht nur als Ablauf automatischer Prozesse erklärt werden. Andererseits ist er nicht bloß Produkt der Gestaltung durch Institutionen. Von der Groeben ist allerdings der Überzeugung, daß der soziale Wandel politischer Steuerung und Kontrolle bedürfe, nicht zuletzt, um die Gesellschaft im Gleichgewicht zu halten und soziale Fehlentwicklungen zu vermeiden. Der anfängliche Optimismus hinsichtlich Machbarkeit und Planbarkeit gesellschaftlicher Entwicklungen weicht in seinen späteren Schriften zunehmend einer zurückhaltenderen Einschätzung der Möglichkeiten der Steuerung. Die Notwendigkeit aber, die geeigneten Institutionen zur Bewältigung dieser Aufgaben zu finden, bleibt. Der entscheidende Gedanke dabei ist, daß diese neuen Institutionen nicht mehr im nationalen Bezugssystem, sondern zunehmend auf überstaatlicher, europäischer Ebene gesucht werden müssen. Die Kategorie sozialen Wandels wird somit zum Ausgangspunkt einer theoretischen Begründung des europäischen Einigungsgedankens wie der politischen Leitvorstellungen.

Dieses Politikverständnis prägte auch die wirtschaftspolitischen Vorstellungen von der Groebens. Er ist überzeugter Marktwirtschaftler, doch er bleibt skeptisch gegenüber ordoliberalen Vorstellungen, die die Rolle politischer Institutionen nur auf die Sicherung des ordnungspolitischen Rahmens beschränkt wissen wollen. Das marktwirtschaftliche System könne nur dann akzeptanz- und somit lebensfähig erhalten werden, wenn es durch Eingriffspolitik in einigen Bereichen – z. B. größere Verteilungsgerechtigkeit, Erhaltung des sozialen Netzes, Umweltschutz, stärkere Beteiligung des einzelnen am wirtschaftlichen Geschehen – ergänzt wird. Auch hier ist unerheblich, daß eine gewisse anfängliche Faszination für die Möglichkeiten der planenden Vorausschau über die Jahre erlischt. Die Begründung marktwirtschaftlicher Steuerung im Sinne einer Verstetigung wirtschaftlicher Prozesse bleibt das von von der Groeben sehr früh erkannte Grunddilemma. Und die schwierigste Herausforderung einer sozialen Marktwirtschaft europäischen Zuschnitts wird deshalb nicht entspannt, sondern eher verschärft. Die Gemeinschaft sichert und kontrolliert die marktwirtschaftliche Ordnung des Gemeinsamen Marktes. Die dazu notwendigen ergänzenden Eingriffspolitiken, insbesondere die Konjunktur- und Währungspolitik, verbleiben aber, von den wenigen bekannten Ausnahmen abgesehen, immer noch in der Zuständigkeit der nationalen Regierungen. Die Institutionen der Gemeinschaft verfügen nur über das schwach ausgebildete Instrument der Koordination.

Dieser Mangel wird um so spürbarer, als die Wirtschaftsgemeinschaft immer auch die politischen und gesellschaftlichen Bereiche zwischenmenschlichen wie zwischenstaatlichen Zusammenlebens erfaßt, beeinflußt und verändert. In dieser Herausforderung liegen andererseits auch gerade die Chancen für eine Vertiefung der politischen Integration.

Von der Groeben ist kein Propagandist hochfliegender europäischer Einigungspläne, sondern ein Realist, der sieht, daß auch nach dreißig Jahren die gesellschaftlichen und wirtschaftlichen Strukturen wie die politischen Entwicklungen in den einzelnen Mitgliedsstaaten sich keineswegs nur annähern. Er weiß um die politischen Unzulänglichkeiten der Europäischen Gemeinschaft, insbesondere auf dem Gebiet der Sicherheitspolitik, doch sieht er keine realistische Perspektive über das in der Europäischen Politischen Zusammenarbeit (EPZ) institutionalisierte Verfahren hinaus. Aus ähnlichen Gründen akzeptiert er wohl die zweite und dritte Stufe der Erweiterung, aber er betrachtet sie immer mit Skepsis und Sorge, daß sie vom politischen Ziel der Europäischen Gemeinschaft, mehr zu sein als eine Wirtschaftsorganisation, wegführen könne.

Für von der Groeben ist der Ausbau des Systems der Römischen Verträge in Kombination mit einer Stärkung der Koordinationsinstanzen der Mitgliedsstaaten, welche die Gemeinschaftsinstitution miteinbinden, der einzig mögliche Weg, den Integrationsprozeß voranzubringen. Die Frage, ob dabei der Akzent eher auf Übertragung von Zuständigkeiten auf Gemeinschaftsinstitutionen oder auf der Zusammenarbeit der nationalen Regierung liegen soll, ist a priori nicht zu entscheiden, sondern nur nach Prüfung der gegebenen politischen Möglichkeiten.

Angesichts des fehlenden europäischen Konsenses genügt es nicht, die Gemeinschaftsinstitutionen zu stärken, indem man ihnen mehr Kompetenzen zuweist, wie es die Anhänger des föderativen Prozesses vorschlagen. Die Schaffung von Institutionen darf nicht Ziel an sich sein, sondern nur eine Funktion sachlicher Aufgaben. Von der Groeben rät, auf Finalität im europäischen Einigungsprozeß vorerst zu verzichten. So, wie der Nationalstaat in vielen Bereichen zu Kontrolle und Steuerung gesellschaftlicher Entwicklungen überholt sei, so müsse man auch von den Vorstellungen Abschied nehmen, die sich am Nationalstaat oder an bundesstaatlichen Ordnungen der Ära des Nationalstaates orientieren. Was angestrebt werden kann, ist, ein neues gesellschaftliches Bezugssystem zu schaffen, das überstaatlich, regional übergreifend und fortschreitend ist. Seine Institutionen müssen an die gesellschaftlichen Anforderungen angepaßt werden. Sie definieren sich aus den Sachaufgaben, über die man sich einig geworden ist und zu deren Erledigung man die geeigneten Instrumente und Organe schafft. Dabei gilt es, demokratische Kriterien im Auge zu behalten. Bürgernähe, die dem Horror des einzelnen vor Zentralismus und aufgeblähter Bürokratie Rechnung trägt, ist ein ebenso wichtiger Maßstab für den Fortschritt der Integration wie das Verlangen nach Raum und Schutz für geistige Entwicklung. Aus diesem Grunde gilt es, das Europäische Parlament zu stärken und das interne Demokratiedefizit zu beseitigen. Auch muß die Zuständigkeitsverteilung innerhalb der Gemeinschaft neben der europäischen und nationalstaatlichen Ebene auch im regionalen Bereich dem Bürger genügend Raum für Entscheidungsmöglichkeiten lassen. Integration muß sich von unten vollziehen, aber der Prozeß bedarf demokratisch legitimierter Institutionen, die diese Entwicklung steuern – durch Koordination oder, wo möglich, gemeinschaftliche Politik – und den Konsensus herbeiführen, von dem sie letztlich getragen werden müssen.

Was hier vorliegt, ist der Entwurf einer europäischen Politik zu allererst der Geduld und des Augenmaßes, aber auch einer Politik der Offenheit gegenüber neuen Vorstellungen und Gedanken. Von der Groeben entwickelt nicht immer bequeme Ideen. Er scheut sich nicht, Anleihen zu machen bei Theorien und Konzepten der sogenannten kritischen Wissenschaft. Doch er wird nicht ihr Gefangener. Er ist ein aufgeklärter Europäer, der unter dem Licht der Rationalität ständig bereit ist, immer Neues zu prüfen, ob und wie es für Europa genutzt und wirksam gemacht werden kann.

Bad Godesberg, im März 1987 P.R.W.

# I. Die Rationalität des Europäischen Integrationsprozesses

# 1. Aufgaben der Wissenschaft für die Orientierung einer europäischen Wirtschaftspolitik

Die Europäische Wirtschaftsgemeinschaft, die gerade zehn Jahre besteht, ist nichts Statisches, sondern ein Prozeß ständiger Schöpfung auf wirtschaftlichem, gesellschaftlichem, institutionellem und damit politischem Gebiet. Der Politiker, der diesen Prozeß beeinflussen will, muß wissen, in welchem geschichtlichen Umfeld er agiert, ob das bisher Erreichte den Erwartungen und Planungen entspricht. Er muß, wenn er sich über seine Handlungsmöglichkeiten im klaren sein will, letztlich bereit sein, seine Leitbilder und Zielsetzungen ebenso zu überprüfen wie seine Methoden. Antworten auf diese Fragen erhält er im Dialog mit der Wissenschaft, die durch Rationalisierung der Zusammenhänge das Augenmerk auf die wichtigen Optionen hinlenken kann, auch wenn ihre Wahl eine Entscheidung über Werte bedeutet, die mit Mitteln der Wissenschaftslogik nicht ableitbar sind. Diese Thesen, die Hans von der Groeben anläßlich der Verleihung des Dr. rer. pol. h.c. der wirtschafts- und sozialwissenschaftlichen Fakultät der Johann-Wolfgang-Goethe Universität am 7. November 1967 in Frankfurt /a. M. entwickelte, lesen sich rückblickend als persönliches Programm seiner wissenschaftlichen Tätigkeit in den siebziger und achtziger Jahren.

*Quelle:* Hans von der Groeben, Aufgaben der Wissenschaft für die Orientierung einer europäischen Wirtschaftspolitik, (Presse- und Informationsdienst der Europäischen Gemeinschaften, Sonderheft Nr. 16) Köln, o. J.

Über die Rolle der Wissenschaft in der Europäischen Integration zu sprechen, ist ein gewagtes Unterfangen. Die Probleme der Zusammenarbeit zwischen Wissenschaft, Politik und Verwaltung stehen im Vordergrund des Interesses und sind Gegenstand vieler Veröffentlichungen, Reden und Diskussionen gewesen, so daß es schwer ist, noch etwas Neues zu diesem Problem beizutragen.

Die Meinungen gehen nach wie vor sehr auseinander. Sehr zugespitzt und vereinfachend kann man sagen, daß auf der einen Seite das Entscheidungsmonopol der Politiker, auf der anderen Seite das Wahrheitsmonopol der Wissenschaft steht. Nach wie vor sind viele Politiker davon überzeugt, daß politische Entscheidungen im wesentlichen aufgrund politischer Erfahrung und des sogenannten Fingerspitzengefühls getroffen werden und daß die Rolle der Wissenschaft höchstens darin bestehen kann, die Probleme zu analysieren, den Stoff aufzubereiten und Arbeitshypothesen zu erarbeiten.

Andererseits scheuen viele Wissenschaftler, in die Arena der politischen Praxis zu steigen, weil sie davon eine Beeinträchtigung der Unabhängigkeit der Wissenschaft befürchten oder weil manche Theorien an der Erfahrung nicht verifizierbar oder falsifizierbar sind. So läuft die Wissenschaft nicht selten Gefahr, daß ihre Theorien und logischen Ableitungen zwar vollkommen sind, der informative Wert aber gering bleibt.

Wir befinden uns in einem Zeitalter des wirtschaftlichen, technischen und gesellschaftlichen Wandels, in einem Zeitalter der offenen Märkte, in dem es schwierig ist, Monopolstellungen aufrechtzuerhalten, in dem vielmehr nach neuen Formen der Zusammenarbeit, der Kooperation, des Teamworks gesucht wird.

Eine dieser neuen Formen ist die Europäische Wirtschaftsgemeinschaft, der Gemeinsame Markt. Er stellt zunehmend neue Probleme auf wirtschaftlichem, technischem, politischem und soziologischem Gebiet – Probleme, die meines Erachtens mit den herkömmlichen Mitteln der Politik und der Verwaltung nicht gelöst werden können.

Ich möchte deshalb heute untersuchen, welches diese besonderen Probleme sind, und warum sie eine besonders enge Zusammenarbeit zwischen Politik und Wissenschaft erfordern.

Dabei bin ich nicht so vermessen, fertige Lösungen anzubieten. Es kommt mir vielmehr darauf an, die Probleme darzulegen, Fragen zu stellen und die Wünsche des in der praktischen Politik Stehenden anzumelden.

## Europäische Wirtschaftsgemeinschaft

Am 1. Juli 1968 wird zwischen den sechs Mitgliedstaaten der Europäischen Wirtschaftsgemeinschaft eine Zollunion bestehen. Bis zum Ende der Übergangszeit im Jahre 1970 werden ferner die Freizügigkeit der Arbeitskräfte und der Dienstleistungen sowie ein freier Kapitalmarkt gewährleistet und die Diskriminierungen im Niederlassungsrecht beseitigt sein.

Im nächsten Jahr wird also eine vollständige Präferenzzone zwischen den Mitgliedstaaten bestehen, die für den Handelsverkehr vorteilhaft ist. Damit ist aber noch kein wirklicher Gemeinsamer Markt mit binnenmarktähnlichen Verhältnissen, keine Wirtschaftsunion entstanden. Dies wird vielmehr die Aufgabe der nächsten Jahre sein. Hierzu gehört vor allem die Abschaffung aller Grenzkontrollen und die Aufhebung der Steuer- und Wirtschaftsgrenzen. Hierzu muß eine Angleichung der Steuersätze bei der allgemeinen Umsatzsteuer und der Systeme und Sätze bei den wichtigsten Verbrauchssteuern sowie eine Angleichung der wichtigsten Bestimmungen zum Schutze der Gesundheit und der Sicherheit, der Fabrikationsvorschriften und Normen und eine gegenseitige Anerkennung der Kontrollen erfolgen.

Eine gemeinsame Handelspolitik muß sicherstellen, daß die Waren aus dritten Ländern ohne Rücksicht auf ihren Ursprung frei im Gemeinsamen Markt verkehren können.

Die Gemeinschaft muß ferner eine Industrie-, Struktur- und Regionalpolitik entwickeln, um den Produktivitätsrückstand gegenüber den Vereinigten Staaten allmählich aufzuholen. Hierzu gehört die Schaffung eines Europäischen Kapitalmarktes, die Förderung von Wachstumsindustrien, die Überprüfung der bisherigen Subventionspolitik, eine Zusammenarbeit auf den Gebieten der Forschung sowie vor allem die Erleichterung der Kooperation zwischen den Industrien der Mitgliedstaaten. Eine wirksame Koordinierung der Finanzpolitik und der Notenbankpolitik wird die Vorausetzungen für die Schaffung eines europäischen Währungssystems schaffen, ohne das der Gemeinsame Markt auf die Dauer nicht bestehen kann.

## Rationalisierung der Politik

Das Vorhaben, einen Gemeinsamen Markt mit binnenmarktähnlichen Verhältnissen zu schaffen, darf nicht isoliert betrachtet, sondern muß in einem größeren Zusammenhang gesehen werden. Die industrielle Revolution, die vor 150 Jahren ihren Anfang nahm, hat das Gefüge unserer Gesellschaft in weiten Bereichen verändert; die Wertvorstellungen haben sich gewandelt. Die geistige

Auseinandersetzung über die sich daraus ergebenden Konsequenzen für das menschliche Zusammenleben und seine Organisation sind noch im vollen Gange oder haben sogar erst begonnen.
Seit einigen Jahrzehnten wird diese Wandlung durch neue Erfindungen auf den Gebieten der Atomforschung, Elektronik und der Technik der Automation in unerwarteter Weise beschleunigt. Die Anwendung wissenschaftlicher Methoden beschränkt sich nicht mehr auf die Fertigung einzelner Erzeugnisse, sondern durchdringt die gesamte Organisation der industriellen Produktion, bestimmt die Methoden der Führung wirtschaftlicher Betriebe und dehnt sich unaufhaltsam auch auf die Organisation in Staat und Gesellschaft aus.
Diese zusätzliche Verfügungsmacht über uns und unsere Umweltbedingungen erlegt uns auch eine zusätzliche Verantwortung auf. Das »laisser faire« ist uns heute nicht mehr erlaubt, wir werden aus der Verantwortung nicht entlassen. In dieser Situation gibt uns weder der ökonomische Darwinismus noch die Vorsehung oder das System ständiger »Eingebungen« eine verläßliche Antwort auf die Frage, wie die Bedingungen unseres Lebens neu zu gestalten sind.
Diese Umstellung wird dadurch erschwert, daß auch die Orientierung an den Interessen des Nationalstaates, die auch für die Wirtschafts- und Gesellschaftswissenschaften meist als selbstverständlich vorausgesetzt wurde, zweifelhaft geworden ist.
Andererseits hat auch der wissenschaftliche Sozialismus, ein anderer »Wachtraum« von der endgültigen Versöhnung aller gesellschaftlichen Widersprüche, in seiner im Osten praktizierten Verwirklichung eine für uns unerträgliche Unfreiheit zutage gefördert.
Warum ist es bisher nur in beschränktem Umfange gelungen, die Verantwortlichen und die öffentliche Meinung für eine Politik zu gewinnen, die diesen fundamentalen Veränderungen Rechnung trägt?
Eine der Gründe hierfür ist die mangelnde Erkenntnis des tiefgreifenden Wandels, der sich im Zuge der industriellen Entwicklung in unserer Gesellschaft und in unseren Beziehungen zur Umwelt vollzogen hat und der zum ersten Male in der Geschichte gegebenen Möglichkeit, nicht nur die Eliten zu wechseln, sondern die Gesellschaft in ihren Formen und Institutionen umzugestalten. So fehlt denn auch die Bereitschaft, über neue Ziele und Leitbilder nachzudenken und Methoden zu ersinnen, mit denen der neuen Situation Rechnung getragen werden kann.
Diese Einstellung ist insbesondere auch gegenüber dem Phänomen des Gemeinsamen Marktes zu verzeichnen. Er wird häufig noch als völkerrechtliches Abkommen mit vorwiegend handelspolitischem Charakter bezeichnet; es wird nicht erkannt, daß hier ein eigenständiges Gebilde besonderer Art entstanden ist, das in den vergangenen zehn Jahren die Verhältnisse auf

wirtschaftlichem, gesellschaftlichem und politischem Gebiet tiefgreifend beeinflußt und verändert hat.
Der zweite Grund ist das Festhalten an herkömmlichen Wertvorstellungen, die fälschlich für evident und unveränderlich gehalten werden, die aber häufig gleichzeitig die gesellschaftliche Position des Interessierten zu verteidigen oder zu stärken geeignet sind. Da neue Leitbilder und Wertvorstellungen sich nur in einem langsamen Reifeprozeß bilden, breitet sich in der Zwischenzeit eine Unsicherheit über die Orientierung der Politik aus, die ein Festhalten an alten Vorstellungen verständlich erscheinen läßt.

## Besondere Probleme des Gemeinsamen Marktes

Ich wende mich nun den Problemen zu, die sich zusätzlich im Rahmen der Weiterentwicklung der Europäischen Wirtschaftsgemeinschaft ergeben. Im Gegensatz zu den detaillierten Bestimmungen über die Verwirklichung der Zollunion enthält der Vertrag von Rom für die Herstellung der Wirtschaftsunion nur recht allgemein gehaltene Rahmenbestimmungen. Aus der Herstellung der Freizügigkeiten ergibt sich zwar die Tendenz zu einer Annäherung und gleichförmigeren Gestaltung der Wirtschaftspolitik.
In einem Programm für die mittelfristige Wirtschaftspolitik der EWG wurde der erste Versuch einer Konkretisierung der Rahmenbestimmungen des Vertrages in einem elastischen Verfahren, das den jeweiligen wirtschaftlichen Gegebenheiten Rechnung trägt und dementsprechend Prioritäten festlegt, unternommen. Dabei stand die Herstellung der vollständigen Wirtschaftsunion im Vordergrund. Bereits das erste Programm enthält aber auch soziale und gesellschaftliche Zielvorstellungen, und in Zukunft wird es noch notwendiger sein, im einzelnen darzulegen, welche wirtschaftlichen, gesellschaftlichen und organisatorisch-institutionellen Verhältnisse in einer wirtschaftlichen oder politischen Union Europas angestrebt werden.
Sogar im wirtschaftlichen Bereich muß man über die Artikel des Vertrages und die Rahmenbestimmungen hinausgehen. Die Beseitigung von Handelshemmnissen und Verzerrungen, die Abschaffung von Grenzkontrollen und die Koordinierung der Finanz- und Währungspolitik sowie die Herstellung eines Ordnungsrahmens für das marktwirtschaftliche Geschehen werden allein nicht ausreichen, um den Produktivitätsrückstand, der die Wettbewerbsfähigkeit unseres Kontinents beeinträchtigt, zu verringern. Eine aktive Industriepolitik, die darauf abzielt, die Arbeitsleistung der vielen heute noch unproduktiv eingesetzten Kräfte unserer Bevölkerung zu erhöhen, ist in Europa nur auf der Grundlage einer vorausschauenden Struktur- und Regionalpolitik denkbar und

wünschenswert. Gewiß ist wirtschaftlicher und gesellschaftlicher Wandel zu bejahen. Er ist aber nicht Selbstzweck, sondern muß genutzt werden, um unsere Vorstellungen von einer künftigen Gesellschaft zu verwirklichen. Dabei muß der unterschiedlichen Entwicklung, die wir in den verschiedenen Regionen, Berufen und Schichten vorfinden, Rechnung getragen und verhindert werden, daß Teile der Bevölkerung nicht mithalten können und zu Stiefkindern der Gesellschaft werden.

Bei der Verwirklichung dieser Aufgaben im wirtschaftlichen und strukturellen Bereich stoßen wir ferner immer häufiger auf institutionelle und organisatorische Probleme politischer und staatsrechtlicher Art. Ich kann hier nur wenige Beispiele nennen. Ist die Übertragung von Hoheitsrechten auf und die Ausübung von Verwaltungsbefugnissen durch Organismen außerhalb des Staates auf längere Sicht zu vertreten, auch wenn zunächst kein Bundesstaat entsteht, und welche Bedingungen müssen erfüllt sein, um den rechtsstaatlichen und demokratischen Erfordernissen gerecht werden zu können? Man kann diese Frage auch umgekehrt formulieren: Ist ein europäischer Bundesstaat notwendig, um die Herstellung eines großen Binnenmarktes zu sichern und den Rückstand in der Produktivität der europäischen Volkswirtschaft aufzuholen und den europäischen Ländern militärische Sicherheit zu gewährleisten, oder können die vorerwähnten Ziele auch auf andere Weise – zum Beispiel durch bloße Kooperation oder durch eine Teilübertragung von Hoheitsbefugnissen – erreicht werden?

In diesem Zusammenhang müssen wir feststellen, daß weite Kreise noch immer meinen, daß der Nationalstaat, wie er in Europa im vorigen Jahrhundert entstanden ist, die einzige Instanz darstellt, die für die Völker zu sprechen befugt ist. Kann diese Behauptung noch aufrechterhalten werden? Hat sich nicht die wirtschaftliche und politische Situation entscheidend geändert, haben sich nicht auch die Wertordnungen und Leitbilder, die dem Gedanken des Nationalstaates zugrundelagen, gewandelt?

Bei allen staatsrechtlichen und völkerrechtlichen Überlegungen sollten wir uns im übrigen von dem Gedanken frei machen, daß die in der Vergangenheit entwickelten Formen (Nationalstaat, Staatenbund, Bundesstaat) gewissermaßen ungeprüft auch für die zukünftige Entwicklung der politischen Gemeinschaft Europas übernommen werden müßten. Die Gemeinschaft ist nichts Statisches, sondern ein Prozeß ständiger Schöpfung auf wirtschaftlichem, gesellschaftlichem, institutionellem und damit politischem Gebiet. Welche institutionelle Form dafür schließlich gefunden wird, steht noch dahin.

Schließlich wirft die Entstehung der Gemeinschaft und die Entwicklung zur Wirtschaftsunion eine Reihe von gesellschaftlichen Problemen auf, die entweder im nationalen Rahmen nicht auftreten oder anders akzentuiert sind. Ich

kann hier nur einige wenige nennen. Ist in einem Gemeinsamen Markt, der allen Staatsbürgern in den Mitgliedstaaten gleiche Rechte zubilligt, eine staatliche Förderung der Mobilität der Personen (Gastarbeiter) über Regionen und Grenzen der Staaten hinweg wünschenswert? Welche Rückwirkungen hat eine solche Förderung auf die gesellschaftliche Struktur der Gastregion, auf die Soziierung der aktiv und passiv Beteiligten und schließlich auf die Struktur der Region, aus der die Betreffenden abwandern? Ist es unter den gegebenen Umständen vertretbar, diese Politik fortzusetzen oder müßte man nicht vielmehr Anstrengungen machen, die Menschen in stärkerem Umfange in ihren Heimatregionen zu beschäftigen. Ist es schon zu spät für eine solche Umkehr der Politik? Entschließt man sich, eine aktivere Politik zur Entwicklung der Regionen zu betreiben, um eine Wanderung ganzer Bevölkerungsgruppen unnötig zu machen, so muß man sich andererseits mit der Frage auseinandersetzen, ob eine solche Regionalpolitik mit einer produktivitätsfördernden Industriepolitik vereinbar ist oder vereinbar gemacht werden kann.
Wenn wir die Erfahrungen des 19. Jahrhunderts zugrunde legen, so würde die Schaffung eines echten europäischen Gemeinsamen Marktes die Tendenzen zur Konzentration der wirtschaftlichen Tätigkeit in wenigen, besonders geeigneten Gebieten und die damit zusammenhängende Ballung der Menschen verstärken. Viele von uns sind geneigt, diesen Prozeß für nachteilig zu halten, weil er die noch bestehenden menschlichen Zusammenhänge gefährdet, den Menschen vereinsamt und ihn der Manipulation zugänglicher macht. – Kann diese Auffassung in einer pluralistischen Gesellschaft, deren egalitäre Tendenzen nicht bestritten werden können, aufrechterhalten werden? Ist es wirklich richtig, daß diese Ballungstendenzen sich in den nächsten Jahrzehnten in Europa fortsetzen werden oder ist nicht auch aus rein wirtschaftlichen Gründen mit einer stärkeren Dezentralisation zu rechnen, besonders wenn man davon ausgeht, daß wir in etwa 10 – 15 Jahren mit einer Verdoppelung der industriellen Produktion rechnen können?
Je mehr eine Konzentration und Kooperation über die Grenzen hinweg stattfindet, desto mehr werden auch die Fragen der Mitbestimmung in den industriellen Betrieben nur noch europäisch behandelt und gelöst werden können. Die Unternehmensstruktur in den Mitgliedstaaten der Gemeinschaft ist nicht gleichmäßig. Insbesondere spielen die öffentlichen Betriebe in Frankreich und Italien eine größere Rolle für die Wirtschaftspolitik als in Deutschland und Holland. – Andererseits beobachten wir in Deutschland, daß bei der Leitung großer Betriebe nicht nur an die Stelle des Eigentümer-Unternehmers das Managerteam getreten ist, sondern auch für die Einsetzung der Leitung sowie die Kontroll- und Aufsichtsfunktionen immer häufiger Organisationsformen gewählt werden, die nicht mehr auf das Interesse eines

Eigentümers, sondern auf das in etwa objektivierte Interesse des Unternehmens abstellen.
Daß die Europäische Wirtschaftsgemeinschaft viel zur Behebung von Mißverständnissen und zur Veränderung vorgefaßter Meinungen hinsichtlich der Beziehungen zwischen »Marktwirtschaft« und »Planung« beigetragen hat, brauche ich nicht näher darzulegen. Heute sind Marktwirtschaft und Globalsteuerung die Schlagworte, die viele faszinieren. Unter dem Namen »mittelfristige Wirtschaftspolitik« hat die EWG ähnliche Gedanken seit langem vertreten.

## Aufgaben der Wissenschaft

Nach diesen Hinweisen auf die wirtschaftlich-technische Entwicklung und die durch die Entstehung der Europäischen Wirtschaftsgemeinschaft ausgelöste Problematik möchte ich mich nun der Frage zuwenden, welche Rolle die Wissenschaft bei der Lösung der Probleme spielen kann.
Selbstverständlich kann es sich nicht darum handeln, den Wissenschaftler an die Stelle des Politikers zu setzen. Die letzte Entscheidung muß den nach der Verfassung und Rechtsordnung politisch Verantwortlichen überlassen bleiben. Aber es dürfte auch nicht möglich sein, zwischen der Entscheidung selbst und ihrer Vorbereitung zu unterscheiden. Das Verhältnis zwischen Wissenschaft und Politik ist komplexer. Wenn politische Entscheidung die Option für bestimmte wertgebundene Ziele bedeutet und auch die Festlegung der Methoden für die Erreichung dieser Ziele, so wäre es wohl eine Täuschung anzunehmen, daß die Analyse der zu beurteilenden Tatsachen vorgenommen werden kann, indem man völlig von den möglichen Zielen abstrahiert. Die Fragestellung, die Auswahl und Zuordnung der Tatsachen wird von der Zielsetzung beeinflußt, und Wertvorstellungen fließen bemerkt oder unbemerkt in die Argumentation ein. Die Trennung beider Bereiche, wertfreie Analyse einerseits und Entscheidung andererseits, ist daher meist eine Illusion. Es handelt sich also im Verhältnis zwischen Politiker und Sachverständigem nicht um ein Gegeneinander, sondern um ein Miteinander. Wertvorstellungen sollten aber nicht im Gewande an der Erfahrung überprüfbarer Theorien auftreten, sondern explizit gemacht werden. In dem Entscheidungsprozeß sollte der Politiker und Verwaltungsbeamte die Hilfe der Wissenschaft bei folgenden Fragen beanspruchen:
1. Der Versuch, Handlungs- und Gestaltungsmöglichkeiten zu bestimmen, muß mit der Analyse dessen beginnen, was vorgegeben ist, sei es, daß es durch Abläufe der anorganischen Natur bedingt oder durch historische Ereignisse im

politischen Bereich vorbestimmt ist. Diese Vorgegebenheiten grenzen die Gestaltungsmöglichkeiten des Menschen, der im Rahmen der gesellschaftlichen Institutionen handelt, ein. Damit wird von vornherein die reformerische Willkür auf die realistischen Möglichkeiten verwiesen.

2. Zu dem gleichen Zweck – nämlich um die Ausgangslage für Handlungsmöglichkeiten in einem gegebenen institutionellen Rahmen abzustecken – ist eine Feststellung erforderlich, ob das bisher Erreichte den Erwartungen und Planungen entsprach. Ich will dies an zwei Beispielen aus der Praxis der Europäischen Wirtschaftsgemeinschaft erläutern:

Hat die Entstehung und Entwicklung des Gemeinsamen Marktes dazu beigetragen, den Rückstand der europäischen Länder gegenüber den Vereinigten Staaten von Amerika zu vermindern, und worauf beruhen im einzelnen die etwa feststellbaren günstigen Auswirkungen?

Als weiteres Beispiel führe ich die Agrarpolitik der Europäischen Wirtschaftsgemeinschaft an, die zu den umstrittensten Themen gehört. Hier wäre zunächst festzustellen, ob die Ergebnisse für die Landwirtschaft selbst den Thesen und Leitbildern, die seinerzeit in einem Dokument der Kommission niedergelegt worden sind, entsprechen. Die Prüfung müßte aber ausgedehnt werden auf die Rückwirkungen, die für den Verbraucher und für die gesamte Volkswirtschaft – insbesondere hinsichtlich des Durchschnitts der Arbeitsproduktivität – entstanden sind. Eine solche Rückkoppelung erscheint notwendig, um die Ausgangslage für weitere Entscheidungen zu kennen.

Kann die Übereinstimmung des bisher Erreichten mit der Zielsetzung festgestellt werden, so gibt eine solche Feststellung gleichzeitig eine Indikation für die zukünftige Politik. Es zeigt sich zugleich, daß es sich nicht nur um einen analytischen Vorgang handelt, sondern daß die Überprüfung der Ergebnisse zugleich einen Prozeß auslöst, der auch die Leitbilder selbst in Frage stellen kann.

3. Damit komme ich zur wichtigsten, aber auch schwierigsten Aufgabe, nämlich der Überprüfung der Leitbilder und Zielsetzungen.

Im ersten Teil meiner Ausführungen habe ich aus der politischen Praxis heraus einiges über die Ziele der Europäischen Wirtschaftsgemeinschaft und über die Aufgaben der nächsten Jahre vorgetragen. Ich habe ferner versucht, Probleme aufzuzeigen, die durch das Entstehen und die Entwicklung der Europäischen Wirtschaftsgemeinschaft gestellt sind und deren Untersuchung ich als wünschenswert oder gar vordringlich bezeichnet habe. Diese Ausführungen beruhen auf gewissen Wertvorstellungen, Erfahrungswissen, allgemein anerkannten »Vorurteilen« und der Extrapolation gewisser Trends. Sie stellen ein Konglomerat von Vorstellungen dar, deren Kohärenz zweifelhaft ist. Es kommt aber darauf an, Zielkonflikte zu vermeiden und Überschneidungen der

Methoden zu verhindern. Eine solche Konzeption kann nicht entworfen werden ohne Orientierung an bestimmten gesellschaftspolitischen Grundwerten, die in ihrer Gesamtheit das übergeordnete Leitbild ausmachen. Die logische Verknüpfung dieser Elemente gipfelt also im Leitbild als dem Inbegriff einer gedachten und zugleich gewollten Ordnung gesellschaftspolitischer und wirtschaftlicher Zustände, wie Kloten dies m. E. treffend dargelegt hat. Am Anfang jeder Politik, jeder technischen, wirtschaftlichen oder strategischen Entscheidung steht also in Wahrheit die Frage nach ihrem Zweck.

Es besteht nun weitgehende Übereinstimmung darüber, daß Wertvorstellungen und auf Wertvorstellungen beruhende Leitbilder letzten Endes wissenschaftlich nicht begründet werden können. Dagegen sollten Aussagen über gewisse Gleichförmigkeiten bei der Entstehung und insbesondere Veränderung von Wertvorstellungen – sei es unter bestimmten geschichtlichen Voraussetzungen, sei es ganz allgemein – nicht ausgeschlossen werden.

In unserem Zusammenhang interessiert vor allem, ob die einzelnen Zielvorstellungen und Leitbilder auf den verschiedensten Gebieten der Wirtschaft, Politik und Gesellschaft ein widerspruchsloses Ganzes bilden oder sich teilweise ausschließen oder vielleicht auch nur ein sehr unvollkommenes und begrenztes Bild der vorgestellten und wünschenswerten Zukunft geben. Mit den Methoden der Wissenschaftslogik kann überprüft werden, welche Grundwerte den gängigen, häufig vordergründigen Zielsetzungen und Leitbildern zugrundeliegen und ob die Meinungen logisch aus den Prämissen abgeleitet werden können. Eine solche Ableitung und Rückführung auf gewisse Grundannahmen wird häufig notwendig sein, um feststellen zu können, ob die Teilzielvorstellungen eines Komplexes miteinander vereinbar sind oder sich ausschließen oder überschneiden.

Ist die logische Operation der Rückführung auf Grundwerte unserer Kultur für die Kohärenzprüfung unumgänglich, so kann andererseits nicht verkannt werden, daß die Aussagekraft von Leitbildern für die Gestaltungsmöglichkeiten der Politik und die Sozialtechnik abnimmt, je allgemeiner sie formuliert werden. Dem muß bei der Fixierung der Leitbilder Rechnung getragen werden.

Analyse der realgeschichtlichen Daten, kritische Überprüfung des Erreichten anhand der früheren Pläne und schließlich ein Komplex kohärenter Leitbilder sind die Elemente, die wir brauchen, um einerseits die Wirkungsmöglichkeiten für politisches Handeln zu begrenzen, gewissermaßen zu kanalisieren, und um andererseits die Methoden festzulegen, diese Ziele zu realisieren.

Albert hat im einzelnen dargestellt, wie sich informative Theorien über den Ablauf gesellschaftlicher Vorgänge in technologische Systeme transformieren lassen, die zur Verwirklichung von Leitbildern, die ihrerseits aus der Technologie nicht ableitbar sind, aus der deskriptiven in die präskriptive Sprache übersetzt werden müssen. Dabei möchte ich im Anschluß an Albert zwei Fälle unterscheiden, die sich mit den Ausdrücken »Intervention« und »Organisation« umschreiben lassen. Die Grenzen zwischen beiden Formeln sind flüssig. Bei der Intervention, d. h. bei Einzeleingriffen zur Beeinflussung des sozialen Geschehens, wird es darauf ankommen, die Folgen zu prognostizieren und Alternativmöglichkeiten bei der Veränderung von Variablen aufzuzeigen. – Selbstverständlich bin ich mir darüber klar, welche Probleme hinsichtlich der Voraussagen im wirtschaftlichen und noch mehr im gesellschaftspolitischen Felde noch bestehen und vielleicht immer bestehen werden. – Je mehr man darüber hinaus auf Organisation, d. h. die Schaffung oder Veränderung von dauerhaften Rechtsnormen oder Institutionen abzielt, desto mehr muß man bei der Prognose auch das Eigengewicht der neugeschaffenen Einrichtungen, dessen Einfluß schwer im voraus beurteilt werden kann, in Rechnung stellen.

In jedem Falle ist es notwendig, laufend die zugrunde gelegten Daten zu überprüfen und die Methoden anzupassen, wenn nicht gar eine Überprüfung der Leitbilder selbst erforderlich wird. Die Methoden müssen zur Erreichung des vorgestellten Zieles geeignet sein; sie dürfen nicht isoliert gesehen werden, sondern im Gesamtzusammenhang eines Zweck-Mittel-Komplexes, d. h. sie müssen aufeinander abgestimmt sein. Bei der wissenschaftlichen Überprüfung wird es aber außerdem entscheidend darauf ankommen zu zeigen, ob sie mit den geringsten Mitteln den vorgegebenen Zweck erreichen und ob unerwünschte Nebenfolgen auftreten werden, die unter Umständen nicht mit den vorgegebenen Zielen übereinstimmen oder sie sogar zu gefährden geeignet sind.

Der Versuch, die Erarbeitung von Leitbildern und die Methoden ihrer Durchsetzung theoretisch gesondert zu betrachten, darf nicht darüber hinwegtäuschen, daß sich beide Operationen gegenseitig beeinflussen und nur in einem ständigen Prozeß der Ausstrahlung (Hypothese) und Rückkoppelung (Prüfung an der Erfahrung) erfolgreich durchgeführt werden können. Ebenso wie die realgeschichtliche Entwicklung Änderungen in den Wertvorstellungen verursachen oder auslösen kann, während andererseits neue geistige Impulse verändernd in die gesellschaftlichen Strukturen eingreifen, so bestimmen nicht nur die Leitbilder die Methoden, sondern die Überprüfung der Methoden und Instrumente und die Erörterung der Nebenfolgen zeigt sehr häufig, ob die Leitbilder aufrechterhalten werden können oder abgeändert werden müssen, weil die Durchführung sie selbst oder andere akzeptierte Ziele in Frage stellen würde.

Dem Politiker wird auf diese Weise vor Augen geführt, wie die Konsequenzen seiner Entscheidungen aussehen und ob überhaupt die Voraussetzungen für ein erstrebtes Ziel gegeben sind. Um ihm die Grenzen seines Handlungsspielraumes ganz deutlich zu machen, sollte die Wissenschaft in jedem Falle klar angeben, auf welchen Annahmen eine Voraussage beruht, inwieweit ein Ablauf nach den heute gesicherten theoretischen Erkenntnissen vorausgesagt werden kann, wo und nach welchen Methoden Schätzungen erfolgt sind und – nicht zuletzt – wo Lücken bestehen, die nach dem heutigen Stand der Wissenschaft nicht geschlossen werden können.

**Formen der Zusammenarbeit**

Über die zweckmäßigsten Formen der Zusammenarbeit zwischen Wissenschaft, Politik und Verwaltung sind allgemein gültige Aussagen nicht möglich. Wir haben in der EWG gewisse Erfahrungen gesammelt, indem wir Einzelgutachten in Auftrag gegeben oder Gutachtergruppen eingesetzt haben. Außerdem sind für die laufende Arbeit einige Wissenschaftler als ständige Berater tätig. Schließlich wurde eine Reihe von Kongressen abgehalten, um einen unmittelbaren Dialog zwischen Wissenschaft und Praxis zu ermöglichen.

Ich würde meinen, daß die Form der Zusammenarbeit entscheidend von der Art des zu lösenden Problems abhängt. Spezielle Aufgaben besonders analytischer Natur eignen sich gut für Einzelgutachten von Professoren oder Instituten. Das gleiche gilt für die Nachprüfung, inwieweit Plan und Wirklichkeit in der Vergangenheit übereingestimmt haben (Rückkoppelung). Hier kann sich auch die Einsetzung von Gutachtergremien empfehlen, besonders wenn es darauf ankommt, ein Problem unter den Gesichtspunkten verschiedener Fakultäten zu betrachten.

Bei der Durchführung und Vorbereitung der Entscheidungen zur Ausführung des Vertrages hat sich die Einschaltung von ständigen (nebenamtlichen) wissenschaftlichen Beratern, die nicht nur den Einzelfall kennen, sondern über alle wichtigen Arbeiten der betreffenden Abteilung unterrichtet werden, als besonders fruchtbar erwiesen. Ihre Aufgabe ist es insbesondere, zusätzlichen Wissensstoff zu vermitteln, auf die Beachtung der Zusammenhänge mit anderen Sachgebieten und Wissenszweigen und auf etwa unerwünschte Nebenfolgen hinzuweisen.

Soweit die Zielvorstellungen für bestimmte Teilbereiche feststehen, etwa weil sie im Vertrage festgelegt sind oder die zuständigen Gremien sich bereits verbindlich geäußert haben, und es sich darum handelt, die geeignetsten Methoden für einen größeren Teilkomplex, zum Beispiel die Wettbewerbspolitik, die Steuerharmonisierung, herauszufinden, hat sich ebenfalls die Einsetzung von Gutachtergremien bewährt. Da es sich in diesem Falle nicht mehr um eine rein analytische Aufgabe handelt, sondern eine ständige Konfrontation zwischen Methoden und Leitbildern stattfindet, die in der Tat häufig zur Kritik an den Zielsetzungen und zu entsprechenden Änderungsvorschlägen führen kann, stellt sich in diesen Fällen bereits die Frage nach dem institutionalisierten Dialog zwischen den politisch Verantwortlichen und den wissenschaftlichen Beratern.

Dies gilt noch mehr für die heute skizzierte Aufgabe, Zielvorstellungen für die Ordnung unserer gesellschaftlichen und wirtschaftlichen Zustände zu entwikkeln, zu überprüfen und die geeigneten Methoden für ihre Verwirklichung auszuarbeiten. Hier ist m. E. eine ständige organische Zusammenarbeit zwischen dem Politiker und dem Wissenschaftler notwendig, wobei der Politiker die Grundlinien seiner Politik zu entwickeln oder vorzulegen hätte, während ihm der Wissenschaftler die Ergebnisse seiner Analysen, Kohärenzprüfungen und seiner Methodenvorschläge – soweit diese nicht schon vom Politiker erarbeitet sind und damit zur Kritik gestellt werden – darlegt. Der anschließende Dialog kann entweder zu einer Überprüfung der Zielsetzungen sowie einer Veränderung der Methoden führen oder aber auch dem Wissenschaftler zusätzliche Daten vermitteln, die ihn zu einer Überprüfung seiner Ergebnisse veranlassen.

Wie ich schon ausgeführt habe, erscheint mir eine scharfe Trennung zwischen den Elementen der Entscheidung und den aus den Maximen abzuleitenden Methoden nicht möglich. Fruchtbar kann ein solcher Dialog nur gestaltet werden, wenn der Politiker und Verwaltungsbeamte sich stärker als bisher mit den dargelegten Zusammenhängen vertraut machen. Von ihnen wird Sachkunde und die Fähigkeit zur Fragestellung und Diskussion verlangt, nicht dagegen die Beherrschung aller Einzelprobleme.

Die Widerstände gegen eine solche Betrachtung sind ausgesprochen oder meist unausgesprochen noch sehr groß. Sie beruhen auf den verschiedensten, z. T. sehr heterogenen Gründen. Die Verwaltung neigt nach Tradition und Organisation zu einer konservativen Betrachtung. Die Idee, staatliche, wirtschaftliche und gesellschaftliche Verhältnisse nicht nur im Gleichgewicht zu halten und zu »verwalten«, sondern nach einem vorgefaßten Plan umzugestalten, erscheint auch vielen Politikern vermessen. Das drückt sich dann in einer Ablehnung »der Rechenhaftigkeit« oder in einer Gegnerschaft gegen die »Machbarkeit der Sachen« aus. Es liegt außerdem auf der Hand, daß eine Rationalisierung der Zusammenhänge den Nimbus des Politikers und damit seine Stellung im gesellschaftlichen Gefüge in Frage stellen könnte. In Wirklichkeit würde dem Politiker, der die von mir genannten Voraussetzungen erfüllt, durch eine solche Zusammenarbeit mit der Wissenschaft erst wieder eine gestaltende Mitwirkung am politischen Geschehen ermöglicht werden, indem durch die Darstellung des

rationalen Zusammenhanges der Probleme sein Augenmerk auf die wichtigen Optionen hingelenkt wird, während er heute in den Zwängen der Einzelbetrachtung seine Handlungsfreiheit teilweise eingebüßt hat.
Aber auch an den Wissenschaftler müssen in diesem Zusammenhang einige Forderungen gestellt werden. Ein Dialog kann nur stattfinden, wenn man sich verständigen kann. Es muß also eine Sprache gewählt werden, die nicht nur dem Spezialisten geläufig ist, sondern auch von den gebildeten Laien verstanden werden kann.
Eine zweite, hiermit zusammenhängende Aufgabe ist weit schwieriger und komplizierter, nämlich den Politikern und auch den Praktikern der Wirtschaft, die einen großen Einfluß oft auf die politischen – jedenfalls aber auf die wirtschaftlichen – Entscheidungen haben, die grundlegenden Erkenntnisse der zeitgenössischen Wissenschaft, insbesondere der Wirtschafts- und Gesellschaftswissenschaften in stärkerem Umfange als bisher zugänglich zu machen. Hier liegt vieles im argen. Ich nenne nur zwei Beispiele: Weithin wird auch heute noch die Übertragung einzelwirtschaftlicher Phänomene auf die Volkswirtschaft als selbstverständlich angesehen und eine andere Politik als leicht unseriös bezeichnet. Zweitens habe ich mich immer wieder davon überzeugen müssen, wie fremd vielen die marktwirtschaftliche Betrachtung ist.
Über die Organisation des Dialogs kann man schwer allgemeingültige Aussagen für alle Mitgliedstaaten und die EWG machen. Was die Bundesrepublik anlangt, so würde ich wenigstens für die nächste Zeit die Einrichtung von Stabsabteilungen beim Bundeskanzleramt und einigen Ministerien für wünschenswert halten, die für die Politiker den Dialog mit Wissenschaftlern oder Gremien von Wissenschaftlern vorbereiten, organisieren und fruchtbar gestalten könnten.

## Eine Theorie politischen Handelns

Bevor ich zum Schluß komme, noch ein Wort, warum für uns in Brüssel die Zusammenarbeit mit der Wissenschaft so besonders vordringlich ist. Die EWG-Kommission hat keine Hausmacht, sie ist ganz auf die Schlüssigkeit und Überzeugungskraft ihrer Argumente angewiesen und darauf, daß ihre Pläne sich in die Wirklichkeit umsetzen lassen und den gewünschten Erfolg herbeiführen. Wir brauchen also im Grunde den Entwurf einer Theorie politischen Handelns – unter besonderer Berücksichtigung der europäischen Integration –, ausgerichtet nicht auf allgemeine Formeln wie nationales Interesse, Gemeinwohl, Friedensordnung, Entspannung, denen jeder einen beliebigen Inhalt geben kann, sondern auf ganz konkrete Ziele im wirtschaftlichen, institutionellen und gesellschaftlichen Bereich. Wir brauchen eine politische Theorie, die entsprechend dem jeweiligen Stand der Wissenschaft auf Rationalisierung abzielt, ohne zu verkennen, daß die politische Entscheidung eine Option für Werte bedeutet, die mit Mitteln der Wissenschaftslogik nicht ableitbar sind. Dies ist eine Herausforderung sicherlich sowohl an die, die das Entscheidungsmonopol verteidigen wie an die Gralshüter des Wahrheitsmonopols. Wenn ich mich heute zum Anwalt der Synthese und Zusammenarbeit gemacht habe, so weiß ich, wieviel diese Fakultät zur Verwirklichung dieses Wunsches bereits beigetragen hat, und so hoffe ich, daß die studierende Jugend unserer Hohen Schulen diesem Anliegen Verständnis entgegenbringen wird.

# 2. Integration der europäischen Nationalstaaten als Instrument der Anpassung an sozialen Wandel

Der sich in immer rascherem Tempo vollziehende gesellschaftliche und wirtschaftliche Wandel in den westlichen Demokratien braucht Institutionen und Organisationen, die diesen Prozeß steuern. Die herkömmlichen Nationalstaaten sind bei dieser Aufgabe überfordert. Die EWG dagegen bietet eine Voraussetzung für eine schöpferische Politik gerade auf jenen Gebieten, die von nationalen Autoritäten nicht mehr sachgemäß behandelt werden können. Die Kategorie sozialen Wandels wird somit zum Ausgangspunkt rationaler Begründung des europäischen Einigungsgedankens. In seinem Vortrag, den er im September 1969 vor der Jakob-Fugger-Gesellschaft hielt, präzisiert von der Groeben sein seit längerem entwickeltes Verständnis sozialen Wandels und warnt vor einer ideologischen Überhöhung des Europagedankens.

*Quelle:* Hans von der Groeben, Integration der europäischen Nationalstaaten als Instrument der Anpassung an sozialen Wandel, in: Landesverband Bayrischer Zeitschriftenverleger e. V. (Hg.), Verleihung der Jakob-Fugger-Medaille für hervorragende Verdienste um das Zeitschriftenwesen, München, 1969, S. 18 – 32

Wenn wir über Anpassung an sozialen Wandel oder über die Gestaltung sozialer Verhältnisse sprechen, so beziehen sich unsere Aussagen im allgemeinen bewußt oder unbewußt auf Gesellschaften, die institutionell als Staaten konstituiert sind, oder aber auf gesamtgesellschaftliche Zusammenhänge, die zwischenstaatlich, also nicht bundesstaatlich, organisiert sind. Auch bei der Erörterung der Zielsetzungen und Normen geht man meist vom Nationalstaat oder von den Beziehungen zwischen selbständigen Nationalstaaten aus. Die Zielsetzungen des Nationalstaates werden allerdings in den wenigsten Fällen explizit gemacht, sie verstehen sich gewissermaßen von selbst. So sagt zum Beispiel Gilbert Ziebura in einem im Jahre 1969 erschienenen Aufsatz: Noch immer organisiert der Nationalstaat die Bedingungen für das Überleben, die interne Kommunikation und reale Partizipation des einzelnen an den Entscheidungen. Werte und Interessen existieren schließlich nur in konkreten menschlichen Beziehungen, wie sie der Nationalstaat im Gegensatz zu allen inter- und supranationalen Organisationen darstellt. Auch der frühere Präsident der französischen Republik hat häufig versichert, daß nur der Nationalstaat berechtigt sei, für die Völker zu sprechen. Wenn uns bei derartigen Behauptungen auch ein leichtes Unbehagen befällt, so sind wir doch geneigt, sie im Kern für akzeptabel zu halten, so stark hat die nationalstaatliche Periode unsere Geschichte, unser Denken und unsere Vorurteile geprägt.

Lassen Sie mich die wesentlichsten Merkmale dieser Entwicklung hervorheben:

a) Im Zuge des Prozesses der Bildung der europäischen Nationalstaaten wurden die Menschen aus den Bindungen und Ordnungen des Feudalstaates, der Grundherrschaft und des Zunftwesens gelöst, weiträumige Möglichkeiten für die beginnende industrielle Entwicklung, für den Handel und das Gewerbe geschaffen.
b) Dies geschah in weitgehender Übereinstimmung mit den Zielsetzungen und Wertvorstellungen der führenden Schichten, die aufgrund gemeinsamer Sprache oder gemeinsam erlebter Geschichte ein verstärktes Gefühl der Zusammengehörigkeit entwickelten.
c) Mit der Schaffung eines national organisierten Verwaltungsapparates erwiesen sich die Institutionen des Nationalstaates als geeignet, die Aufgaben durchzuführen.
d) Abgesehen von metaphysischen und ideologischen Elementen der Rechtfertigung erscheint uns dieses System legitimiert, soweit und solange es zur Erfüllung der Sachaufgaben geeignet, vom Consensus der Betroffenen getragen war und sich einem zunehmenden Demokratisierungsprozeß unterzog.

Da die Organisation der Gesellschaft es ermöglichte, die als wichtig erkannten

Zielsetzungen und Werte, sei es durch Anpassung, sei es durch Neugestaltung der gegebenen Verhältnisse, zu verwirklichen, verband sich der Begriff des Gemeinwohls oder des nationalen Interesses mehr oder minder bewußt mit dem Schicksal und der Entwicklung des Nationalstaates. Der Nationalstaatsgedanke wurde zur Ideologie und nahm schließlich in einzelnen Ländern Heilscharakter an. Die Stärkung der Macht des Nationalstaates und sogar die Ausdehnung des nationalen Territoriums konnte demnach als wünschenswert, ja sogar als vaterländische Pflicht hingestellt werden, während die Prüfung, warum dies für die betroffenen Menschen nützlich sei, nicht mehr zugelassen wurde. Und so ist es auch heute noch möglich, ähnliche Behauptungen auszusprechen, die sogar von einer Vielzahl von Menschen hingenommen werden, ohne zu untersuchen, ob die Verhältnisse, die seinerzeit zur Bildung und zum Erfolg der Nationalstaaten geführt haben, sich nicht verändert und die Vorstellungen, die der Nationalstaatsideologie zugrunde lagen, sich nicht gewandelt haben. Eine solche Untersuchung müßte sich auf die Veränderungen der realgeschichtlichen Situation, wie sie sich aus der bisherigen gesellschaftlichen, wirtschaftlichen und kulturellen Entwicklung ergeben, auf die Wandlungen in den Wertvorstellungen und Zielsetzungen der Menschen und schließlich auf eine Analyse der Wandlungs- und Anpassungsfähigkeit der institutionellen Systeme erstrekken.

Wenn ich das Problem des sozialen Wandels in den Mittelpunkt unserer heutigen Überlegungen stelle, so habe ich nicht die Absicht, eine Theorie zu entwickeln, d. h. die Fragen des Gegenstandes, der Ursachen und der Dimensionen und Formen des gesellschaftlichen Wandels zu behandeln. Hierüber sind in der angelsächsischen, der französischen und deutschen Literatur so viele wichtige Aussagen zu finden, daß eine stärkere Systematisierung für die nächsten Jahre erwartet werden kann. Mir kommt es heute darauf an, einige Bemerkungen darüber zu machen, welche Kräfte der Handlung und Gestaltung wir auf dem Felde des sozialen Wandels vorfinden, welche Beziehungen sich zwischen diesen Kräften angebahnt haben und welche Kombinationen wir für die Zukunft zu erwarten haben. Um die Richtung und Formen sozialen Wandels messen und den Erfolg oder Mißerfolg institutioneller Vorkehrungen zur Bewältigung sozialer Probleme im Hinblick auf bestimmte Normen, Wertvorstellungen oder Zielsetzungen beurteilen zu können, muß der Versuch unternommen werden, aus der Fülle menschlicher Strebungen und Zielsetzungen diejenigen Fragen herauszukristallisieren, die für die jeweilige Periode der Entwicklung für die betroffenen Bevölkerungskreise als wichtig oder unverzichtbar angesehen werden und deren Lösung für die Erhaltung des Gleichgewichts einer Gesellschaft oder die Erreichung eines neuen Gleichgewichts unabdingbar erscheinen. Wenn wir dabei aufgrund unseres Erfahrungswissens bestimmte Fragen hervorheben, so handelt es sich um Modellvorstellungen, die nicht den Anspruch erfahrungswissenschaftlicher Theorien erheben, deren Brauchbarkeit anhand der erzielbaren Ergebnisse gemessen werden muß.

Der amerikanische Politologe Gabriel Almond hat den Versuch einer solchen Modellbildung unternommen, der mir geeignet erscheint, die Probleme aufzuzeigen. Unter politischem Wandel versteht er, wenn ein politisches System neue Kapazitäten der gesellschaftlichen Integration entwickelt. In einer *ersten* Phase entstehen Integrationskapazitäten, wenn sich auf dem Gebiete eines primitiven Stammes eine Führungsschicht bildet, die die einzelnen Dörfer kontrollieren, Steuern erheben und Arbeitskräfte mobilisieren kann. Eine solche organisierte Gesellschaft wird in einer *zweiten* Phase internationale Anpassungskapazitäten entwickeln müssen, wenn sie sich erfolgreich mit anderen politischen Systemen der betreffenden Zone auseinandersetzen will. Sind diese beiden Anpassungsprozesse geglückt, d. h. hat eine wirkungsvolle innere politische Integration stattgefunden und sind die Austauschbeziehungen mit anderen Partnern geregelt, so wurden die bekannten Merkmale eines Nationalstaates entwickelt. Wenn sich ein solcher Staat aus einem autoritären Typ in einen demokratischen Staat verwandelt, der es einem großen Teil oder der ganzen Bevölkerung erlaubt, sich an der Rekrutierung und Kontrolle der Eliten und an der Formulierung der Politik zu beteiligen, kann man von der erfolgreichen Entwicklung von Beteiligungskapazitäten sprechen. Die demokratischen Nationalstaaten Europas befinden sich nach Almond in einer *vierten* Phase der Umverteilung, in der es darauf ankommt, die Wirtschafts- und Sozialstruktur in der Weise zu beeinflussen, daß die Forderungen nach gerechter Verteilung des Sozialproduktes wiederholt befriedigt werden können. Obgleich diese Aufgaben noch keineswegs gelöst sind, gehen wir bereits mit Riesenschritten in eine *fünfte* Phase, in der es darauf ankommt, die Probleme zu meistern, die sich aus dem steigenden Wohlstand, der technischen Entwicklung, der wachsenden Mobilität, der zunehmenden Urbanisierung in den westlichen Ländern einerseits und den Problemen der unterentwickelten Länder andererseits ergeben. Diese Phase ist gekennzeichnet durch die enorme Vermehrung der wirtschaftlichen Möglichkeiten, der planmäßigen Nutzung der wissenschaftlichen Forschung, die Hand in Hand gehen mit einer tiefgreifenden Veränderung der Ordnungsvorstellungen und der Herausbildung neuer Muster und Normen menschlichen Verhaltens. Natürlich ist mit diesen fünf Phasen die Vielfalt des Lebens und der Kultur nicht erschöpfend behandelt. Die Phasen sind auch nicht etwa gegeneinander abgeschlossen, sie überlappen sich vielmehr.

Bei der Behandlung der Frage, wie diese Probleme gelöst werden können, möchte ich zunächst davon absehen, einen bestimmten institutionellen Bezugsrahmen zugrunde zu legen und mit Amitai Etzione davon auszugehen, daß sozialer Wandel weder allein aus dem Ablauf automatischer Prozesse gesellschaftlicher Art erklärt werden kann noch auch allein auf der Gestaltung durch die Institutionen menschlichen Zusammenlebens beruht, sondern daß eine Kombination des kollektivistischen und des voluntaristischen Ansatzes und der Machtanalyse notwendig ist. Der Gestaltung sind Grenzen gesetzt durch die vorgefundenen geschichtlichen Daten, den Zustand der Institutionen, durch manche althergebrachten Meinungen über Normen und Werte, durch naturale Prozesse und eine gewisse Zwangsläufigkeit in deren zukünftigem Ablauf. Nur auf dem Boden einer sorgfältigen Analyse dieser realgeschichtlichen Situation ist also die Frage nach den Möglichkeiten und Fähigkeiten zu *gesteuertem* gesamtgesellschaftlichem Wandel sinnvoll. Ob aber in einem gegebenen institutionellen Rahmen Gestaltungsmöglichkeiten ausgenutzt werden und den verfolgten Gestaltungsabsichten Erfolg beschieden ist, hängt von einer Reihe von weiteren Faktoren und von deren gelungener oder nicht gelungener Kombination ab:

a) von der Fähigkeit der Institutionen oder ihrer Repräsentanten, Macht und Kontrolle auszuüben, was ein funktionierendes Informationssystem voraussetzt;
b) von den Normen und Wertvorstellungen, die die führenden Schichten und die Bevölkerung leiten und beeinflussen, und
c) von dem Maß und der Art des Consensus, der den Handlungen der Institutionen und ihrer Repräsentanten entgegengebracht wird.

Zwischen diesen drei Faktoren bestehen Wechselwirkungen und Abhängigkeiten, die sich nach dem Charakter der Gesellschaft und dem historischen Entwicklungsstand unterscheiden können, über die ich heute nur einige Andeutungen machen kann. Bei starker Machtkonzentration kann z. B. auf Consensus eher verzichtet werden. Die Aufrechterhaltung veralteter gesellschaftlicher Strukturen gelingt aber auch in diesem Falle nur bei starker Ideologisierung der Wertvorstellungen. Abrupter revolutionärer Wandel kann eintreten, wenn der Scheincharakter und die Realitätsferne einer Ideologie erkannt wird. Ist es andererseits in einer aktiven und entwickelten Gesellschaft gelungen, ein hohes Maß an Übereinstimmung mit den von den Institutionen verfolgten Zielen herbeizuführen, so ist die Beeinflussung des sozialen Wandels auch ohne großen Machteinsatz möglich. Dies gilt insbesondere dann, wenn die verfolgten Ziele mit den anerkannten Normen und Wertvorstellungen übereinstimmen. Wandlungsprozesse werden ausgelöst, wenn sich Spannungen zwischen Herrschaftsverbänden über die Aufrechterhaltung des Status quo im institutionellen, gesellschaftlichen und wirtschaftlichen Bereich ergeben, insbesondere bei Mangel an Übereinstimmung zwischen einer herrschenden institutionellen Ordnung und ihrer materiellen Basis.

Mir kommt es in diesem Zusammenhang auf zwei Thesen an. Einmal, daß ein fatalistischer oder kollektivistischer Ansatz, der jede Entwicklung auf mehr oder minder automatische Prozesse zurückführt, weder zur Erklärung der geschichtlichen Entwicklung ausreicht noch den vorhandenen Gestaltungsmöglichkeiten gerecht wird. Zweitens setzt aber der voluntaristische Ansatz voraus, daß handlungsfähige Institutionen vorhanden sind, deren Handlungsmöglichkeiten allerdings von einer Reihe anderer Faktoren, z. B. den gegebenen Wertvorstellungen und dem Consensus der Beteiligten, abhängen.

Prüft man nun die Frage, innerhalb welchem gesellschaftlichen Bezugssystem die Erfüllung der für die Gestaltung sozialen Wandels entscheidend wichtigen Aufgaben durchgeführt werden kann, so besteht weitgehende Übereinstimmung, daß in Westeuropa der nationalstaatliche Rahmen in vieler Hinsicht zu eng geworden ist und daß es weitgehender internationaler Zusammenarbeit, ja in vielen Fällen auch dauernder Institutionalisierung dieser Zusammenarbeit bedarf. Nicht Übereinstimmung besteht jedoch darüber, wie weit diese Zusammenarbeit gehen und welchen Charakter die Institutionen annehmen müssen, ob man es insbesondere bei einer Kooperation bewenden lassen kann, oder ob sich supranationale Formen herausbilden, lebensfähig sind und weiter ausgeformt werden müssen. Insbesondere für den wirtschaftlichen Bereich wird kaum noch bestritten, daß die nationalen Räume zu eng geworden sind, daß zur vollen Ausnutzung der Produktionsfaktoren, zur Aufrechterhaltung der Konkurrenzfähigkeit und zur Nutzung der durch die moderne Technik gegebenen wirtschaftlichen Möglichkeiten die Bildung großer Märkte mit etwa 200 Millionen Verbrauchern geboten erscheint. Immer mehr setzt sich auch der Gedanke durch, daß die Bildung eines großen Marktes ohne eine gemeinsame Wirtschafts-, Währungs- und Finanzpolitik nicht möglich ist, die wiederum die Errichtung dauerhafter und handlungsfähiger Institutionen voraussetzt. Wir betrachten heute die Maximierung oder Optimierung des Sozialproduktes nicht mehr als *Selbstzweck*, sondern als Mittel und Grundlage zur Bewältigung der uns gestellten Aufgaben der vorher beschriebenen fünften Phase des gesellschaftlichen Integrationsprozesses.

Auch hier muß ich mich mit wenigen Beispielen begnügen: Ich nenne die Fragen der Urbanisierung und Regionalpolitik, d. h. das Problem der künftigen Allokation der Produktionsfaktoren und der Wohnweise der Menschen, das aufs engste mit der Gestaltung der Verkehrsverhältnisse auf der Straße, in der Luft und den Wasserstraßen verbunden ist. Es handelt sich ferner um die Vorbereitung des Menschen auf die Anforderungen der modernen Industriegesellschaft durch Erziehung, Ausbildung und Weiterbildung und um die

Ausnutzung der wissenschaftlichen Erkenntnisse und die Organisation der technischen Forschung, ferner um die Neugestaltung der Rolle des arbeitenden Menschen in den Betrieben und Verwaltungen und schließlich um die Anfänge einer gesamtpolitischen und gesamtgesellschaftlichen Planung in enger Zusammenarbeit zwischen Politik, Verwaltung und Wissenschaft. Im allgemeinen wird anerkannt, daß für eine befriedigende Lösung auch dieser gesellschaftspolitischen Fragen der große Europäische Gemeinsame Markt als wirtschaftliche Basis notwendig ist. Zu der Frage, ob im außerwirtschaftlichen Bereich das nationale Bezugssystem erforderlich ist, werden sehr unterschiedliche Auffassungen vertreten. Zibura zum Beispiel meint in dem von mir bereits erwähnten Aufsatz, daß die EWG zwar das wichtigste Instrument bleibe, um den Gemeinsamen Markt zur Wirtschaftsunion zu entwickeln, sie hätte sich aber ausschließlich auf diese Aufgabe zu konzentrieren. Die spezifisch politischen Probleme, die sich aus der europäischen Einigung ergäben, würden dagegen nicht in die Kompetenz der Europäischen Wirtschaftsgemeinschaft fallen, sondern sollten einer besonderen Lösung zugeführt werden, die als Lösung »sui generis« bezeichnet wird und deren Finalität durchaus offenbleibt. Diese Auffassung verkennt meines Erachtens die fundamentale Tatsache, daß das Wirtschaftssystem auf einen politischen Rahmen angewiesen ist, der wiederum auf einem Rechtssystem beruht, dem bestimmte Wertvorstellungen und Normen zugrunde liegen. Umgekehrt sind die kulturellen, rechtlichen und politischen Prozesse auf ausreichende ökonomische Ressourcen angewiesen. Anders ausgedrückt, die Entwicklung zur Wirtschaftsunion setzt eine gemeinsame Wirtschaftspolitik voraus, die wiederum auf einen ständig sich erneuernden politischen Willen und auf die Gestaltung und Absicherung durch permanente Institutionen angewiesen ist. Damit befindet sich auch die Europäische Wirtschaftsgemeinschaft bereits mitten in einem politischen Prozeß. Es wäre also durchaus irrtümlich, anzunehmen, daß man diesen Prozeß der wirtschaftlichen Integration von einem spezifisch politischen Prozeß sondern könnte. Es handelt sich vielmehr darum – vielleicht stufenweise –, für den gesamten Prozeß Lösungen zu finden, die durch politische Institutionen, politische Willensbildung und Normen gesichert werden müssen. Die künstliche Trennung zwischen einem wirtschaftlichen und einem politischen Prozeß bringt uns in keiner Weise voran; sie bringt vielmehr die Gefahr mit sich, daß der wirtschaftliche Einigungsprozeß versandet, weil er ohne gemeinsame Wirtschaftspolitik nicht vorangetrieben werden kann und die politischen Anstrengungen erfolglos bleiben, weil ihnen die notwendige wirtschaftliche Grundlage fehlt.

Andere Autoren, unter ihnen neuerdings auch Picht in seinem Artikel in der »Zeit« vom 31. Oktober 1969, erkennen zwar an, daß politische Strukturen

Modelle politisch-gesellschaftlicher Integration sind und daß das klassische Integrationsmodell des souveränen Nationalstaates immer weniger in der Lage ist, die gestellten Integrationsfragen zu lösen. Sie meinen aber, daß die gesellschaftliche und wirtschaftliche Realität sich immer mehr dem Zugriff einer bürokratischen Herrschaft entziehe. Das Zentralproblem der europäischen Integration liege deshalb nicht in dem *Zusammenschluß* bestehender Staaten zu einem nach dem alten Modell konstruierten Bundesstaat, weit wichtiger wäre es, neue Integrationsprozesse in Gang zu bringen, die allmählich die überkommenen Formen staatlicher Herkunft nicht nur nach außen, sondern auch nach innen durch andere Ordnungsmodelle ersetzen könnten.

Es mag durchaus sein, daß in technisch fortgeschrittenen Staaten die Großforschung in der Gestalt der Projektwissenschaft zum Integrator und dadurch auch zugleich zum Motor des technologischen Fortschritts geworden ist und daß die Entwicklung in dieser Richtung weiter voranschreiten wird. Ich meine jedoch, daß jedenfalls für die gegenwärtige Periode zwei Elemente nicht außer acht gelassen werden dürfen: Einmal hat die Erfahrung gezeigt, daß sich derartige Projekte nur schwer ohne die Basis eines großen Gemeinsamen Marktes und außerhalb des Rahmens eines institutionell abgesicherten gesellschaftlichen Bezugssystems entwickeln lassen. Zweitens darf man doch wohl davon ausgehen, daß auch die Systeme der Großforschung der Gestaltung des gesellschaftlichen Lebens dienen sollen. Nicht nur die Verwirklichung der systemimmanenten Aufgaben bedarf der Handlung, sondern auch die Auswahl, Ausrichtung und Finanzierung. Notwendig sind also handlungsfähige Gegenspieler im Bereiche der allgemeinen gesellschaftlichen Verantwortung, der immer noch durch eine staatliche oder überstaatliche Organisation legitimiert sein muß. Es ist also sicherlich richtig, daß die nationalstaatliche Struktur nicht mehr als das Modell betrachtet werden kann, das unserer politisch-gesellschaftlichen Situation entspricht. Daraus kann aber nicht der Schluß gezogen werden, daß derartige Institutionen und Organisationen überflüssig geworden wären und man den Prozeß sich selbst überlassen könnte. Ich meine, daß also auch diese Konzeption daraufhin geprüft werden müßte, inwieweit den Zielsetzungen adäquate Handlungsmöglichkeiten zugeordnet sind und in welchem gesamtgesellschaftlichen Bezugssystem sie verwirklicht werden sollen. Diese Autoren haben jedoch gezeigt, daß bei der Beurteilung menschlicher Gestaltungsmöglichkeiten nicht nur die Elemente des Vorgegebenen berücksichtigt werden müssen, sondern auch gewisse sachlogische Zusammenhänge, die sich aus der Kombination von Wissenschaft und Technik und neuen Formen systemorientierter Großobjekte der Forschung ergeben.

Mit der Europäischen Wirtschaftsgemeinschaft ist nun der Versuch gemacht worden, zunächst im wirtschaftlichen Bereich die Voraussetzungen für eine

schöpferische Politik wenigstens auf den Gebieten zu schaffen, die von den bisherigen nationalen Autoritäten allein nicht mehr sachgemäß behandelt und gestaltet werden können. Sie enthält – teilweise nur im Kern – alle Elemente, die notwendig sind, um einen Gestaltungs- und Anpassungsprozeß wirksam zu beeinflussen. Im Vertrag selbst haben sich die Mitgliedstaaten über einen Katalog von Zielsetzungen und Normen geeinigt, die für ihre Politik maßgeblich sein sollen. In den Institutionen der Gemeinschaft finden wir die Ansatzpunkte für die Ausübung von Macht und Gestaltungskraft, und wir können schließlich feststellen, daß der Consensus über die zu erreichenden wirtschaftlichen Ziele in unseren Völkern ziemlich allgemein ist. Das System hat für die Erreichung der in dem Vertrag selbst gesetzten Ziele zunächst ausgereicht. In den letzten Jahren haben sich jedoch zunehmend Schwächeerscheinungen gezeigt, die den Integrationsprozeß haben stagnieren lassen und die eine erhebliche Gefahr für die Weiterentwicklung darstellen.
Worin liegen diese Schwächen? Sicherlich hat das institutionelle System gute Dienste im Prozeß der Durchdringung der Märkte, d. h. der Bildung einer Zollunion mit weitgehendem Freiverkehr der Produktionsfaktoren geleistet. Dagegen haben die Organe der Gemeinschaft ihre Rolle als Innovator und Planer der zukünftigen Entwicklung auf wirtschaftlichem, gesellschaftlichem und kulturellem Gebiet bisher nur unvollkommen gerecht werden können. Dies liegt einmal an einem Mangel an Information, zum anderen aber auch an dem Mangel an Macht sowie der unvollkommenen inneren Organisation der Institutionen. Ferner ist es in den letzten Jahren nicht gelungen, Übereinstimmung über die wesentlichen politischen, wirtschaftlichen und gesellschaftspolitischen Zielsetzungen zu erreichen, so daß die ursprünglich vorhandene Zustimmung der Beteiligten zu den Zielen der Gemeinschaft nachgelassen hat. Liegt aber ein solcher Consensus nicht mehr »spontan« vor, so wäre es um so notwendiger, Consensus und Acclamatio durch ein demokratisch geordnetes Verfahren sicherzustellen. Man hat es aber versäumt, die demokratischen Rechte des Europäischen Parlaments zu erweitern. Wir müssen also feststellen: zu geringe Machtbefugnisse der zur Innovation berufenen Institutionen, ungenügende Übereinstimmung über Zielsetzungen und Normen und schließlich mangelnder Appell an die Betroffenen.
Ist man also überzeugt, wie ich es darzulegen versucht habe, daß die Verstärkung unserer wirtschaftlichen Basis und die gesellschaftspolitische Innovation nicht voneinander getrennt werden können, daß hierfür die nationalen Bezugssysteme nicht ausreichen, sondern neue Handlungsmöglichkeiten im überstaatlichen Rahmen erschlossen werden müssen, so wird man auf allen drei Gebieten ansetzen müssen. Die Institutionen müssen verstärkt, besser informiert und moderner organisiert werden. Eine größere Übereinstim-

mung über die grundlegenden Ziele der Wirtschafts- und Gesellschaftspolitik muß herbeigeführt werden, und schließlich muß durch ein demokratisches Verfahren der Consensus herbeigeführt werden.
Ich gebe mich keinerlei Täuschungen darüber hin, daß es sich um einen äußerst schwierigen Prozeß handelt, da es sich nicht um Vorgänge in *einem* gesellschaftlichen Bezugssystem oder *zwischen mehreren* gesellschaftlichen Bezugssystemen handelt, so daß eine fortschreitende Integration der Systeme selbst erfolgt. Dies bedeutet nicht nur, daß Ziele sich verändern, Verantwortungen verschoben oder geteilt werden, Loyalitäten sich neu orientieren, daß also das System sich selbst verändert, sondern in einem neuen System als Subsystem figuriert. Die Veränderung erfolgt im übrigen nicht mit einem Schlage, sondern in einem fortschreitenden Prozeß, so daß einzelne Zuständigkeiten und Gestaltungsmöglichkeiten bereits von dem neuen System wahrgenommen werden, während die allgemeine politische Verantwortung für das Wohlergehen und die Sicherheit der Bürger noch in erster Linie bei dem bisherigen Bezugssystem des Nationalstaats verbleibt. Die Lösung kann nicht in einem Gegeneinander oder in einer genauen Abgrenzung der Befugnisse gefunden werden, sondern in einem Miteinander in gegenseitiger Verantwortung einerseits für die Notwendigkeiten der Gestaltung und Innovation, die sinnvoll nur in dem neuen übergeordneten Bezugssystem wahrgenommen werden können, und andererseits für die Gegebenheiten und Schwierigkeiten der bisherigen nationalstaatlichen Organisation. Es gilt also Abschied zu nehmen von vielen liebgewordenen Ordnungsvorstellungen, die aus der Zeit des Nationalstaates oder der im Zeitalter der Nationalstaaten gegründeten Bundesstaaten herrühren. Wir dürfen weiterhin nicht außer acht lassen, daß die wirtschaftliche und gesellschaftliche Entwicklung in den Mitgliedstaaten der EWG unterschiedlich verlaufen ist und daß diese Unterschiede auch in den letzten Jahren sich nicht vermindert, sondern vergrößert haben. Damit hängt eine durchaus unterschiedliche Aufgeschlossenheit gegenüber den gesellschaftlichen Anforderungen einer Industriegesellschaft zusammen, die durch unterschiedliche Auffassungen über Zielsetzungen und Wertvorstellungen verstärkt wird. Dies erschwert den Consensus über die notwendigen Maßnahmen zur Förderung der Anpassung an sozialen Wandel, besonders wenn die von dem neuen Bezugssystem geplanten Vorhaben in einem scheinbaren Gegensatz zu nationalen oder regionalen Interessen stehen. Auch bei einer Verstärkung der Befugnisse der Organe der Gemeinschaft würde nicht das Überrollen örtlicher Widerstände, sondern nur das Verständnis für die Notwendigkeit der Maßnahmen den Integrationsprozeß ermöglichen.
Angesichts dieser Situation kommt dem Ausbau parlamentarischer Verfahren und der Erneuerung der Rolle des Europäischen Parlaments besondere

Bedeutung zu, damit den Trägern der zukünftigen Gestaltung und Innovation die Möglichkeit gegeben ist, ihre Pläne darzulegen und die Zustimmung der führenden Gruppen und der Bevölkerung zu finden. Es wird nun häufig eingewandt, daß dem angedeuteten neuen überstaatlichen Bezugssystem die Legitimation ermangeln würde, die dem nationalstaatlichen System gewissermaßen auf Grund naturaler Faktoren, gemeinsame Sprache, gemeinsam erlebte Geschichte und des damit begründeten und auch geographisch bedingten Zusammengehörigkeitsgefühls, inhärent seien. Es ist sicher richtig, daß diese Faktoren für den Consensus der Bevölkerung im nationalstaatlichen System eine große Rolle spielen und damit auch die Machtausübung erleichtern. Andererseits ist aber nicht zu verkennen, daß die Ideologisierung des Nationalstaatsgedankens und seiner vordergründigen Ziele die Erkenntnis der politischen, gesellschaftlichen und wirtschaftlichen Probleme unserer Zeit äußerst erschwert und die Erfüllung von Interessen nur noch vorgespiegelt hat. Die Erkenntnis dieser Zusammenhänge wird die nationalstaatliche Ideologie immer mehr unglaubwürdig machen. Nach Abklingen der ideologischen Überhöhung wird sich dann auch zeigen, daß das unmittelbare Zusammengehörigkeitsgefühl der Menschen meist regional beschränkt ist und sich nicht auf größere Flächenstaaten bezieht. Für die Zukunft käme es also darauf an, daß das überstaatliche Bezugssystem zur sachgerechten Erfüllung der gestellten Aufgaben in der Lage ist und daß eine neue Vertrauensbasis entsteht, die Identifikation und Consensus verbürgt. Behindert wird dieser Prozeß in Europa durch unterschiedliche Sprachen und Zeitverschiebungen in der gesellschaftlichen Entwicklung und im gesellschaftlichen Bewußtsein. Positiv wirkt die gemeinsame kulturelle Entwicklung der europäischen Völker besonders im Vergleich zu den anderen Kontinenten. Entscheidend scheint mir aber zu sein, daß es im technischen Zeitalter leichter ist, Übereinstimmung über Ziele und Wertvorstellungen herbeizuführen, da diese nicht mehr dazu dienen, die Erfüllung der Bedürfnisse vorzutäuschen oder in eine weite Zukunft zu verschieben, sondern hic et nunc verwirklicht werden können. Es bedarf also keiner ideologischen Überhöhung des Europagedankens, sondern der rationalen Übereinstimmung über erreichbare Ziele und gemeinsame Werte.
Obgleich die von mir heute angedeuteten Zusammenhänge gewiß noch vertieft und kritisch durchleuchtet werden müssen, glaube ich aber, folgende Feststellungen wagen zu können:

1. Das bloße Nebeneinander oder Miteinander der bisherigen nationalstaatlichen Bezugssysteme genügt nicht, um die Anpassung an sozialen Wandel im Sinne der heute gestellten Forderungen zu erfüllen. Wegen der Art und des Umfangs der Aufgaben kann ein gestaltender Einfluß nur innerhalb

eines sich fortschreitend entwickelnden überstaatlichen Systems ausgeübt und erhalten werden.

2. Dieses neue gesamtgesellschaftliche Bezugssystem wird zunächst nicht im weltweiten Maßstabe entstehen. Machtkonzentration, gemeinsame Zielsetzungen, Wertvorstellungen und Consensus über die Gestaltung des sozialen Wandels sind nur bei Bevölkerungen zu erwarten, deren wirtschaftliche und gesellschaftliche Entwicklung gleichförmig verlaufen ist und deren Ausrichtung auf gemeinsame Ziele und Werte auf Grund des geschichtlichen und kulturellen Erbes möglich erscheint. Bejaht man also die Notwendigkeit der Gestaltung der gesellschaftlichen Entwicklung, so kann man nicht auf internationale Zusammenarbeit in der UNO oder in ähnlichen Organisationen verweisen, sondern muß die Basis für wirksames Handeln in denjenigen Regionen der Welt schaffen, in denen die genannten Voraussetzungen gegeben sind.

Ich möchte meine Ausführungen nicht beenden, ohne darauf hinzuweisen, daß ich die exogenen Faktoren, die auf den Bestand und die Entwicklung eines gesellschaftlichen Bezugssystems einwirken können, heute vernachlässigt habe. Da wir in einer Welt leben, die durch tiefe ideologische Gegensätze getrennt und in der die wirtschaftliche und gesellschaftliche Entwicklung sehr unterschiedlich verlaufen ist, muß die Gefahr der Einwirkung von außen, die den Bestand eines Systems bedrohen oder aber seine innere Entwicklung durch Drohung oder gar Erpressung entscheidend beeinflussen könnte, sehr ernst genommen werden. Auch aus diesen Gründen scheint es mir notwendig zu sein, in Europa handlungsfähige Institutionen zu entwickeln, da jedermann weiß, daß die bisherigen Nationalstaaten vereinzelt nicht in der Lage sind, auch nur die Sicherheit gegen konventionelle Angriffe zu gewährleisten. Diese langfristig angelegte Entwicklung sollte im Zusammenhang mit einer gesamteuropäischen Friedensordnung gesehen werden, die allen Beteiligten die Sicherheit gibt, daß sich sozialer Wandel ohne Bedrohung von außen vollziehen kann.

Meine Damen und Herren! In dem anschließenden Festakt werden die Verdienste des Mannes, dem die heutige Feier gilt, gewürdigt werden. Ich möchte aber nicht schließen, ohne zu sagen, wie sehr die Gespräche und Diskussionen, die wir besonders im Präsidium der Europa-Union miteinander geführt haben, zur Vertiefung und kritischen Abwägung der Gedanken beigetragen haben, die ich Ihnen heute vorgetragen habe.

# 3. Ein Ziel-Mittel-System für den Europäischen Einigungsprozeß

Rationale europäische Politik heißt nicht zuletzt auch, ständig die Zielvorstellungen zu hinterfragen. Aussagen über Ziele aber können nur im Rahmen eines Bezugssystems gemacht werden, das diese definiert, zu einem kohärenten Zielkomplex zusammenfaßt und gleichzeitig die Methoden ihrer Erreichung beschreibt. Erst wenn dieses Ziel-Mittel-System in sich logisch aufgebaut ist und realisierbar erscheint, unerwünschte Nebenwirkungen ausgeschlossen oder vermindert sind, kann auch eine Einigung erwartet werden, die die politische Wahrheit für eine bestimmte Periode repräsentieren könnte. Für die europäische Einigungspolitik bedeutet das, daß an Stelle von Leerformeln die ständige Konkretisierung der Zielvorstellungen oder von Teilzielen treten und geklärt werden muß, in welchem institutionellen Rahmen sie verwirklicht werden können, ohne daß der Freiheitsraum des einzelnen eingeschränkt oder andere wichtige Ziele beeinträchtigt werden. Mit diesen Überlegungen, niedergeschrieben für die Festschrift für Hermann Priebe: »Europäische Integration und sozialer Wandel«, skizziert von der Groeben den analytischen Bezugsrahmen des Akteurs und Beobachters im europäischen Einigungsprozeß.

*Quelle:* Hans von der Groeben, Europäische Integration und sozialer Wandel, in: Winfried von Urff, Walter Ort (Hg.), Der Agrarsektor im Integrationsprozeß, Baden-Baden, 1975, S. 47 – 67

## I. Integrationsprobleme

Etwas vereinfachend kann man die Ziele der europäischen Integration nach dem zweiten Weltkrieg mit den Begriffen Friedenssicherung im Westen, Vermehrung des Wohlstandes und Sicherheit gegenüber dem Osten beschreiben. Bei der Verwirklichung ging man von den bestehenden politischen und gesellschaftlichen Systemen der westeuropäischen Staaten aus und wollte für die Gemeinschaft einen institutionellen Bezugsrahmen nach dem Muster der nationalen und bundesstaatlichen Traditionen schaffen.

Nach anfänglichen Erfolgen stagnierte der Integrationsprozeß. Zwar gelang es, durch Liberalisierung und Wettbewerbsregeln einen Ordnungsrahmen für ein leidliches Funktionieren des marktwirtschaftlichen Systems im Gemeinsamen Markt zu schaffen. Die Versuche, eine gemeinschaftliche Prozeßpolitik zu entwickeln, blieben jedoch in den Anfängen stecken oder gerieten – wie die Landwirtschaftspolitik – in eine Sackgasse. Die Gemeinschaft oder – besser – die Gemeinschaftsinstitutionen zeigten sich zwar in der Lage, den im Vertrage angelegten Ordnungsrahmen zu erweitern und zu vervollständigen und gewisse Kontrollfunktionen zu übernehmen, auch gelang eine ad-hoc-Koordinierung der nationalen Politiken für gewisse Sachbereiche. Darüber hinaus konnte aber die Gemeinschaft weder nach innen noch nach außen politische Handlungsfähigkeit gewinnen.

Die Versuche, den Integrationsprozeß zu beleben und die Stagnation zu überwinden, sind vielfältig. Sie lassen aber häufig eine sorgsame Analyse des bisherigen Versagens und noch viel mehr eine nüchterne Darlegung der Ziele, die mit dem Integrationsprozeß erreicht werden sollen, und der Aufgaben, die von der Gemeinschaft und den Mitgliedstaaten zu diesem Zweck zu erfüllen wären, vermissen.

*Hermann Priebe* hat es auf einem Teilbereich der Integration, nämlich für die Landwirtschaftspolitik, unternommen, diese Lücke auszufüllen.

Die folgenden Ausführungen beziehen sich auf die normativen, methodischen und institutionellen Fragen, die geprüft werden müssen, wenn diese Untersuchung auf den Gesamtbereich der europäischen Integration ausgedehnt wird. Hierbei steht die innere Entwicklung der Gemeinschaft im Vordergrund. Es ist durchaus möglich, daß eine entsprechende Untersuchung der Außenbeziehungen der Gemeinschaft eine Ergänzung oder Modifizierung der folgenden Ausführungen erforderlich machen wird.

Wir sind Zeugen sehr wesentlicher Veränderungen, die sich auf die Rolle des Menschen in der Familie, in den Betrieben und der Verwaltung und in Staat und Gesellschaft beziehen. Die Steigerung der realen Einkommen, die erweiterten Möglichkeiten der Vermögensbildung haben eine Verbesserung der Wohnver-

hältnisse, der Altersvorsorge, der Krankenfürsoge ermöglicht und eine Veränderung der Lebensgewohnheiten insbesondere des Freizeitverhaltens mit sich gebracht.
Ziel- und Wertvorstellungen, Muster und vorgefaßte Meinungen haben sich gewandelt. Viele geben sich nicht mehr mit den alten Antworten auf die Fragen nach Sinn und Inhalt des Lebens zufrieden.
Auch die geltenden Normen und institutionellen Systeme sind von diesem Wandlungsprozeß nicht ausgenommen.
Wir bezeichnen das in diesen Veränderungen zum Ausdruck kommende Phänomen als »sozialen Wandel«. Im Zuge der industriellen Entwicklung und des organischen Zusammenwirkens zwichen Wissenschaft und Technik ist gegenüber früheren Jahrhunderten eine enorme Beschleunigung der Veränderungen eingetreten. Die Frage, welche Gründe sozialer Wandel hat, wie er abläuft und gesteuert werden kann, beherrscht deshalb in viel stärkerem Maße als früher die Diskussion in allen Gesellschaftswissenschaften. Inwieweit die realgeschichtliche Entwicklung das Bewußtsein und die Wertstellung beeinflußt und inwieweit die Institutionen die Entwicklung steuern oder als Teil eines gewachsenen gesellschaftlichen Systems eher der Konsolidierung und Verteidigung bestimmter Zustände insbesondere der Herrschaftsverhältnisse dienen, kann nicht eindeutig und nicht im Sinne monokausaler Abläufe beantwortet, sondern nur im Rahmen eines komplexen Bezugssystems aufgehellt werden.
Angesichts des sozialen Wandels kann man sich auf die Rolle des Beobachters beschränken, die Veränderungen registrieren und nachträglich Aussagen über festgestellte oder vermutete Zusammenhänge machen. Der Politiker wird sich jedoch mit dieser mehr beobachtenden Haltung nicht begnügen, sondern danach fragen, ob und inwieweit es möglich ist, den Prozeß des sozialen Wandels zu beeinflussen, in eine bestimmte Richtung zu leiten und welche Ziele dabei angestrebt werden sollen und welche Methoden anzuwenden sind.
Wenn man die Wirklichkeit im Sinne bestimmter Zielvorstellungen verändern will, so bedarf es zunächst einer sorgfältigen Analyse der Ausgangslage, sodann einer Prüfung, welcher Spielraum für Veränderungen gegeben ist und welche Instrumente benötigt werden. Soweit es möglich ist, Voraussagen über die Entwicklung auf Grund von Gesetzen, Wahrscheinlichkeitsannahmen oder empirischen Generalisierungen zu machen, können sich hieraus Schlußfolgerungen für die Möglichkeiten und Grenzen gestaltenden Handelns ergeben.
Gewollter oder gar geplanter sozialer Wandel bedarf der Handlungsträger, der Institutionen, die zur Innovation, d. h. zur Festsetzung und Konkretisierung der Ziele und zu ihrer Durchsetzung in der Lage sein müssen, was die Ausübung von Herrschaftsmacht voraussetzt.
Die Rolle der Institutionen im gesamtgesellschaftlichen Rahmen ist zwiespältig.

Einerseits ist die Institution Handlungsträger für die Gestaltung der Zukunft. Sie muß die Veränderungen der realgeschichtlichen Lage erkennen, die Wandlungen des Bewußtseins und der Wertvorstellungen ausloten und dementsprechend eine Strategie für die Zukunft entwickeln, die Spannungen vermindert und Möglichkeiten der Selbstverwirklichung vermehrt.
Andererseits ist die Institution ein Teil des vorhandenen gesellschaftlichen Systems. Sie verkörpert in sich durch ihre Organisation und die von ihr geschaffenen oder angewandten Normen bestimmte Wertvorstellungen, Zielsetzungen und Herrschaftsordnungen. Sie schafft so die Voraussetzungen für ein geordnetes gesellschaftliches Zusammenleben, erleichtert aber auch dem einzelnen bei der Fülle der Handlungsmöglichkeiten die eigene Entscheidung, indem sie nicht nur Normen und Leitlinien festlegt, sondern auch ihre Einhaltung verbürgt.
Mit diesen beiden Aufgaben, einerseits der Verantwortung für das gute Funktionieren des bisherigen Gesellschaftssystems, andererseits dem Gespür für das Neue, für die Notwendigkeit der Umgestaltung, die Erkenntnis der Bewußtseinsveränderungen, die Abschätzung der realen Möglichkeiten der Veränderung, werden hohe Anforderungen an die Einsicht und die Handlungsfähigkeit der Institutionen gestellt.
Viel wird davon abhängen, ob die Vorstellungen der führenden Gruppen und der Bevölkerung von der Notwendigkeit der Veränderung geprägt sind und ob man bereit ist, neue Zielvorstellungen zu diskutieren und anzuerkennen. Hat sich dagegen eine gegen Kritik mehr oder minder immunisierte Ideologisierung bestimmter Systeme und Werte vollzogen, so werden auch die Institutionen geneigt sein, die Anpassung zu unterbinden oder zu verlangsamen. Dies könnte zu abrupten – also nicht gesteuerten – revolutionären Veränderungen führen, besonders wenn sich Spannungen zwischen den verschiedenen Gruppen der Gesellschaft ergeben, weil die Herrschaftsverhältnisse sich nicht mehr mit wirtschaftlichen Argumenten begründen lassen.

## II. Konkretisierung der Ziele

Aussagen über Ziele, sei es wirtschaftlicher, sei es gesellschaftlicher Natur, sei es über das »gute Leben« sollten meines Erachtens im Rahmen eines Bezugssystems gemacht werden, in dem sowohl die Ziele definiert und zu einem kohärenten Zielkomplex zusammengefaßt, als auch die Methoden beschrieben werden, mit denen vorhandene oder zu schaffende (zu reformierende) Institutionen die Wirklichkeit im Sinne dieser Ziele verändern können.
Auch für die Beurteilung vergangener Ereignisse, die Abgabe von Urteilen

über die geschichtliche Entwicklung dürfte das Schema des Zielmittelkomplexes geeignet sein, wobei die Urteile sehr verschieden ausfallen werden, je nachdem, ob man vom Standpunkt des damals Handelnden urteilt oder ob man die Ereignisse an Zielen mißt, die wir heute aufgrund unserer »höheren« Weisheit zugrundelegen, die sich aber damals kaum jemand – oder nur eine Minderheit zu eigen machte.

Zielvorstellungen können sich auf Fragen der Außenpolitik und Innenpolitik erstrecken, sie können wirtschaftlicher Natur sein, sich auf die Grundlagen und die Organisation des Staates beziehen und das Leben und die Möglichkeiten des einzelnen in der Gesellschaft betreffen. Die Ziele müssen miteinander vereinbar sein. Die zur Verwirklichung der einzelnen Ziele angemessenen Methoden müssen gefunden werden, sie dürfen andere Ziele nicht beeinträchtigen oder durch ihre Nebenwirkungen in Frage stellen. In diesem Sinne muß Kritik an bestehenden Zuständen, Normen oder Institutionen durch Angaben über Ziele und Methoden, die zur Veränderung des kritisierten Zustandes führen sollen, ergänzt werden.

Zielvorstellungen können sehr allgemein sein (z. B. »das Gemeinwohl« oder »das nationale Interesse«), deshalb Leerformeln sehr nahe kommen und somit die Subsumtion einer nahezu unbeschränkten Zahl von konkreten Zielsetzungen äußerst unterschiedlicher oder gar widersprüchlicher Art ermöglichen. Für die Ausarbeitung eines Zielmittelkomplexes genügen solche Leerformeln nicht, da es nur bei hinreichender Konkretisierung der Ziele möglich ist, die Fülle der Handlungsmöglichkeiten einzugrenzen und konkrete und nachprüfbare Aussagen über die geeigneten Mittel zur zielkonformen Veränderung der Wirklichkeit zu machen.

Unter den Bedingungen der Konkretheit und Zielkohärenz kann m. E. auf die Bildung eines für alle relevanten politischen Fragen geltenden Zielmittelkomplexes nicht verzichtet werden. Es besteht dann auch nicht die Gefahr, sich in wirklichkeitsfremde und unrealisierbare Utopien zu verlieren. Andererseits dürfte eine Zielfestsetzung für Teilbereiche ohne Zielkohärenzprüfung nur in seltenen Fällen möglich sein. Ein Urteil, ob ein Teilziel mit anderen Zielsetzungen unvereinbar ist oder seine Verwirklichung unerwünschte (im Sinne anderer Ziele) Nebenwirkungen auslöst, ist nur möglich, wenn auch die anderen Teilziele und die Methoden zu ihrer Verwirklichung bekannt sind.

Welche Bedeutung die Einordnung spezieller wirtschaftlicher oder politischer Ziele in ein allgemeines Zielmittelsystem hat und welche Probleme entstehen, wenn dies nicht geschieht, läßt sich an vielen Beispielen aus der Praxis zeigen.

a) Freizügigkeit, marktwirtschaftliche Ordnung, liberale Außenwirtschaftspolitik haben in der Bundesrepublik zur vollen Ausnutzung der Produktionsfaktoren und zur Verwirklichung der wirtschaftlichen Ziele beigetragen, gleichzeitig auch zum Einströmen von etwa 2,5 Millionen ausländischer Arbeiter geführt, das zum Teil von den Behörden organisiert oder sogar gefördert wurde. Durch die Entwicklung sind andere wirtschaftliche und gesellschaftpolitische Ziele beeinträchtigt worden. Ohne hier von der weitgehend ungelösten Frage der Eingliederung dieser Menschen in das Gesellschaftsgefüge der Bundesrepublik zu sprechen – leider werden die Gefahren, die mit einer neuen unterprivilegierten Schicht geschaffen werden, nur von wenigen erkannt – läuft diese Entwicklung allen Bestrebungen zur Dezentralisierung und Entballung entgegen. Während die deutschen Arbeiter zunehmend zögern, in die großen Ballungsgebiete zu gehen, weil die Nachteile für die Qualität des Lebens immer offensichtlicher werden, sind die ausländischen Arbeiter zunächst bereit, jede Bedingung zu akzeptieren. Der kumulative Ballungsprozeß mit seinen Folgen für die Umwelt, die Verkehrsverhältnisse, das Unbehagen der dort wohnenden Menschen wird also einerseits als Folge entbundener wirtschaftlicher Interessen gefördert, während sich Staat und Gemeinden auf der anderen Seite mit meist unzureichenden Mitteln bemühen, eine dezentralisierte Entwicklung, einen besseren Ausgleich von Stadt und Land herbeizuführen.

b) Ein anderes Beispiel ist die Verkehrspolitik. Alle Anstrengungen in den großen Agglomerationen die Verkehrsverhältnisse zu verbessern, haben auch die Anziehung neuer Verkehrsströme zur Folge, lösen also einen kumulativen Prozeß aus. Das gleiche gilt für die Anstrengungen mit immer neuen Straßen dem Individualverkehr zu folgen, anstatt die allgemeinen Verkehrsmittel grundlegend zu verbessern und den Individualverkehr stärker zu belasten. Hier gilt es also, nicht von den sogenannten Sachzwängen des Verkehrs auszugehen, sondern eine Politik zu betreiben, die regionale und sonstige gesellschaftspolitische Zielsetzungen innerhalb eines Zielmittelsystems berücksichtigt.

c) Auch die europäische Politik hat die gleichen Fehler nicht vermieden. In der gemeinsamen Agrarpolitik konnte man sich weder über Zielvorstellungen für den Fachbereich verständigen, noch auch die Nebenfolgen, die sich für die öffentlichen Finanzen, die regionale Entwicklung, das Verhältnis von Stadt und Land und die sonstigen gesellschaftlichen Probleme insgesamt ergaben, berücksichtigen. Ziellos in sich selbst, ohne Eingliederung in eine Gesamtkonzeption hat die Agrarpolitik Sach- und Finanzzwänge ausgelöst, die um so lästiger sind, als die Korrektur nicht durch ein parlamentarisch kontrolliertes Entscheidungsorgan durchgeführt werden kann, sondern der Einstimmigkeit des technokratisch organisierten Ministerrats bedarf, die natürlich wegen der Unterschiedlichkeit der investierten nationalen Interessen nur in Ausnahmefällen zu erreichen sein wird. Die hohen Beträge, die für die Agrarpolitik ausgegeben werden, sind außerdem zum Teil verschwendet, sie kommen nicht einmal den Landwirten zugute; außerdem fehlen sie in den Haushalten der Mitgliedstaaten für andere Zwecke (Bildungspolitik, Regionalpolitik usw.).

Konkretheit, Zielkohärenz und ein umfassendes Zielmittelsystem sind also die Voraussetzungen einer wirksamen politischen Strategie.

Zielvorstellungen können nicht aus dem Sein und seinen Veränderungen unter Anwendung logischer Prozesse abgeleitet werden. Sie beruhen auf Wertentscheidungen. Im Rahmen eines Zielmittelsystems sind Zielvorstellungen nicht etwas Feststehendes, Unwandelbares, sondern Versuche, größere Klarheit über die Ziele der Politik zu gewinnen (und die praktische Politik danach auszurichten), gewissermaßen Arbeitshypothesen, die im Zuge der Zielkohärenzprüfung, wenn unerwünschte Nebenwirkungen aufteten, wenn sich Randbedingungen ändern oder die Wertvorstellungen sich wandeln, überprüft und verändert werden müssen. Dies schließt natürlich nicht aus, daß einzelne oder Gruppen oder Institutionen bestimmte Zielvorstellungen für unverzichtbar halten (z. B. die Grundrechte). Die sich daraus für andere Bereiche ergebenden Konsequenzen können im Rahmen eines Zielmittelsystems beleuchtet werden. Erst wenn sich ergibt, daß das Zielmittelsystem in sich logisch aufgebaut ist, realisierbar erscheint, unerwünschte Nebenwirkungen ausgeschlossen oder vermindert sind, kann eine Einigung erwartet werden, die die politische »Wahrheit« für eine bestimmte Periode repräsentieren könnte.

Zielvorstellungen werden nicht im freien Raume der Gedanken entwickelt. Sie werden maßgeblich von den bewußten oder unbewußten Wertvorstellungen der Beteiligten beeinflußt. Sie entstehen im Rahmen einer geschichtlich gewordenen gesellschaftlichen Ordnung, eines Herrschaftssystems.

Während der institutionelle Rahmen, in dem Zielfindungsprozesse ablaufen, weiter unten behandelt wird, kann es in diesem Beitrag nicht darum gehen, die einzelnen Ziele zu beschreiben oder gar ein Zielmittelsystem aufzustellen.[1] Es sei jedoch auf einige Probleme hingewiesen, die sich besonders bei einer über allgemeine Formeln hinausführenden Konkretisierung außenpolitischer Ziele ergeben. Die Handlungsträger (Staat, Bundesstaat, europäische Gemeinschaft) sind auf diesem Gebiet nur beschränkt autonom. In jedem Zeitpunkt müssen die Ziele und Aktionen anderer Systeme mit in die Überlegungen einbezogen werden. Alle Aussagen haben also einen hypothetischen Charakter, weil die Strategie Dritter nicht vorausgesehen werden kann, die eigenen Zielsetzungen und ihre Durchführbarkeit weitgehend davon abhängen können.

Kommt es darauf an, konkrete Maßstäbe für außenpolitisches Handeln zu gewinnen, so kann dem in der Weise Rechnung getragen werden, daß

1 Im Anhang ist ein Überblick über Umfang und Vielfalt der zu berücksichtigenden Bereiche gegeben.

Alternativstrategien entwickelt werden, denen verschiedene Hypothesen über Ziele und Aktionen Dritter zu Grunde liegen.
Geht es um innenpolitische Ziele, so ist zu prüfen, inwieweit eine Konkretisierung der Außenpolitik notwendig ist oder entsprechende Annahmen gemacht werden müssen, um den Spielraum für innenpolitisches Handeln abschätzen zu können. Dazu würden sicherlich Annahmen über Entwicklung des Außenhandels, der Auslandsinvestitionen, der Gastarbeiterwanderungen und der Beiträge zur Entwicklungshilfe gehören.
In den Ost-Westbeziehungen könnte eine stärkere gegenseitige wirtschaftliche Verflechtung für die Entspannung und den Frieden nützlich sein, eine einseitige Abhängigkeit z. B. in der Energieversorgung aber nicht nur außenpolitische Folgen haben, sondern auch die gesellschaftspolitische Handlungsfreiheit beeinträchtigen.
Die Folgen der Entspannungspolitik für die Weiterentwicklung der europäischen Integration sind noch nicht abzusehen; es müßten also mehrere Hypothesen untersucht werden.
Inwieweit zu einer Beurteilung der Rückwirkungen innenpolitischer Ziele oder Aktionen auf die Außenpolitik eine Konkretisierung außenpolitischer Ziele erforderlich ist, läßt sich nur von Fall zu Fall beurteilen. Jedenfalls darf dieser Aspekt bei der Aufstellung eines Zielmittelsystems nicht vernachlässigt werden.
Auch im Bereich der Innenpolitik werden Zielvorstellungen häufig in allgemeinen Formeln bestehen. Soweit Handlungsmöglichkeiten in Frage stehen, werden in diesen Fällen konkrete Unterziele gebildet werden müssen. Auch bei der Prüfung, ob bestimmte Teilziele mit anderen Zielen nicht vereinbar sind, kann sich herausstellen, daß eine Beurteilung nur möglich ist, wenn allgemeine Zielsetzungen durch Unterziele konkretisiert werden. Zielvorstellungen für die relevanten Bereiche werden von den hierfür zuständigen Institutionen auf Grund von Wertvorstellungen, Erfahrungswissen, speziellen Untersuchungen, Projektionen usw. entwickelt. Die Ergebnisse wären vorläufig in einem Zielkomplex zu vereinen, wobei offensichtliche Unvereinbarkeiten ausgeschaltet oder jedenfalls vermerkt werden sollten.

## III. Methoden der Zielverwirklichung

Während der Zielfindungsprozeß letzten Endes Wertentscheidungen erfordert, beruhen die Methoden der Zielverwirklichung auf Gesetzen, Wahrscheinlichkeitsannahmen oder allgemeinen Erfahrungssätzen. In der Praxis gehen beide Operationen (Zielfindung und Zielverwirklichung) aber Hand in Hand.

Grundsätzlich richten sich die Methoden zwar nach den Zielvorstellungen, bei der Erörterung oder Überprüfung der Methoden und Instrumente zeigt sich häufig aber erst, ob eine Zielvorstellung realisierbar ist oder ob unerwünschte Nebenfolgen eintreten. Diese Rückkoppelung führt dann zur Veränderung der Zielsetzungen. Bei einer solchen flexiblen Zielplanung können Aussagen über Ziele nur im Rahmen eines Zielmittelsystems und nur für einen bestimmten Zeitraum gemacht werden. Als Methoden zur Beeinflussung und Veränderung der Wirklichkeit stehen uns in der westlichen Welt im gesamtgesellschaftlichen Rahmen, in dem öffentliche Gewalt ausgeübt wird, zur Verfügung:

a) das Setzen allgemeiner Regeln mit unterschiedlichem Charakter (Verfassung, einfache Gesetzgebung, Verwaltungsvorschriften usw.), die für das Verhalten des Staatsbürgers und der Wirtschaftssubjekte verbindlich sind;

b) das Handeln staatlicher oder staatlich autorisierter Organe – im Rechtsstaat gedeckt durch die Verfassung und durch sonstige Normen – zur mittelbaren oder unmittelbaren Beeinflussung des Verhaltens des Staatsbürgers und des wirtschaftlichen Geschehens. Unmittelbar, wenn es sich um gezielte Einzelmaßnahmen, mittelbar, wenn es sich um Beeinflussung von Rahmenbedingungen handelt (z. B. in der Konjunkturpolitik);

c) ein Vorgehen, das sich sowohl der Methode der Normensetzung als auch der Einzeleingriffe bedient, um ein bestimmtes Ziel zu erreichen.

Im Zuge der Zielverwirklichung kann auch die Änderung der Struktur des institutionellen Systems und der entsprechenden Verfahrensregeln notwendig werden. Soweit die Verwirklichung von Zielen Finanzmittel der öffentlichen Hand erfordert, müssen die Beträge geschätzt, in einem Finanzplan für die Periode, auf die sich das Zielmittelsystem erstreckt, zusammengestellt und auf die gegebenen oder zu schaffenden Finanzierungsmöglichkeiten ausgerichtet werden. Auch hier zeigt sich, daß ein Urteil darüber, welche Ziele verwirklicht werden können, wo die Prioritäten zu setzen sind und was zurückgestellt oder aufgegeben werden muß, nur im Rahmen eines alle relevanten Bereiche erfassenden Zielmittelsystems möglich ist.

Bei der Wahl zwichen den Methoden der Normensetzung oder des direkten Eingriffes handelt es sich nicht nur um die Entscheidung über das zweckmäßigste Mittel, sondern gleichzeitig um ein schwerwiegendes Problem der Verfassung von Staat und Gesellschaft. Inwieweit können die Abläufe im Rahmen staatlich gesetzter Normen den eigenständigen Entscheidungen gesellschaftlicher Kräfte überlassen werden, wie dies für das eigentliche Marktgeschehen im marktwirtschaftlichen System der Fall ist, inwieweit bedarf es korrigierender Maßnahmen der öffentlichen Hand und inwieweit muß diese selbst Einfluß nehmen oder handeln? Auch über diese Methodenfrage kann nur unter den Bedingungen der Zielwirksamkeit und der Zielkohärenz d. h. unter Berücksichtigung der Auswirkungen auf alle relevanten Ziele entschieden werden. Die Beschränkung auf Normen und korrigierende Maßnahmen kann geeignet sein, wirtschaftliche Ziele zu erreichen und den Freiheitsraum für den einzelnen zu erweitern und zu sichern. Andere Ziele können dabei zu kurz kommen (Qualität des Lebens, Gerechtigkeit, Begrenzung wirtschaftlicher Macht, Mitwirkung), wenn auch viele Möglichkeiten der normativen Veränderungen der Voraussetzungen und der Korrektur im Rahmen des Systems noch nicht ausgeschöpft sind.

Alle Entwürfe für direkte Eingriffe der öffentlichen Hand müssen zunächst auf ihre Wirksamkeit überprüft werden. Die bei der Globalsteuerung mit der gezielten Beeinflussung der Rahmenbedingungen und bei der Branchensubventionierung mit gezielten Einzeleingriffen gemachten Erfahrungen sind insoweit keineswegs überzeugend.

Es ist ferner notwendig, die Rück- oder Nebenwirkungen staatlicher Eingriffe auf andere Zielsetzungen in Betracht zu ziehen. Wie Dahrendorf kürzlich dargelegt hat, hat der berechtigte Wunsch, mehr Gerechtigkeit, mehr Chancengleichheit herbeizuführen, zu einer Ausdehnung des bürokratischen Apparates, zu komplizierten und langwierigen Verfahren also zur Vermehrung der Sachzwänge geführt, wodurch der Freiheitsraum des einzelnen erheblich eingeschränkt worden ist.

Auch die mit der Verstaatlichung von Unternehmen gemachten Erfahrungen sind nicht besonders eindrucksvoll. Es ist auch nicht ersichtlich, warum die Ersetzung des selbstverantwortlichen Unternehmers durch eine privilegierte Schicht von politisch abhängigen Bürokraten den Anliegen der Reformer, die auf mehr Gerechtigkeit, mehr Mitbestimmung und Selbstverwirklichung gerichtet sind, dienlich sein sollte. Es wird also zu prüfen sein, ob diese Ziele nicht besser und wirksamer durch Reformen des bestehenden Systems erreicht werden können. Selbstverständlich gibt es weite Bereiche, in denen der Staat planen und eingreifen muß, um die Ziele zu verwirklichen, und handeln kann, ohne andere Zielsetzungen zu gefährden. Verkehrspolitik, Regionalpolitik und Bildungspolitik seien hier als Beispiel für die notwendige Kombination von Normensetzung und Einzelmaßnahmen genannt.

Die Wettbewerbspolitik der Gemeinschaft hat das marktwirtschaftliche Konzept in der Gemeinschaft entwickelt und stabilisiert, was zu einer ungeahnten Entbindung wirtschaftlicher und gesellschaftlicher Kräfte insbesondere in Frankreich und Italien geführt hat. Ein Europa der Kartelle, der dirigistischen Spezialpläne für einzelne Branchen, der gezielten Industriepolitik, hätte nicht nur zu anderen wirtschaftlichen Ergebnissen geführt, sondern wäre auch nicht ohne Einfluß auf die Wirtschaftsverfassung der Mitgliedstaaten und deren Gesellschaftsstruktur geblieben.

## IV. Ausgangslage

Gesteuerter sozialer Wandel bedeutet, die Wirklichkeit nach bestimmten Zielvorstellungen zu verändern.
Die erste Aufgabe ist also eine Bestandsaufnahme

einmal der naturwüchsigen Tatbestände, die sich aus der geographischen Lage, der Bevölkerungszahl, der örtlichen und branchenmäßigen Kombination der Produktionsfaktoren ergeben,

zweitens der Organisation des Systems, die sich in Institutionen, Normen, Wertvorstellungen, Gewohnheiten usw. ausdrückt,

und schließlich der Außenbeziehungen des Systems.

Sind die Zielvorstellungen genügend konkret, ist die Wirklichkeit in Bezug auf diese Zielvorstellungen ausreichend analysiert, so wird zunächst zu prüfen sein, welche Veränderungen unter Zugrundelegung der bisherigen Organisation des Systems (status quo-Prognose) zu erwarten sind und ob diese den Zielvorstellungen entsprechen.
Hierzu bedarf es der Untersuchung
a) inwieweit Veränderungen nach bereits überprüften Gesetzen erfolgen
b) inwieweit für das Eintreten zukünftiger Ereignisse eine (und welche) Wahrscheinlichkeit angenommen werden kann
c) inwieweit Generalisierungen auf Grund empirisch bestätigter Sachverhalte möglich sind.
Aus dieser Prüfung ergibt sich, inwieweit das Eintreffen künftiger Ereignisse als sicher, weniger oder hoch wahrscheinlich betrachtet werden kann und ob ein Handlungsspielraum für eine Strategie gegeben ist, um durch Veränderungen der Normen oder durch unmittelbare Eingriffe den gewünschten Erfolg sicherzustellen. In dem hierdurch gegebenen Rahmen können zusätzliche Annahmen über künftige Ereignisse oder Verhaltensweisen notwendig werden, um die Möglichkeiten einer Zielverwirklichung unter rationalen Bedingungen beurteilen zu können, soweit auf Grund der gegenwärtigen Randbedingungen Voraussagen nicht oder nicht genügend genau oder nur für eine begrenzte Zeit gemacht werden können. Es ist zu prüfen, ob sich solche Annahmen in ein bestimmtes Ziel-Mittel-System einordnen lassen. Je größer die Ungewißheit über den Eintritt künftiger Ereignisse ist, desto mehr kann es sich empfehlen, mehrere Arbeitshypothesen zu untersuchen.
Während die Zusammenhänge im ökonomischen Bereich in den letzten zwei Jahrhunderten theoretisch weitgehend behandelt worden sind, dürften die praktischen Schwierigkeiten, die einer Anwendung von Gesetzen oder Quasi-Gesetzen auf andere gesellschaftliche Vorgänge entgegenstehen, noch sehr groß sein, da die analytische Behandlung von Zuständen und Verhaltensweisen

sich noch im Rückstand befindet. Die Aufstellung von Zielmittelsystemen für die relevanten Bereiche könnte hier neue Impulse auslösen und die Forschung auf ein praxisbezogenes Ziel ausrichten.

Bei der Aufstellung des Zielmittelsystems wird man zunächst mit Teilbereichen beginnen, in denen die Bedingungen und Möglichkeiten als besonders günstig für die Zielkonkretisierung und die Wahrscheinlichkeit der Voraussagen angesehen werden können und anschließend das Verfahren unter Prüfung der Zielkohärenz, der Realisierbarkeit und der Nebenwirkungen auf alle relevanten Teilbereiche ausdehnen.

Handeln im gesamtgesellschaftlichen Rahmen ist nur möglich, wenn Handlungsträger, d. h. Institutionen vorhanden sind. Institutionen müssen in einem gegebenen oder zu schaffenden Bezugsrahmen (Mitgliedsland, europäische Gemeinschaft) technisch funktionsfähig und in der Lage sein, Entscheidungen zu fällen und zu verwirklichen, d. h. öffentliche Macht auszuüben. Dies ist in der westlichen Industriegesellschaft nur dann der Fall, wenn die Institutionen demokratisch legitimiert sind, d. h. Mitwirkung und Kontrolle durch die Betroffenen gewährleistet ist und die Regierenden durch allgemeine Wahlen berufen werden. Besteht ein consensus über wichtige Wertvorstellungen, so erleichtert dies die Einigung über Ziele und die Durchführung von Entscheidungen.

Diese Voraussetzungen sind im Nationalstaat im allgemeinen – mit Ausnahme schwerer sozialer Verwerfungen – gegeben, außerdem steht ein eingespieltes institutionelles System zur Konfliktlösung zur Verfügung. Beides gilt *nicht* hinsichtlich der europäischen Gemeinschaften. Einigkeit besteht nur über Teilziele (z. B. Wirtschaftswachstum, äußere Sicherheit), das institutionelle System fördert zwar Kompromisse, muß aber bei Konflikten, die eine Entscheidung über alternative Konzepte erfordern, versagen.

Die naturwüchsige Entwicklung hat oft die nationalen Grenzen überschritten und ist transnational geworden, das nationale Bezugssystem wurde also unterlaufen. Mit der Errichtung der Montanunion hat ferner ein fortschreitender Prozeß der Übertragung von nationalen Souveränitätsrechten auf die Gemeinschaft eingesetzt. Die nationalen Institutionen sind also nicht mehr allein in der Lage, selbst die Ziele, über die eine weitgehende Übereinstimmung besteht, zu verwirklichen. Es bedarf dazu entweder internationaler Absprachen oder handlungsfähiger Gemeinschaftsinstitutionen. Bei der Aufstellung des Zielmittelsystems müßte dieser Tatsache durch Einführung zusätzlicher Annahmen über eine Veränderung der nationalen Institutionen und Zuständigkeiten und eine entsprechende Entwicklung der Gemeinschaftsinstitutionen Rechnung getragen werden.

Es besteht weitgehende Übereinstimmung, daß die nationalen Instanzen die konjunkturelle Entwicklung nicht mehr allein steuern, daß sie Preisstabilität und Vollbeschäftigung, das außenwirtschaftliche Gleichgewicht, den Außenwert der Währung nicht allein im Sinne der wirtschaftlichen und gesellschaftspolitischen Ziele gewährleisten können.

Die wirtschaftliche Zusammenarbeit und Verflechtung hat insbesondere in den sogenannten multinationalen Unternehmen die nationalen Grenzen übersprungen und entzieht sich in vieler Hinsicht sowohl den nationalen Normen als auch direkter nationaler Einflußnahme. Diese Entwicklung könnte nur unter weitgehender Zerreißung gewachsener Beziehungen und unter erheblichen wirtschaftlichen Einbußen zurückgedreht werden. Die nationalen Lösungen für Mitbestimmung, Besteuerung von Einkommen und Vermögen, das nationale Arbeits- und Tarifvertragsrecht, das nationale Sozialsystem, können dieser Entwicklung nicht in angemessener Weise Rechnung tragen.

Freiverkehr und Wettbewerbsordnung der Gemeinschaft sind gefährdet, wenn sie nicht durch weitere Maßnahmen der Wirtschafts- und Gesellschaftspolitik der Gemeinschaft ergänzt werden.

Die Landwirtschaftspolitik der Gemeinschaft wird in ihren Zielen und Ergebnissen immer zweifelhafter werden, wenn die Agrarstrukturpolitik und Regionalpolitik national bleibt und keine gemeinsame Konzeption erarbeitet wird.

Mit »pragmatischen« Methoden hat man bisher versucht, aufgrund sehr allgemeiner politischer Ziele für einzelne Fach- oder Teilbereiche mehr oder minder europäische Lösungen vorzusehen und diese durch die nationalen Mitgliedstaaten und mit den vorhandenen Institutionen der europäischen Gemeinschaft durchzusetzten. Da die Ergebnisse seit 1965/66 nicht mehr sehr überzeugend waren, wurden erneut »institutionelle Lösungen« in der Annahme gefordert, daß ein den nationalen Verfassungen der Mitgliedstaaten etwa nachgebildetes institutionelles Gemeinschaftssystem in der Lage sein würde, sowohl die Zielfindung als auch die Zielverwirklichung zu gewährleisten. Die Schlüssigkeit dieser Auffassung und die Rück- und Nebenwirkungen oder die Wirksamkeit eines solchen Systems können hier nicht geprüft werden, festgestellt werden kann aber, daß der erste Weg nicht geeignet war, die gestellten Probleme zu lösen und daß der zweite Weg sich nicht hat verwirklichen lassen. Angesichts der französischen Haltung besteht wohl auch keine Aussicht auf eine baldige Verwirklichung.

## V. Modellvorstellungen

Die Folgen des gegenwärtigen Zustandes, in dem die Gemeinschaft nur beschränkt handlungsfähig ist, die nationalen Mitgliedstaaten ihrerseits das Feld nicht mehr beherrschen, die politischen Konsequenzen in Richtung einer Verstärkung und Demokratisierung der Gemeinschaftsinstitutionen aber nicht gezogen werden, sind bisher von manchen Regierungen nicht klar erkannt worden.

Wir müssen wissen, welche Aufgaben auf uns zukommen, was durch die Nationalstaaten bewältigt werden kann, in welchen Fällen internationale Kooperation ausreicht und inwieweit Gemeinschaftsregeln oder politisches Handeln der Gemeinschaft erforderlich ist. Bei der Aufstellung eines Zielmittelsystems muß also die europäische Ebene berücksichtigt werden.[2] Eine Übereinstimmung über genügend konkrete Zielvorstellungen wird sich in der europäischen Gemeinschaft wegen der unterschiedlichen Wertvorstellungen und Präferenzen zunächst nur auf Teilbereichen oder in einem sehr langfristigen Prozeß erzielen lassen. Wie schon bemerkt, waren die bestehenden Institutionen über begrenzte Teilbereiche hinaus bisher nicht in der Lage, einen solchen Zielfindungsprozeß zu gewährleisten und die Ziele zu verwirklichen. Die Europäische Kommission könnte zwar entsprechende Entwürfe ausarbeiten, ihr fehlt aber die Zuständigkeit und Legitimation, um die Annahme der Ziele und ihre Verwirklichung zu garantieren. Das Europäische Parlament hat nur beratenden Charakter, es hat keine Gesetzgebungsbefugnis, es wird nicht direkt gewählt, seine horizontale und vertikale Integrationskraft ist deswegen gering geblieben. Im Ministerrat vertreten national legitimierte Minister, die von ihren Regierungen abhängig sind, vorwiegend nationale Interessen. Bei Einbeziehung der europäischen Probleme müssen also im Zielmittelsystem entweder Annahmen über die Veränderung der Verfassungsstruktur der Gemeinschaft gemacht werden, die hypothetischen Charakter tragen, oder es muß die gegenwärtige institutionelle Struktur fortgeschrieben werden. Anders lassen sich auch die Rück- und Nebenwirkungen, die sich aus einer Übertragung von Zuständigkeiten auf die Gemeinschaft ergeben, ebenso wenig beurteilen, wie die Folgen der Unterlassung einer rechtzeitigen Anpassung der Verfassungsstruktur der Gemeinschaft. Angesichts der bestehenden Unsicherheit über Zielvorstellungen und die institutionellen Erfordernisse und Möglichkeiten werden verschiedene Modelle entwickelt werden müssen, an denen gezeigt werden kann, welche Aktionsspielräume bestehen.

2 *Weltweite* »supranationale« Lösungen sind in absehbarer Zeit nicht zu erwarten, so daß *insoweit* nur die Möglichkeit der internationalen Kooperation besteht.

a) Zu denken wäre an ein Modell, das den bisherigen Integrationsprozeß weiter zu entwickeln sucht, ohne zunächst Änderungen in der Verfassungsstruktur der Gemeinschaft vorauszusetzen.

In Ausdehnung der für Wettbewerb und Freiverkehr bewährten normativfunktionalen Methode würde man sich darauf beschränken, auch in anderen Bereichen Gemeinschaftsnormen zu setzen, die eine Fortsetzung und Vertiefung des Integrationsprozesses durch die autonomen wirtschaftlichen und gesellschaftlichen Kräfte sichern. In diesem Sinne ist vorgeschlagen worden, die Schaffung und Erhaltung einer europäischen Währungseinheit dadurch zu ermöglichen, daß auf eine »Fein«steuerung der Währungspolitik weitgehend verzichtet und feste Regeln akzeptiert werden.

In einem solchen Modell würde also die Prozeßpolitik, d. h. die Zuständigkeit für unmittelbar gestaltendes politisches Handeln bei den nationalen Mitgliedstaaten verbleiben und nur im Ministerrat nach den bisherigen Verfahren koordiniert werden.

Was kann in diesem System die Gemeinschaft und was können die Mitgliedstaaten leisten; in welchen Bereichen bestehen Handlungsmöglichkeiten nicht mehr oder noch nicht?

Kann z. B. die Preisstabilität besser als bisher gesichert werden, ohne daß die Gemeinschaft als solche Handlungsmöglichkeiten in der Währungs- und Finanzpolitik hat?

Muß die Tätigkeit der multinationalen Unternehmen beobachtet, kontrolliert oder eingegrenzt werden? Genügen hierzu nationale Vorkehrungen oder ist eine Tätigkeit der Gemeinschaft erforderlich? Reichen die bestehenden Normen der Gemeinschaft aus oder müssen sie auf andere Bereiche (Steuergesetzgebung, Tarifvertragsrecht, Betriebsverfassung) ausgedehnt werden oder muß die Gemeinschaft auch unmittelbar eingreifen können?

Sind Vorstellungen über eine gerechtere Vermögensverteilung noch rein »national« zu verwirklichen, ohne daß der Freiverkehr im Gemeinsamen Markt beeinträchtigt wird?

Kann ein wirksamer Umweltschutz allein durch nationale Regeln und internationale Absprachen gesichert werden?

Paßt die gegenwärtige gemeinsame Agrarpolitik, die der Gemeinschaft Prozeßpolitik abverlangt, in ein solches Modell?

Wird bei Aufrechterhaltung der gegenwärtigen institutionellen Systeme der Gemeinschaft und der Mitgliedstaaten die Demokratie beeinträchtigt, da der demokratische Prozeß auf Gemeinschaftsebene nur unzureichend entwickelt wurde, die Gemeinschaftsaktionen aber der Zuständigkeit der Parlamente der Mitgliedstaaten weitgehend entzogen sind? Es kann also kaum übersehen werden, daß bisher unerfüllte Integrationserwartungen von fühlbaren Nachteilen für eine demokratische Mitwirkung begleitet waren.

Ergibt sich, daß wichtige Ziele im Rahmen dieses Modells nicht gelöst werden können, weil weder die Gemeinschaft noch auch die Mitgliedstaaten hierzu in der Lage sind, so müssen

entweder die Ziele an die gegebene Situation angepaßt
oder eine Periode der Ungewißheit und Handlungsschwäche hingenommen
oder auf Gemeinschaftsebene die institutionellen Voraussetzungen für eine Gestaltung der wirtschaftlichen und gesellschaftlichen Probleme geschaffen werden.

b) In einem zweiten Modell müßte demnach ein Zielmittelsystem beschrieben werden, das handlungsfähige, demokratisch legitimierte Gemeinschaftsinstitutionen vorsieht: Ein Entscheidungsorgan, das von den Mitgliedstaaten unabhängig ist, mit Mehrheit entscheidet und durch ein direkt gewähltes europäisches Parlament legitimiert und kontrolliert ist. Dem Entscheidungsorgan würde die policymaking power zustehen und die Durchführung der Gemeinschaftsnormen obliegen, während dem Parlament zusammen mit einer Staatenkammer die gesetzgebende Gewalt zustünde. In der Verfassung der Gemeinschaft, die eine Änderung der bisherigen Verträge voraussetzt, wären die Befugnisse und Verantwortlichkeiten der Gemeinschaft und der Mitgliedstaaten abzugrenzen.

Ein solches System ist offenbar z. Zt. politisch nicht zu verwirklichen. Das entbindet uns aber nicht von der Notwendigkeit zu prüfen, was geschehen müßte, wenn wir nicht auf die Verwirklichung bestimmter Ziele verzichten wollen und welche Rück- und Nebenwirkungen von einem solchen System auf andere Ziele ausgehen würden.

Sicherlich würde es nicht genügen, der Gemeinschaft neue Zuständigkeiten zu übertragen. Die Ausübung öffentlicher Gewalt bedarf der Legitimation, die bisher aus nationalen Quellen fließt und auf der gemeinsamen Sprache, gemeinsam erlebter Geschichte, lieben Gewohnheiten und gewachsenen Institutionen und Normen beruht. Für das Entstehen einer solchen Legitimationsbasis auf europäischer Ebene sind die Voraussetzungen günstig: Die zunehmende wirtschaftliche, gesellschaftliche und kulturelle Verflechtung, das steigende Bewußtsein gemeinsamer Werte, Ziele und Verantwortlichkeiten, das Bedürfnis nach Sicherheit und die Erkenntnis, daß viele Aufgaben der Wirtschafts- und Gesellschaftspolitik nur noch im europäischen Rahmen befriedigend gelöst werden, würden es einem direkt gewählten Europäischen Parlament ermöglichen, die Legitimationsfunktion auszuüben und in seine Rolle als Integrationsfaktor hineinzuwachsen.

Da dieser Prozeß schwierig ist und längere Zeit in Anspruch nehmen wird, werden immer wieder zwei Fragen gestellt:

1. Wird nicht die Anpassung an sozialen Wandel, die neue Normen, Veränderungen der Organisation, oder mittelbare oder unmittelbare Steuerung erfordert, durch die europäische Integration mehr behindert als gefördert und
2. Werden denn die europäischen Institutionen angesichts ihrer mangelnden oder nur langsam sich entwickelnden demokratischen Legitimierung und angesichts ihrer Funtionsschwäche, die sich in den letzten Jahren so eindringlich gezeigt hat, in der Lage sein, akzeptable Zielvorstellungen zu entwickeln und diese zu verwirklichen?

Beide Fragen sind berechtigt. In der gegenwärtigen Integrationsdiskussion gibt es hierauf keine zureichende Anwort.

## VI. Ausblick

Ein Zielmittelsystem, das die europäischen Fragen berücksichtigt, könnte einen Denkprozeß in Gang bringen, der es immer schwieriger machen würde, Unvereinbares zu fordern, vorgefaßte Meinungen als Wahrheiten auszugeben. Damit würde es auch leichter werden, die Vor- und Nachteile der möglichen Lösungen gegeneinander abzuwägen und die Entwicklung nach konkreten Zielvorstellungen auszurichten. Die europäische Integration, die Forderung nach einem geeinigten Europa, nach einem europäischen Bundesstaat, geraten zunehmend in Gefahr, Leerformeln zu werden, wie das »internationale Interesse«, das »Gemeinwohl«, die »Staatsraison«.

Neben die Ziele Freiheit, Rechtsstaatlichkeit, Demokratisierung, Wohlstandssteigerung, sozialer Ausgleich und soziale Fürsorge sind in der modernen Industriegesellschaft Vorstellungen über die Qualität des Lebens und die Verteilung der Aktivitäten im Raum, über Mitwirkung und Mitsprache, über die Verbesserung des Arbeitsklimas und die Reform der Arbeitsmethoden, über die Freizeitgestaltung getreten, in deren Mittelpunkt die Stellung des einzelnen in der Gesellschaft steht.

Wie können diese Zielvorstellungen konkretisiert und in welchen institutionellen Rahmen verwirklicht werden, ohne daß der Freiheitsraum des einzelnen eingeschränkt oder andere wichtige Ziele beeinträchtigt werden?

Der institutionelle Bezugsrahmen ist der grenzüberschreitenden wirtschaftlichen und gesellschaftlichen Entwicklung nicht mehr adäquat. Es ist an der Zeit, sich über die politischen Folgen Klarheit zu verschaffen. Auch im vorigen Jahrhundert gelang es in Deutschland nicht, das institutionelle System

rechtzeitig der veränderten wirtschaftlichen und gesellschaftlichen Lage anzupassen. Die großzügigen wirtschaftlichen und gesellschaftlichen Reformen der Stein-Hardenberg'schen Ära fanden im Verfassungsleben weder des preußischen Staates noch des Deutschen Bundes ihre Entsprechung. Die aufstrebenden Kräfte des Bürgertums wurden auf das Wirtschaftliche abgedrängt und nur zögernd in den Staat und die Gesellschaft integriert. Für die Probleme der aufkommenden Industriearbeiterschaft zeigte man zunächst wenig Verständnis. Man vertraute auf die »selbstheilenden« wirtschaftlichen Kräfte und glaubte, sich auf die soziale Vorsorge und Fürsorge beschränken zu können. Gesellschaftliche Entwicklung und institutioneller Rahmen deckten sich nicht und so sprengten schließlich die sozialen Konflikte, die innerhalb des Systems nicht ausgetragen und gelöst werden konnten, das System selbst mit all den Folgen, die auch heute noch unsere Wirklichkeit mitbestimmen.
(Dieser Beitrag wurde im Oktober 1972 abgeschlossen.)

**Anhang**

Versuchsanordnung eines Überblicks über die in einem Ziel-Mittel-System zu berücksichtigenden Bereiche. Inhalt und Anordnung müssen im Zuge der Zielplanung überprüft und angepaßt werden.
Ziele = Ziele für die relevanten Teilbereiche
Unterziele = Zielkonkretisierung = mögliche Unterziele
Nebenwirkungen = mögliche erwünschte oder unerwünschte Nebenwirkungen der Zielverwirklichung

1. Außenpolitik

a) Ziel: Verfolgung wirtschaftlicher Interessen

Unterziele:
- Ausdehnung des Handels, weitgehende Liberalisierung, Meistbegünstigung, keine Diskriminierung, kein Dumping
- Funktionieren des Weltwährungssystems
- Sicherung der Rohstoffversorgung
- internationale Arbeitsteilung

Nebenwirkungen:
- Abhängigkeit in der Rohstoff-, Energie- und Nahrungsmittelversorgung
- importierte Inflation

b) Ziel: Frieden und Sicherheit

Unterziele:
- Verteidigungsbereitschaft
- nationale Verteidigungspolitik

– Anforderungen an das Bündnis
– Ausbau internationaler Verträge und Organisationen
– Rüstungsbeschränkung und Rüstungskontrolle

c) Ziel: Friedensordnung durch Ost-West-Politik

Unterziele:
– Gewaltverzicht
– Entspannung
– Verminderung der Aggressivität
– Auflösung der Blöcke
– Multinationalisierung der Probleme
– Konvergenz
– wirtschaftliche Durchdringung

Nebenwirkungen:
– Gefahren für die Sicherheit
– wirtschaftliche Abhängigkeit
– Gefahren für die europäische Gemeinschaft
– Konsequenzen für die Gesellschaftspolitik

d) Ziel: Aktive Entwicklungspolitik

Unterziele:
– technische und finanzielle Hilfe
– Förderung der Investitionen
– Handelspräferenzen
– internationale Arbeitsteilung
– Sicherstellung der Rohstoffversorgung

Nebenwirkungen:
– finanzielle Belastung
– Konsequenzen für einzelne arbeitsintensive Industriezweige

2. Innenpolitik

a) Ziel: freiheitliche und rechtsstaatliche Ordnung

Unterziele:
– Gewährleistung der Grundrechte
– demokratische Legitimation und Repräsentationssystem
– innere Sicherheit
– Innovationsfähigkeit der Institutionen
– Sicherung und Erweiterung des individuellen Freiheitsraumes durch die marktwirtschaftliche Ordnung und Bekämpfung des Zentralismus und der Bürokratisierung

b) Ziel: Wirtschaftswachstum und Vollbeschäftigung

Unterziele:
– Gewährleistung von unverfälschtem und wirksamem Wettbewerb

– Globalsteuerung zur Erhaltung von Preisstabilität und Vollbeschäftigung
Nebenwirkungen:
– Rückwirkungen auf die Umwelt
– regionale Ungleichgewichte
– räumliche und betriebliche Konzentration
– Mißbrauch wirtschaftlicher Macht
– Probleme der Gastarbeiter
c) Ziel: Qualität des Lebens
Unterziele:
– Normen für den Umweltschutz
– Verursachungsprinzip
– Erhaltung der Landschaft
– ausgewogenes Verhältnis von Stadt und Land
– Kontrolle des Ballungsprozesses durch Anlastung der social costs (Wasser, Luft, Verkehr, Wohnungsbau, Bildung, Gastarbeiter)
– Förderung der Dezentralisierung durch aktive Regionalpolitik
– Vermehrung der Gastarbeiter und/oder Auslandsinvestitionen?
– Eingliederung der Gastarbeiter in Gesellschaft und Staat
Nebenwirkungen:
– Hemmung des Wirtschaftswachstums
– Vermehrung der Bürokratie und der Reglementierung des täglichen Lebens
d) Ziel: Gerechtigkeit
Unterziele:
– Sparförderung
– Förderung des Wohnungseigentums
– ausgewogenere Verteilung des Produktivvermögens
– progressive Einkommen- und Lohnsteuer
– Eingrenzung und Kontrolle wirtschaftlicher Macht
– gerechtes Verhältnis zwischen direkten und indirekten Steuern
Nebenwirkungen:
– inflationäre Auswirkungen
– Schwächung der Investitionskraft der Unternehmen
– Rückwirkungen auf die wirtschaftliche Dynamik
e) Ziel: soziale Fürsorge und Vorsorge
Unterziele:
– Reform des Krankenversicherungssystems und des Krankenhauswesens
– Verbesserung der Altersversorgung und der Wohnverhältnisse
– Sozialer Wohnungsbau und Regionalpolitik
– Strafvollzug und Wiedereingliederung der Straffälligen

Nebenwirkungen:
- Auswirkungen auf den Finanzbedarf

f) Ziel: Selbstverwirklichung

Unterziele:
- aktive Mitwirkung in den Parlamenten des Staates und der Gebietskörperschaften, in Wirtschafts- und Sozialausschüssen, Industrie-,Handwerks- und Landwirtschaftskammern und in anderen öffentlich-rechtlichen Organisationen
- Mitwirkung und Mitbestimmung in Betrieben und in der Verwaltung
- Mitwirkung am Arbeitsplatz, Mitwirkung im Betriebsrat
- Mitwirkung in den Organen der Aktiengesellschaft und sonstigen juristischen Personen
- Verbesserung der Arbeitsmethoden
- Verbesserung der Kommunikationsverhältnisse durch entsprechende Maßnahmen im Städte- und Wohnungsbau und für den Nahverkehr
- Probleme der Freizeitgestaltung

Nebenwirkungen:
- Innovationskraft und Mitwirkung der Beteiligten
- zunehmende Bürokratisierung und Reglementierung, Gefährdung der persönlichen Freiheit
- Unternehmerische Entscheidungsfreiheit und -fähigkeit und Mitbestimmung

g) Ziel: Verbesserung der Bildung und Ausbildung

Unterziele:
- Gesamthochschule
- Gesamtschule
- Eliteuniversitäten
- Fachuniversitäten
- Schule und Berufsausbildung
- gleicher und uneingeschränkter Zugang zu den Bildungseinrichtungen
- Eingrenzung der familiär bedingten Nachteile

Nebenwirkungen:
- Finanzierung im Rahmen einer Finanzplanung für alle relevanten Teilbereiche
- finanzielle, sachliche und zeitliche Prioritäten innerhalb des Bildungsplanes
- Nivellierung des Bildungsniveaus und Tendenz zu elitären Bildungsstätten
- Benachteiligung der Begabten

- Bedarf an akademisch Gebildeten
- unzureichende Berücksichtigung der Berufsausbildung und der Fachausbildung

3. Rolle der Europäischen Gemeinschaften

Ziele:

Wirtschaftswachstum

ausgewogene (regionale und strukturelle) wirtschaftliche Entwicklung

außenpolitische, insbesondere außenwirtschaftliche Handlungsfähigkeit

Sicherheit

gemeinsame oder isolierte Lösung gesellschaftspolitischer Fragen

Es muß zunächst untersucht werden, welche dieser Aufgaben

durch die Nationalstaaten

durch internationale Absprachen

durch Gemeinschaftsregeln

oder durch politisches Handeln von Gemeinschaftsorganen

verwirklicht werden können.

Je nachdem, welche Ziele unterstellt und welche Mittel (Institutionen und Normen) eingesetzt werden können, werden alternative Zielmittelsysteme aufgestellt werden müssen, aus denen die jeweiligen Handlungsmöglichkeiten abgeleitet werden können. Dabei muß auch untersucht werden, inwieweit die Maßnahmen der europäischen Integration andere relevante Ziele in Frage stellen oder unerwünschte Rückwirkungen haben können. Als Beispiele seien genannt:

Zentralisierung und Bürokratisierung

Innovationsfähigkeit der Gemeinschaft für politisches Handeln und gesellschaftliche Reformen

demokratischer Prozeß

Entstehung einer Technostruktur aus wirtschaftlichen »Korporationen« und Gemeinschaftsbürokratie.

# II. Aufbau und Fortentwicklung der Europäischen Gemeinschaft

# 1. Die Europäische Wirtschaftsgemeinschaft als Motor der gesellschaftlichen und politischen Integration

In einer Rede vor dem Walter-Eucken-Institut der Universität Freiburg untersucht von der Groeben, in welch vielfältiger Weise die Bestimmungen des EWG-Vertrages und die Politik der Gemeinschaft alle relevanten Bereiche der Gesellschaft – Sozialordnung, Bildungsordnung und Berufsordnung, Wissenschaft, Forschung, Technologie –, aber auch die Rechtsordnung und die politische Ordnung durchdringen. Dennoch bleiben Defizite, die das Integrationspotential der Wirtschaftsgemeinschaft brachliegen lassen. Dazu gehört nicht nur eine Konjunktur- und Währungspolitik zur Absicherung des Gemeinsamen Marktes, sondern auch eine fortschrittliche Gesellschafts- und Sozialpolitik. Letztlich bleibe die im Vertrag angelegte Verfassung eines geeinten Europas ein Torso ohne die schrittweise politische Vereinigung. In diesem Zusammenhang formuliert von der Groeben die Prinzipien eines Rahmenvertrages für eine umfassende politische Gemeinschaft.

*Quelle:* Hans von der Groeben, Die europäische Wirtschaftspolitik als Motor der gesellschaftlichen und sozialen Integration, Tübingen, 1970
Vortrag gehalten am 30. Juni 1969 auf Einladung des Walter-Eucken-Instituts der Albert-Ludwig-Universität Freiburg/i. Br.

## Einleitung

Für die meisten Menschen ist die sogenannte europäische Integration[1] im wesentlichen eine *wirtschaftliche* Angelegenheit. Sie geht dehalb in erster Linie die Wirtschaft an. Besagen dies nicht schon die Namen der europäischen Organisationen? Heißen sie nicht Wirtschaftsgemeinschaft, Gemeinschaft für Kohle und Stahl, für Atomenergie? Geht es nicht um die Schaffung eines großen Marktes für die Unternehmen und die Landwirte? Inwiefern betrifft uns das, außer als Verbraucher?

Etwas anderes wäre die *politische* Integration Europas. Die ginge jeden etwas an. Denn hier würde über unsere politische und gesellschaftliche Zukunft entschieden. Aber die europäische politische Gemeinschaft – ist das nicht seit Jahren nur noch ein Wunschtraum – und längst nicht von allen Menschen?

Begnügen wir uns also mit der *wirtschaftlichen* Integration, bis bessere Zeiten kommen. Beschränken wir uns auf die Errichtung des Gemeinsamen Marktes. Hat das nicht bisher gut funktioniert? Warum soll es nicht so weitergehen? Natürlich müssen noch England[2] und einige andere Staaten den Gemeinschaften beitreten. Aber das ist eigentlich alles.

So hören und lesen wir es alle Tage. Mit diesen Fragen möchte ich mich auseinandersetzen. Sie gehen jeden von uns an. Denn von der Antwort hängt viel für unsere Zukunft ab.

Ausgangspunkt meiner Darlegungen ist die Frage, ob es eigentlich zutrifft, daß die Europäischen Gemeinschaften sich im wesentlichen auf die Integration der Wirtschaft beschränken. Um nicht an den Tatsachen vorbeizureden, werde ich also skizzieren, welche Bereiche die Europäische Wirtschaftsgemeinschaft nach dem Inhalt ihrer Verfassung – des EWG-Vertrages – erfaßt und bis zu welchem Grade diese Bereiche in die Integration einbezogen sind.

1 Siehe zu diesem Begriff z. B. *Guggenheim*, Die Problematik des europäischen Zusammenschlusses, in: Fünfzig Jahre Institut für Internationales Recht an der Universität Kiel, 1964, S. 85, insbesondere 95 ff.

2 Siehe Die Krise um den Beitritt Englands (Redaktion: *Kitzmüller*), 1969, passim.

## I. Was bedeutet »europäische Integration« nach den Gründungsverträgen der Gemeinschaften?

### 1. Aufgaben

Betrachten wir zunächst die Aufgaben der Gemeinschaft (Artikel 2 des EWG-Vertrages):

- harmonische Entwicklung des Wirtschaftslebens,
- beständige und ausgewogene Wirtschaftsausweitung,
- größere Stabilität,
- beschleunigte Hebung der Lebenshaltung,
- engere Beziehungen zwischen den Mitgliedstaaten.

Diese Aufgaben sind also wirtschaftlicher, sozialer und politischer Natur. Das ergibt sich auch aus der Präambel des Vertrages. Danach geht es um die Schaffung der »Grundlagen für einen immer engeren Zusammenschluß der europäischen Völker«, um den »wirtschaftlichen und sozialen Fortschritt«, um die Einigung der Volkswirtschaften, um Wahrung und Festigung von »Frieden und Freiheit«.

Diese Ziele sollen erstens »durch die Errichtung eines Gemeinsamen Marktes« und zweitens »durch die schrittweise Annäherung der Wirtschaftspolitik der Mitgliedstaaten« erreicht werden (Art. 2).

*Annäherung der Wirtschaftspolitik* bedeutet konkret die Einführung einer gemeinsamen Außenhandelspolitik, Agrarpolitik und Verkehrspolitik der Gemeinschaft und die Koordinierung der allgemeinen Wirtschaftspolitik der Mitgliedstaaten (Art. 3). Eine *gemeinsame* Wirtschaftspolitik – insbesondere auf den Gebieten Währung und Konjunktur – sieht der Vertrag also nicht vor.

*Errichtung des Gemeinsamen Marktes* bedeutet nach dem EWG-Vertrag vielerlei (Art. 3):

- Abschaffung der Zölle, Kontingente und aller Maßnahmen mit gleicher Wirkung zwischen den Mitgliedstaaten,
- Einführung eines gemeinsamen Außenzolltarifs,
- Beseitigung der Hindernisse für den freien Personen-, Dienstleistungs- und Kapitalverkehr zwischen den Mitgliedstaaten,
- Errichtung eines Systems, das den Wettbewerb innerhalb des Gemeinsamen Marktes vor Verfälschungen schützt.

## 2. Sozialordnung

Vorgesehen ist also nicht nur freier Verkehr der Waren und des Kapitals über die Grenzen, sondern auch der Menschen und der Dienstleistungen, die sie erbringen.

Was bedeutet das? Lassen wir einen der wichtigsten europäischen Gesetzgebungsakte sprechen:[3]

»Die Freizügigkeit der Arbeitnehmer … schließt die Abschaffung jeder auf der Staatsangehörigkeit beruhenden unterschiedlichen Behandlung der Arbeitnehmer der Mitgliedstaaten in bezug auf Beschäftigung, Entlohnung und sonstige Arbeitsbedingungen ein sowie das Recht für diese Arbeitnehmer, sich … innerhalb der Gemeinschaft zur Ausübung einer Beschäftigung im Lohn- oder Gehaltsverhältnis frei zu bewegen …

Die Freizügigkeit ist ein Grundrecht der Arbeitnehmer und ihrer Familien; die Mobilität der Arbeitskräfte innerhalb der Gemeinschaft soll für den Arbeitnehmer eines der Mittel sein, die ihm die Möglichkeit einer Verbesserung der Lebens- und Arbeitsbedingungen garantieren und damit auch seinen sozialen Aufstieg erleichtern, wobei gleichzeitig der Bedarf der Wirtschaft der Mitgliedstaaten befriedigt wird; allen Arbeitnehmern der Mitgliedstaaten muß das Recht zuerkannt werden, eine von ihnen gewählte Tätigkeit innerhalb der Gemeinschaft auszuüben.«

Nutznießer dieser Gesetzgebung waren von 1961 bis 1967 1 753 818 Arbeitnehmer mit ihren Familien.[4] Wer wollte also behaupten, die europäische Integration beschränke sich auf die Wirtschaft? Die sozialen und gesellschaftlichen Aspekte der Integration sind hier nicht nur impliziert, sondern klar ausgesprochen und gewollt.

Der Vertrag geht aber nicht soweit, eine *gemeinsame* Sozialpolitik vorzusehen. Abgesehen von dem Grundsatz des gleichen Entgelts für Männer und Frauen bei gleicher Arbeit enthält er nur das Gebot einer engen Zusammenarbeit zwischen den Mitgliedstaaten. Soweit sich Arbeitsrecht und Sozialrecht allerdings unmittelbar auf den Gemeinsamen Markt auswirken, werden sie von dem Gebot der Angleichung solcher Vorschriften erfaßt (Art. 100).

Aus dieser Rechtsangleichung und aus dem »Wirken des Gemeinsamen Marktes« soll sich, wie es in Artikel 117 heißt, »eine Abstimmung der Sozialordnungen« ergeben.

3 Verordnung (EWG) Nr. 1612/68 des Rates vom 15. Oktober 1968 über die Freizügigkeit der Arbeitnehmer innerhalb der Gemeinschaft, Amtsblatt der Europäischen Gemeinschaften Nr. L 257 vom 19. 10. 68, S. 2.

4 Mitteilung P-50 der Sprechergruppe der Kommission vom Juli 1968, S. 3.

### 3. Bildungsordnung und Berufsordnung

Weiter als bei der Freizügigkeit der Arbeitnehmer geht der EWG-Vertrag bei den *Tätigkeiten der Selbständigen.* Hier sieht der Vertrag nicht nur die Beseitigung der unterschiedlichen Behandlung von In- und Ausländern vor, sondern die Angleichung des nationalen Rechts über die Aufnahme und über die Ausübung der einzelnen Berufe (Art. 57). Diese Angleichung umfaßt insbesondere:

- die freie Wahl des Ortes der Ausbildung,
- die freie Wahl des Ortes der Ausübung des Berufes
- und die Gleichheit der Bedingungen der Berufsausbildung und der Berufsausübung,

und zwar jeweils für das gesamte Gebiet der Gemeinschaft.

Nicht nur Unternehmen wird also das Recht gewährt, sich in anderen Mitgliedstaaten niederzulassen oder dort Dienstleistungen zu erbringen, sondern allen selbständig tätigen Personen, z. B. Ärzten, Apothekern, Architekten, Ingenieuren, Chemikern, Physikern, Wirtschaftsprüfern, Handwerkern. Im Gange ist nicht nur die Angleichung des nationalen Gesellschaftsrechts, Bankenrechts und Versicherungsrechts, sondern z. B. auch des Handwerksrechts, Gewerberechts, des Rechts der medizinischen, pharmazeutischen und technischen Berufe. Indem diese Angleichung zahlreiche gewerbliche, kaufmännische, handwerkliche und freiberufliche Tätigkeiten erfaßt, greift sie tief in das soziale und gesellschaftliche Gefüge dieser Berufe ein.[5] Wichtige Aspekte der Bildungsordnung und der Berufsordnung sind also vom EWG-Vertrag einbezogen in die europäische Integration mit der lapidaren Begründung: »Um die Aufnahme und Ausübung selbständiger Tätikeiten zu erleichtern ...« (Art. 57 Abs. 1).

Der Vertrag geht aber nicht soweit, eine *gemeinsame* Bildungs- und Berufsordnungspolitik vorzusehen. Wie bei der Sozialordnung geht es »nur« um die Koordinierung, die Abstimmung, die Annäherung der sechs nationalen Bildungs- und Berufsordnungen. Was heißt das praktisch?

Fragen wir, wie, nach welchen Gesichtspunkten diese Koordinierung geschehen soll, so gibt der Vertrag keine konkreten Anhaltspunkte. Wir müssen sie aus den allgemeinen Zielen der Gemeinschaft ableiten und in ihrem Rahmen den wirtschaftlichen, sozialen und politischen Erfordernissen der sich entwickeln-

5 *Gaudet,* Rechtliche Aspekte der Niederlassungsfreiheit im Gemeinsamen Markt, Zeitschrift für das Gesamte Handelsrecht und Wirtschaftsrecht 124 (1961), S. 66; *Everling,* Die Rechtsangleichung in der Europäischen Wirtschaftsgemeinschaft auf dem Gebiet des Niederlassungsrechts, in: Aktuelle Fragen des europäischen Gemeinschaftsrechts, 1965, S. 60; *Nicolaysen,* Niederlassungsrecht und Rechtsangleichung, ebenda, S. 91.

den Gemeinschaft Rechnung tragen. Das aber bedeutet die Konzipierung einer Politik der Angleichung,[6] eine Festlegung der Grundsätze, auf die hin anzugleichen ist.[7].
Hier genügen die skizzierten Integrationsmaximen der Freizügigkeit, des Rechts der Niederlassung, des freien Verkehrs der Dienstleistungen, der Gleichheit der Bedingungen im gesamten Gebiet der Gemeinschaft nicht. Sie haben im wesentlichen einen geographischen oder territorialen und einen Bezug auf die Staatsangehörigkeit, erlauben aber für sich allein keine inhaltliche Ausrichtung der Angleichung. Der Vertrag enthält z. B. nicht den Grundsatz der freien Berufswahl oder der Gewerbefreiheit. Dafür fordert er die Errichtung eines Systems unverfälschten Wettbewerbs (Art. 3 Buchstabe f), woraus sich konkrete Orientierungen und Grenzen für staatliche Eingriffe ergeben, die nicht aus Gründen der öffentlichen Ordnung, Sicherheit oder Gesundheit gerechtfertigt sind.

## 4. Wissenschaft, Forschung, Technologie

Lassen Sie mich dies am Beispiel der *Ingenieure* konkretisieren: was bedeutet die europäische Integration für diesen Beruf und weshalb ist er einbezogen in die Integration?
Das *wirtschaftliche* Vertragsziel der Steigerung der Produktivität kann nur erreicht werden, wenn Forschung, Technologie und Technik auf dem höchstmöglichen Stand sind. Das bedeutet viererlei:

- Es muß eine Ausbildung für Ingenieure geben, welche zu hohen wissenschaftlichen und Forschungsleistungen im gesamten Gebiet der Gemeinschaft befähigt (Forschungseinsatz);
- Es muß weiter eine Ausbildung für Ingenieure geben, welche zu hohen technologischen Leistungen im gesamten Gebiet der Gemeinschaft befähigt (Industrieeinsatz);
- Die Zahl der für den Einsatz in Wissenschaft und Industrie erforderlichen Ingenieure muß jeweils dem Bedarf von Wissenschaft und Industrie entsprechen;
- Die Ausbildung muß von Zeit zu Zeit in Ausbildungsstätten auf den neuesten Stand gebracht werden können.

6 Siehe näher *von der Groeben,* Zur Politik der Rechtsangleichung in der Europäischen Wirtschaftsgemeinschaft, in: Zeitschrift für Rechtsvergleichung 8 (1967), S. 129.

7 Dazu *Schwartz,* Zur Konzeption der Rechtsangleichung in der Europäischen Wirtschaftsgemeinschaft, in: Probleme des europäischen Rechts, Festschrift für Walter Hallstein, 1966, S. 474.

Das *soziale* Vertragsziel einer Verbesserung der Lebens- und Beschäftigungsbedingungen und sozialer Fortschritt können nur erreicht werden,

- wenn die Ausbildung zum Ingenieur jedem zugänglich ist, der die entsprechenden geistigen Fähigkeiten dazu mitbringt, wenn also insbesondere eine Differenzierung der Ausbildung nach Ausbildungszweck und Vorbildung erfolgt.
- Außerdem muß die Möglichkeit des Übergangs von einer zur anderen Ausbildung des Ingenieurs bestehen, und zwar sowohl nach Abschluß als auch während einer Ausbildung, und weiter sowohl innerhalb eines Mitgliedstaates als auch von Mitgliedstaat zu Mitgliedstaat.

Das *politische* Vertragsziel engerer Beziehungen zwischen den Staaten kann nur gefördert und damit eine Grundlage für einen immer engeren Zusammenschluß der europäischen Völker geschaffen werden,

- wenn die Ausbildung zum Ingenieur auf die Erfordernisse der Gemeinschaft ausgerichtet wird;
- und wenn die Ausübung der Tätigkeiten des Ingenieurs in allen Mitgliedstaaten in gleicher Weise gewährleistet wird.

Sie sehen aus diesen Beispielen, daß eine rein wirtschaftliche Betrachtungsweise zu eng und unvereinbar mit den Zielen der Gemeinschaft wäre. Die europäische Integration kann und darf sich nicht auf die Volkswirtschaft beschränken. Der Integrationsprozeß hat die Gesellschaft erfaßt.[8] Die Wirtschaftsgemeinschaft impliziert die technologische Gemeinschaft und bis zu einem gewissen Grade eine Gemeinschaft der Forschung und der Ausbildung. Wirtschaftliche, technologische und wissenschaftliche Entwicklung sind aufs engste miteinander und mit der Ausbildung verwoben.

Aus diesen Gründen ist die Europäische Kommission in Brüssel dabei, eine europäische Politik in der skizzierten Richtung zu entwickeln.[9] Aus den gleichen Gründen genügen unkoordinierte nationale Politiken den Befürfnissen der Gemeinschaft nicht länger. Wissenschaft, Forschung und Technologie würden ohne eine Mobilität ihrer Träger und ohne gegenseitige Durchdringung auf enge nationale Räume angewiesen bleiben und ihre wirtschaftlichen, sozialen und zivilisatorischen Aufgaben nicht optimal erfüllen können. Das Wissen, die Kenntnisse, die Fähigkeiten, welche die Menschen in einem Mitgliedstaat erworben haben, müssen auch in den anderen Mitgliedstaaten

8 Siehe näher *von der Groeben,* Europa – Plan und Wirklichkeit, 1967, S. 7 ff.;21 ff.; Europäische Integration als Gestaltungsfaktor in Politik, Gesellschaft und Wirtschaft, Integration, Vierteljahreshefte zur Europaforschung, 1 (1969), S. 57.

9 Siehe dazu *von der Groeben,* Die Ingenieure im Gemeinsamen Markt – heute und morgen, Der deutsche Baumeister, 30 (1969), S. 558.

allen Lebensbereichen und nicht allein der Wirtschaft unmittelbar zugute kommen.

Das Gesagte gilt nicht nur für die Ingenieure, sondern für *alle technischen* und einen Teil der *naturwissenschaftlichen Berufe.* Besonders deutlich ist im übrigen der Zusammenhang zwischen Naturwissenschaft, Technologie und Wirtschaft bei der Entwicklung des Gemeinsamen Marktes für Atomenergie. Darauf kann ich hier nur hinweisen.

Was den Gemeinschaften trotz dieser Teilkompetenzen fehlt, ist die *allgemeine* Zuständigkeit für eine *gemeinsame* Forschungs- und Technologiepolitik. Es besteht die gleiche Lage wie bei der Bildungs- und der Sozialpolitik, die vom EWG-Vertrag nicht generell, sondern nur in Teilaspekten erfaßt sind. Die europäische Integration wird sich indessen auch auf die gemeinsame Förderung der Forschung und der Technologie erstrecken müssen, wenn sie ihre Ziele erreichen will.

## 5. Gesellschaftsordnung

Ich sprach von verschiedenen *europäischen Freiheits- und Gleichheitsrechten,* für die es im Unterschied zu den nationalen Rechten keine staatlichen Grenzen gibt. Ich möchte Sie nur auf die Auswirkungen hinweisen, welche die Garantie individueller wirtschaftlicher Rechte auf die Gesellschaftsordnung hat, in der sie ausgeübt werden.[10]

Man kann diese Zusammenhänge am Beispiel der *europäischen Wettbewerbspolitik* besonders deutlich aufzeigen. Hier erweist sich nämlich, wie die Wirtschaftsgemeinschaft die Ausübbarkeit der individuellen und der unternehmerischen Freiheit erweitert und wie sie darüber hinaus der Geltung des Gleichheitssatzes neuen Raum und neuen Inhalt verschafft.[11]

Der EWG-Vertrag hat den Wettbewerb als entscheidendes Mittel zur Steuerung des mikroökonomischen Wirtschaftsablaufes im Gemeinsamen Markt eingesetzt. Über diese wirtschaftliche Rolle hinaus hat der Wettbewerb zugleich aber eine gesellschaftliche Funktion. Kein wirtschaftspolitisches Lenkungsinstrument bestimmt so nachhaltig die Züge unserer Gesellschaftsordnung wie

10 Siehe auch *von der Groeben,* Über das Problem der Grundrechte in der Europäischen Gemeinschaft, in: Probleme des europäischen Rechts, Festschrift für Walter Hallstein, 1966, S. 226; *Pescatore,* Die Menschenrechte und die europäische Integration, 1 (1969), S. 103.

11 Vgl. *Merz,* Kartellrecht – Instrument der Wirtschaftspolitik oder Schutz der persönlichen Freiheit?, in: Wirtschaftsordnung und Rechtsordnung, Festschrift für Franz Böhm, 1965, S. 227.

der Wettbewerb. Wettbewerb bedeutet Wahlmöglichkeit, Freiheit zu entscheiden. Jedem Bürger der Europäischen Gemeinschaft kommt die durch den Wettbewerb garantierte Freiheit zugute: dem Abnehmer und dem Verbraucher, deren Wahlmöglichkeiten schon durch das Zusammenwachsen der Gemeinschaft zu einem einheitlichen Binnenmarkt verstärkt werden und denen darüber hinaus der Wettbewerb ein besseres Angebot sichert. Dem Unternehmer, dessen Investitions- und Standortenscheidungen schon durch die Niederlassungsfreiheit erweitert und dessen Leistungen durch einen unverfälschten Wettbewerb voll zur Geltung kommen können. Dem Arbeitnehmer, dessen Freizügigkeit die nationalen Grenzen gesprengt hat und dessen Freiheit, seinen Arbeitsplatz zu wählen, durch den Wettbewerb noch vergrößert wird.

Der Wettbewerb und die auf ihm beruhende Erweiterung der persönlichen Freiheit lassen sich nur durch das Recht gewährleisten. Eine der wesentlichen Aufgaben der Gemeinschaft besteht darin, diese rechtliche Ordnung zu setzen und zu garantieren. Das bedeutet vor allem, daß der Wettbewerb vor Verfälschungen hoheitlichen oder privaten Charakters bewahrt werden muß. Die Gemeinschaft bemüht sich darum durch ihre Kartell-, Beihilfen-, Steuer- und Rechtsangleichungspolitik.[12] Sie trägt damit dazu bei, in der Wettbewerbsordnung das Prinzip der Chancengleichheit zu gewährleisten. Die Dialektik von Freiheit und Gleichheit stellt sich daher auch in diesem Bereich. Die Wettbewerbspolitik der Europäischen Wirtschaftsgemeinschaft dient der Freiheit; indem sie aber den Wettbewerb auch vor privaten Verfälschungen bewahrt, bewahrt sie die Freiheit davor, in ein sich selbst überlassenes »bellum omnium contra omnes« auszuarten und dient damit zugleich dem Prinzip der Gleichheit.

Diese Darlegungen zeigen: weder beschränkt sich die europäische Integration auf die Wirtschaft, selbst im Sinne von Volkswirtschaft, noch wäre eine solche Beschränkung möglich. Die Wettbewerbsordnung ist ebenso Wirtschaftsordnung wie Gesellschaftsordnung. Hier sind wir am Kern des Gemeinsamen Marktes. Hier fehlt es nicht an einer fest in den Verträgen verankerten, umfassenden Politik der Gemeinschaft.

12 Siehe näher *von der Groeben,* Die Wettbewerbspolitik als Teil der Wirtschaftspolitik im Gemeinsamen Markt, 1965, Veröffentlichung der Europäischen Gemeinschaften 8158/2/VI/1965/5; Aufgaben des Wettbewerbs im Gemeinsamen Markt, Der Markenartikel 1966, S. 429; Die Bedeutung der Steuerangleichung für die europäische Integration, Institut Finanzen und Steuern, 1968; *Mestmäcker,* Offene Märkte im System unverfälschten Wettbewerbs in der Europäischen Wirtschaftsgemeinschaft, in: Wirtschaftsordnung und Rechtsordnung, Festschrift für Franz Böhm, 1965, S. 345, *Günther,* Europäische und nationale Wettbewerbspolitik, ebenda, S. 279.

## 6. Rechtsordnung

Die europäische Integration wird verwirklicht mit Hilfe des Rechts.[13] Die Gemeinschaften beruhen auf dem Recht und sind an das Recht gebunden. Im Rahmen ihrer in den Gründungsverträgen rechtlich festgelegten Ziele, Kompetenzen und Aufgaben setzen sie Recht, wenden sie Recht an und sprechen sie Recht. Das Recht ist das wichtigste Mittel zur Gestaltung der Integration. Sie vollzieht sich in der Form von Rechtsakten.

Diese Rechtsakte sind – so hat es das Bundesverfassungsgericht formuliert[14] – »Akte einer besonderen, durch den Vertrag geschaffenen, von der Staatsgewalt der Mitgliedstaaten deutlich geschiedenen, ›supranationalen‹ öffentlichen Gewalt. Die Organe der EWG üben Hoheitsrechte aus, deren sich die Mitgliedstaaten zugunsten der von ihnen gegründeten Gemeinschaft entäußert haben. ... Damit ist eine neue öffentliche Gewalt entstanden, die gegenüber der Staatsgewalt der einzelnen Mitgliedstaaten selbständig und unabhängig ist ...«

Diese europäische Rechtsordnung wirkt unmittelbar auf die Gesellschaft ein, für die sie besteht. Sie gewährleistet ihren freiheitlichen Charakter auf der Grundlage der Gleichheit vor dem Gesetz. Die Gemeinschaft dient allen. Sie gewährt Rechte und begründet Pflichten – für den einzelnen, für die Unternehmen, für die staatlichen Organe. Sie gewährleistet rechtlichen Schutz vor den staatlichen Gerichten und vor dem europäischen Gerichtshof in Luxemburg. Die Gemeinschaft ist Rechtsgemeinschaft in dem Sinne, in dem ein Staat Rechtsstaat ist.

Die europäische Rechtsordnung bestimmt, regelt und beeinflußt das Verhalten aller Marktbürger der Gemeinschaften in wichtigen Bereichen des wirtschaftlichen und sozialen Lebens. Sie beschäftigt die Rechtswissenschaft und die Rechtspraxis, die Universitäten, Gerichte, Behörden, Rechtsanwälte und Rechtsberater in allen Mitgliedstaaten. Sie ist zugleich Klammer und Vorläufer der wirtschaftlichen und gesellschaftlichen Integration.

13 Siehe dazu die Beiträge von *Hallstein,* z. B. in seinem Buch Wege nach Europa, 1967, S. 67 f.; weiter *Lagrange,* Die Rechtsnatur der Europäischen Gemeinschaft für Kohle und Stahl und der Europäischen Wirtschaftsgemeinschaft, Zeitschrift für das gesamte Handelsrecht und Wirtschaftsrecht, 124 (1961), S. 88; *Ophüls,* Grundzüge europäischer Wirtschaftsverfassung, ebenda, S. 136.

14 Entscheidungen des Bundesverfassungsgerichts, Band 22, Seite 295 – 296.

## 7. Politische Ordnung

In dem Maße, in dem die Gemeinschaften wirtschaftliche, soziale, gesellschaftliche und rechtliche Ordnung sind, in dem sie wesentliche Belange der sechs Nationen beeinflussen, sind sie auch politische Ordnung. Aber sie sind politische Ordnung noch aus einem anderen Grunde: wegen ihrer besonderen institutionellen Struktur.[15]

Ihren Kern bilden die Kommission und der Ministerrat. Sie lenken in ihrem Zusammenspiel die Geschicke der Gemeinschaften.

Die *Kommission* verkörpert die Interessen der Gemeinschaften. Ihre 14 Mitglieder werden zwar von den sechs Regierungen in gegenseitigem Einvernehmen jeweils für vier Jahre ernannt. Aber sie sind keinen Weisungen der Regierungen unterworfen. Verantwortlich sind sie allein dem Europäischen Parlament.

Die Kommission ist die treibende Kraft der Integration. Sie hat das Monopol der Gesetzesinitiative. Ohne ihren Vorschlag kann der Rat nur in Ausnahmefällen tätig werden. Damit liegt die gesamte vorbereitende Arbeit, die Konzipierung der jeweiligen Politik wie der Mittel und Methoden zu ihrer Verwirklichung bei der Kommission. Sie hat hierfür eine eigene Verwaltung von etwa 4500 europäischen Beamten (das Forschungspersonal von Euratom mit 2000 Personen ist darin nicht inbegriffen).

Den Gesetzesvorschlag der Kommission kann der Rat nur einstimmig ändern. Damit kann die Kommission eine Mittler- und Schiedsfunktion zwischen den Mitgliedstaaten ausüben und dadurch das Interesse der Gemeinschaft wirksam vertreten. Sie nimmt teil an den Sitzungen des Rates und kann ihre Vorschläge je nach der Situation ändern.

Im übrigen ist die Kommission Exekutive und Hüter des Vertrages. Sie überwacht die Ausführung der Maßnahmen der Gemeinschaft durch die Mitgliedstaaten – notfalls mit Hilfe eines Prozesses vor dem *Europäischen Gerichtshof.* Er allein legt das Gemeinschaftsrecht verbindlich aus. Er ist deshalb ein bedeutender Integrationsfaktor.[16]

Der *Ministerrat* ist das föderale Organ der Gemeinschaften. In ihm finden sich

15 *Hallstein* aaO., S. 69 ff., 93 ff., 131 ff., *derselbe,* Zu den Grundlagen und Verfassungsprinzipien der Europäischen Gemeinschaften, in: Zur Integration Europas, Festschrift für Karl Friedrich Ophüls, 1965, S. 1; *Carstens,* Das politische Element in den Europäischen Gemeinschaften, in: Probleme des europäischen Rechts, Festschrift für Walter Hallstein, 1966, S. 96; *von der Groeben,* Europa – Plan und Wirklichkeit, 1967, S. 65 ff.

16 Siehe *Schlochauer,* Der Gerichtshof der Europäischen Gemeinschaften als Integrationsfaktor, in: Probleme des europäischen Rechts, Festschrift für Walter Hallstein, 1966, S. 431.

die Mitgliedstaaten zusammen, aber nicht als Regierungskonferenz, sondern für die Gemeinschaften als Ganzes. Der Rat ist der eigentliche Gesetzgeber und damit das Organ, das die politischen Entscheidungen fällt. Sein Abstimmungsverfahren ist so geregelt, daß es keine Hegemonie gibt, daß die Stellung der kleineren Mitgliedsländer stark ist.

Das europäische *Verfassungssystem* ist kein statisches System, sondern ein System, das sich weiterentwickelt. Nach den Erfahrungen, die wir gemacht haben, kommt es darauf an, daß diese Entwicklung sich innerhalb des Systems organisch vollzieht und daß wir uns nicht durch einen Bruch dessen begeben, was die bisherigen Erfolge möglich gemacht hat. Ich möchte das im EWG-Vertrag angelegte Verfassungssystem als ein System des nationalen Ausgleichs und des europäischen Fortschritts, des Fortschritts der Gemeinschaft, bezeichnen. Der Fortschritt, den es gebracht hat, ist allen erkennbar. Der Ausgleich, den es ebenfalls garantiert hat, war die Voraussetzung dafür. Denn wir wollen uns nicht darüber täuschen, daß es einen europäischen Fortschritt nicht geben kann, ohne daß dabei alle Mitgliedstaaten voll mitwirken.

Vordringlich ist die Gestaltung einer wirksamen *parlamentarischen Kontrolle* in einer aus Nationalstaaten entwickelten und aus Nationalstaaten zusammengesetzten Gemeinschaft. Mit Recht wird die unzureichende parlamentarische Kontrolle schon für den gegenwärtigen Zustand des Gemeinsamen Marktes bemängelt.

Das Europäische Parlament, das bisher aus Delegierten der sechs nationalen Parlamente besteht und nach den Verträgen nur beratende Funktion in der Gesetzgebung hat, könnte in einer ersten Phase zur Hälfte aus Abgeordneten bestehen, die aus direkten Wahlen hervorgegangen sind, und zur Hälfte aus Abgeordneten, die von den nationalen Parlamenten delegiert werden. In einer zweiten Phase würde die Gesamtheit der Abgeordneten direkt gewählt werden.

Das Europäische Parlament sollten das Recht haben, über alle Angelegenheiten der Gemeinschaft zu debattieren, Empfehlungen an den Rat zu richten und Untersuchungsausschüsse mit weitgehenden Anhörungsrechten einzusetzen. Internationale Abkommen, die im Namen der Gemeinschaft geschlossen werden, gesetzgeberische Maßnahmen von grundsätzlicher Bedeutung sowie der Haushalt der Gemeinschaft sollten außer der Beschlußfassung durch den Rat auch der Billigung durch das Europäische Parlament bedürfen oder dessen Veto unterliegen.

Dieser kurze Überblick über die institutionelle Struktur der Gemeinschaften zeigt deutlich ihre politischen Elemente. Die Europäischen Gemeinschaften bilden ein neuartiges Gemeinwesen, das der Steuerung bedarf. Ohne Organe, ohne integrierte Organe ist keine Integration möglich. Mir geht es hier nicht in erster Linie darum, auf den politischen Charakter der Gemeinschaften hinzuweisen. Mir kam es vor allem darauf an, die Untrennbarkeit von wirtschaftlicher und politischer Integration aufzuzeigen. Die eine kann ohne die andere nicht bestehen, nicht fortschreiten. Sicher gibt es eine Sachlogik, die den Integrationsvorgang immer weiter treibt. Aber entscheidend ist es, daß diese Sachlogik zum Zuge kommen kann. Und dafür brauchen wir einen starken politischen Willen in den Mitgliedstaaten und starke europäische Institutionen mit voller demokratischer Legitimierung. Mit einem Wort: wir brauchen die *politische* Integration.

## II. Folgerungen und Perspektiven

### 1. Ergebnisse

Was folgt aus dem Gesagten? Es folgt daraus erstens, daß die europäische Integration sich nicht auf die Wirtschaft beschränken *kann,* wenn sie die ihr im EWG-Vertrag zugewiesenen Aufgaben erfüllen will, nämlich Wirtschaftsausweitung, Hebung der Lebenshaltung und engere Beziehungen zwischen den Mitgliedstaaten.

Aus meinen Darlegungen folgt zweitens, daß die europäische Integration sich auch tatsächlich nicht auf die Wirtschaft *beschränkt.* Die Errichtung des Gemeinsamen Marktes betrifft nach den Verträgen

- nicht nur die Unternehmen, sondern auch die Menschen;
- nicht nur die Berufsausübung, sondern auch die Berufsausbildung;
- nicht nur die Produktion und den Handel, sondern auch die Forschung und die Technologie;
- nicht nur die Wirtschaft, sondern auch die Volkswirtschaft;
- nicht nur die Wirtschaftsordnung, sondern auch die Gesellschaftsordnung;
- nicht nur die Rechtsordnung, sondern auch die politische Ordnung.

Dementsprechend haben die Europäischen Gemeinschaften die Verhältnisse auf wirtschaftlichem, sozialem, gesellschaftlichem und politischem Gebiet tiefgreifend beeinflußt und verändert.

Drittens stellen wir fest, daß selbst die *Wirtschaftsordnung nicht vollständig* in die europäische Integration *einbezogen* ist. Es fehlt die *gemeinsame* Wirtschaftspolitik in wichtigen Bereichen. Die Sozialordnung, die Gesellschaftsordnung und die politische Ordnung werden nur in wichtigen Teilbereichen und mit unterschiedlicher Intensität erfaßt.

*Anknüpfung, Motivierung und Kriterien für das Ausmaß dieser Erfassung* sind die Vertragsziele und die dafür vorgesehene Verwirklichung des Gemeinsamen Marktes, der gemeinsamen Agrar-, Verkehrs- und Außenhandelspolitik sowie der Koordinierung der den Mitgliedstaaten verbleibenden Bereiche der Wirtschaftspolitik. Grundsätzlich werden soziale, gesellschaftliche oder politische Probleme je nach der Intensität ihres Zusammenhangs mit dem Funktionieren des Gemeinsamen Marktes stärker, schwächer oder gar nicht in die Integration einbezogen.

Dabei können wir mit abnehmender Integrationsdichte folgende *Stufung* erkennen:

- Gemeinsame Regeln im Vertrag;
- Schaffung einer gemeinsamen Politik aufgrund des Vertrages;
- Angleichung nationalen Rechts und damit nationaler Politik in bestimmten Bereichen aufgrund besonderer oder allgemeiner Ermächtigungen des Vertrages;
- Koordinierung nationaler Wirtschaftspolitik nach Grundsätzen und Verfahren des Vertrages.

Die wichtigsten *Beispiele* für *gemeinsame Regeln* sind die Zollunion, die Freizügigkeit der Arbeitskräfte mit ihrem Integrationseffekt für das Sozialgefüge, die Wettbewerbsordnung mit ihrer erheblichen gesellschaftlichen und sozialen Integrationswirkung und das institutionelle System mit seiner politisch integrierenden Wirkung.

*Beispiele* für die *Angleichung* nationalen Rechts und nationaler Politik sind die Berufsausbildung und die Berufsausübung. Diese Angleichung wirkt integrierend auf wichtige Teile der Bildungs- und damit der Gesellschaftsordnung.

Der *Unterschied* zwischen der *Angleichung nationaler* Normen und Konzeptionen und ihre *Ersetzung* durch eine *gemeinsame* Politik mit Entscheidungen und Normen der *Gesellschaft* ist groß. Hier besteht eine Politik-Lücke, die nicht leicht zu überwinden ist, aber überwunden werden muß, wenn die Angleichung nicht zum richtungslosen Selbstzweck entarten soll. Wir benötigen also jeweils eine Angleichungspolitik. Dieser aber stehen bis zu sechs oft stark nationale Politiken gegenüber, die ja nicht zu verschmelzen und abzulösen, sondern nur den Erfordernissen der Gemeinschaft anzupassen sind. Dennoch kann man feststellen, daß die Angleichung ein wirksames und immer wichtiger gewordenes Mittel der wirtschaftlichen, sozialen, gesellschaftlichen und rechtlichen Integration darstellt. Ich denke z. B. auch an das Gesellschaftsrecht, Versicherungsrecht, Arzneimittelrecht.

Nicht mehr von Integration kann man sprechen, wenn lediglich die *Koordinierung* nationaler Politiken vorgesehen ist. Dies ist der Fall für alle Bereiche der *Wirtschaftspolitik* mit Ausnahme der Außenhandels-, Agrar- und Verkehrspolitik, also vor allem für die Währungs- und Konjunkturpolitik.[17] In diesen Bereichen ist es der Gemeinschaft bisher nicht gelungen, die entscheidende Schwelle zu erreichen und zu überschreiten, die Schwelle der Solidarität, der Gemeinsamkeit in der makroökonomischen Absicherung des entstehenden europäischen Marktes.

## 2. Notwendige Ergänzungen

Was hier erforderlich ist, sind *gemeinsame* Regeln und eine *gemeinsame* Politik. Hier reichen die Vorschriften des Vertrages nicht aus.
Es fehlt eine konkrete Zuständigkeit der Gemeinschaft, die ihre Funktionsfähigkeit bei *Währungs- und Konjunkturkrisen* gewährleistet, d. h. die ihr erlaubt, ihre wirtschaftliche und ihre soziale Aufgabe zu erfüllen, nämlich für eine beständige und ausgewogene Wirtschaftsausweitung, größere Stabilität und beschleunigte Hebung der Lebenshaltung zu sorgen.
Solange die Mitgliedstaaten nicht bereit sind, diesen entscheidenden Schritt zu tun, befinden sich die Gemeinschaften in einer gefährlichen Situation: der Gemeinsame Markt droht wieder in nationale Teilmärkte auseinander zu fallen.
Unser System der festen Währungsparitäten kann nur funktionieren, wenn alle Mitgliedstaaten die gleichen wirtschaftlichen Ziele anstreben und die Wirtschaftspolitik darauf ausrichten. Ist das nicht der Fall, steigen z. B. die Preise in einem Mitgliedstaat stärker als in anderen, so tritt ein Ungleichgewicht der Zahlungsbilanzen ein. Es kann nur beseitigt werden, indem entweder auch das andere Land eine entsprechende Preissteigerung zuläßt und damit das Gebot der Preisstabilität verletzt oder indem die bisher freien Güter- und Kapitalströme zwischen beiden Staaten künstlich beeinflußt werden. Dann aber bestehen im Gemeinsamen Markt nicht länger binnenmarktähnliche Verhältnisse; Handel und Wettbewerb sind beschränkt und verfälscht.
Die einzige marktkonforme Maßnahme zur Wiederherstellung des Gleichgewichts der Zahlungsbilanzen, die es gibt, wäre die Änderung der Währungsparitäten. Sie sollte aber innerhalb eines gemeinsamen Marktes ausgeschlossen sein, denn seine Funktionsfähigkeit im Sinne binnenmarktähnlicher Verhältnisse würde durch von Zeit zu Zeit stattfindende Änderungen der Wechselkurse beeinträchtigt werden.

17 *Everling,* Die Koordinierung der Wirtschaftspolitik in der Europäischen Wirtschaftsgemeinschaft als Rechtsproblem, 1964, S. 19 ff.; *Fuß,* Rechtliche Aspekte einer gemeinsamen Wirtschaftspolitik in der EWG, Integration, 1 (1969), S. 137.

Entscheidend ist also für die Zukunft, daß durch eine gemeinsame Wirtschaftspolitik sichergestellt wird, daß solche Ungleichgewichte innerhalb des Gemeinsamen Marktes nicht entstehen. Falls – weltweit gesehen – Wechelskursbereinigungen erforderlich werden, sollte die Gemeinschaft nach außen gemeinsam vorgehen. Erforderlich ist also die Schaffung eines *europäischen* Währungssystems[18] mit stabilen Wechselkursen und gemeinsamen Währungsreserven im Rahmen eines funktionsfähigen internationalen Währungssystems. Auf längere Sicht wird darüber hinaus eine Verschmelzung der Währungen unumgänglich werden.

Damit habe ich das wohl derzeit wichtigste Beispiel dafür genannt, daß die europäische Integration sich nicht auf die Wirtschaft, nicht auf die Märkte beschränken kann, sondern daß sie unverzüglich auf die Volkswirtschaft, auf die Wirtschafts*politik* erstreckt werden muß, wenn sie gelingen soll, ja, wenn Rückschritte vermieden werden sollen. Dabei liegt die Betonung auf der Politik. Denn die Wirkungen dieser Maßnahmen betreffen das gesamte Wirtschafts- und Finanzwesen und überdies jeden Bürger unmittelbar: als Verbraucher, in Bezug auf den Wert seines Einkommens und Vermögens, in seiner Lebenshaltung.

Während diese Zusammenhänge häufig untersucht werden, wird die *soziale* und *gesellschaftliche* Integration, welche die Europäischen Gemeinschaften beinhalten und bewirken, noch wenig gesehen, analysiert, gewürdigt.[19]

Diesem Zweck dient der vorliegende Beitrag. Seinem Charakter als Vortrag entsprechend ist er unvollständig. Weitere wichtige Beispiele für die soziale und gesellschaftliche Bedeutung der wirtschaftlichen Integration sind die Mitbestimmung[20] bei dem in Vorbereitung befindlichen europäischen Aktienrecht,[21] die europäische Regionalpolitik[22] und die verfassungsrechtliche Struktur der Gemeinschaften.[23]

18 Siehe *Hans Möller,* Nationalstaat, Währungssouveränität und europäische Integration, Integration, 1 (1969), S. 45; *Gleske,* Möglichkeiten und Grenzen einer europäischen Währungsintegration, Europa-Archiv, 23 (1968), S. 333; *von der Groeben,* Probleme europäischer Währungspolitik, in: Geldtheorie und Geldpolitik, Festgabe für Günther Schmölders, 1968, S. 167.

19 Siehe aus der Sicht der Politikwissenschaft *Heinrich Schneider,* Zur politischen Theorie der Gemeinschaft, Integration, 1 (1969), S. 23; *Kuby, Kitzmüller,* Transnationale Wirtschaftspolitik, Zur politischen Ökonomie Europas, 1968, S. 65 ff., 98 ff.

20 Siehe *Lyon-Caen,* Beitrag zu den Möglichkeiten der Vertretung der Interessen der Arbeitnehmer in der Europäischen Aktiengesellschaft, in: Kommission der Europäischen Gemeinschaften, Studien, Reihe Wettbewerb, 1969, Band 10.

21 Denkschrift der Kommission der Europäischen Wirtschaftsgemeinschaft über die Schaffung einer Europäischen Handelsgesellschaft, Sonderbeilage zum Bulletin der Europäischen Gemeinschaften Nr. 9/10-1966. *Sanders,* Vorentwurf eines Statuts für europäische Aktiengesellschaften, in: Kommission der Europäischen Gemeinschaften, Studien, Reihe Wettbewerb, 1967, Band 6; *von Caemmerer,* Europäische Aktiengesellschaft, in: Das Unternehmen in der Rechtsordnung, Festgabe für Heinrich Kronstein, 1967, S. 171; *von der Groeben,* Auf dem Wege zu europäischen Aktiengesellschaften, Die Aktiengesellschaft 1967, S. 95 ff.

Ich bin davon überzeugt, daß der Erfolg der Bemühungen um die Einigung Europas nicht nur von wirtschaftlichen, sondern vor allem auch von gesellschaftlichen und sozialen Fortschritten abhängt, von der befriedigenden Ordnung des menschlichen Zusammenlebens.
Aber auch die wirtschaftliche, soziale und gesellschaftliche Verschmelzung wird zum Torso werden, wenn man nicht bereit ist, ein auch *politisch* vereinigtes Europa Schritt für Schritt anzustreben. Sicher hängt der Fortschritt zur politischen Integration wesentlich vom Ausmaß der wirtschaftlichen Verflechtung ab. Aber sie genügt nicht. Erforderlich ist vielmehr ein klares Programm für Europa, das auch die politische Einigung umfaßt, das klar den Weg in die Zukunft weist, das die Ziele, Mittel und Methoden angibt, die zu diesem vereinigten Europa führen. Was ich darüber denke, ist in einer Denkschrift vom Juni 1969 niedergelegt, die auf Anregung des Walter Eucken Instituts in einem Anhang zu diesem Vortrag abgedruckt ist.

## Anhang

## Ein Programm für Europa

### I. Ziele

- Sicherung des Friedens in Europa durch Schaffung gemeinsamer Institutionen, gemeinsamen Rechts und gemeinsamer Interessen.
- Gestaltung des gemeinsamen Schicksals nach den Grundsätzen der freiheitlichen Demokratie, der Menschenrechte und der sozialen Gerechtigkeit.
- Sicherung von Arbeit und Wohlstand für alle europäischen Bürger.
- Gewährleistung menschenwürdiger Arbeits- und Lebensbedingungen sowie der Möglichkeit für alle Bürger, an der Gestaltung ihrer gesellschaftlichen Umwelt teilzuhaben.
- Sicherung der Entwicklung aller europäischen Völker durch die Stärkung einer eigenständigen und unabhängigen europäischen Gemeinschaft.

22 *Von der Groeben,* Regionalpolitik im Gemeinsamen Markt, in: Verhandlungen des Europäischen Parlaments, Amtsblatt der Europäischen Gemeinschaften, Anhang Nr. 114 vom Mai 1969, S. 20.

23 Siehe *Ipsen,* Fusionsverfassung Europäische Gemeinschaften, 1969, S. 21 ff.

Im einzelnen:

- Schaffung einer auf dem Recht gegründeten politischen Gemeinschaft der europäischen Völker mit funktionsfähigen Institutionen;
- friedliche Beilegung von Interessengegensätzen im Rahmen dieser Gemeinschaft;
- gemeinsames Handeln der Mitgliedstaaten der Gemeinschaft in wichtigen außenpolitischen Fragen, insbesondere
- im Verhältnis zu den osteuropäischen Ländern mit dem Ziel der Herstellung einer dauerhaften Friedensordnung, zu der eine den berechtigten Interessen der beteiligten Völker Rechnung tragende Überwindung der Teilung Deutschlands in zwei Hälften gehört;
- zum Zwecke der Verwirklichung einer engen gleichberechtigten Partnerschaft mit den Vereinigten Staaten von Amerika;
- in internationalen Krisen und Konfliktsituationen;
- in internationalen Organisationen mit dem Ziel, der Stimme Europas das ihr zukommende Gewicht zu verleihen;
- in der Entwicklungshilfe.

- Sicherung Europas durch Zusammenfassung und Rationalisierung der Mittel, insbesondere durch
  - Vereinheitlichung der Logistik,
  - rüstungswirtschaftliche Arbeitsteilung,
  - gemeinsame militärische Forschung und Vermeidung von Doppelarbeiten.
- Geographische Erweiterung und Vollendung der Europäischen Wirtschaftsunion, deren Kernstück der Gemeinsame Markt für über 250 Millionen Verbraucher wäre, insbesondere
  - Beitritt Englands zur Gemeinschaft sowie anderer europäischer Staaten, welche die politischen und wirtschaftlichen Voraussetzungen für einen Beitritt erfüllen. Wirtschaftliche Abmachungen mit den übrigen interessierten europäischen Staaten;
  - institutionell gefestigte und immer engere Koordinierung der Währungs- und Konjunkturpolitik der Mitgliedstaaten; Schaffung eines europäischen Währungssystems mit stabilen Wechselkursen und gemeinsamen Währungsreserven im Rahmen eines funktionsfähigen internationalen Währungssystems;
  - Herstellung einer engeren technologischen Zusammenarbeit mit dem Ziel einer Erhöhung und Rationalisierung des Einsatzes von Forschungsmitteln;

  - Beseitigung nicht nur der Zollgrenzen, sondern auch der sonstigen Wirtschaftsgrenzen (Steuergrenzen, Patentgrenzen, sonstige wirtschaftliche Grenzen);
  - Entwicklung einer gemeinsamen mittelfristigen Wirtschaftspolitik zur Sicherung eines hohen Wirtschaftswachstums bei Vollbeschäftigung, Preisstabilität und ausgeglichener Zahlungsbilanz als Voraussetzung für die Schaffung und Sicherung gleichwertiger Lebensbedingungen;
  - zum gleichen Zwecke und zur Absicherung des gemeinsamen Währungssystems: Entwicklung einer gemeinsamen sektoriellen und regionalen Strukturpolitik;
  - ganz allgemein: Durchführung einer gemeinsamen Industrie-, Energie- und Agrarpolitik.
- Koordinierung der Bildungs- und Ausbildungspolitik der Mitgliedstaaten, die bei Anerkennung der Eigenständigkeit und Vielfältigkeit der Bildungsstätten und Bildungssysteme, der kulturellen und sprachlichen Traditionen und der Kulturhoheit der Staaten und Länder den geistigen Austausch und die wissenschaftliche Zusammenarbeit vor allem fördert.
  - Entwicklung offener und durchlässiger Bildungssysteme, die für die Angehörigen der Mitgliedstaaten Freizügigkeit auf allen Stufen ermöglichen;
  - Ermöglichung einer kontinuierlichen Weiterbildung, die dem einzelnen soziale Sicherheit und materielle Wahlfreiheit bei wirtschaftlichem Strukturwandel und technischem Fortschritt gewährleistet.
    Dies setzt mindestens die gegenseitige Anerkennung der Diplome und Befähigungsnachweise und die volle Anrechnung aller in Bildungsstätten der Gemeinschaft verbrachten Studienzeiten voraus.

## II. Die Grundlagen

- Die Europäische Gemeinschaft ist nicht auf Krieg und andere Gewaltausübung, sondern auf dem gemeinsam geschaffenen Recht gegründet. Dem Europäischen Gerichtshof obliegt die verbindliche Auslegung dieses Rechts. Ein Staat, der rechtsgültig gewordene Urteile des Europäischen Gerichtshofes nicht ausführt, verläßt die Gemeinschaft.
- Die Europäische Gemeinschaft duldet keine Diskriminierung einzelner Mitgliedstaaten und auch keine Diskriminierung einzelner Personen oder Unternehmen aufgrund ihrer Nationalität.
- Innerhalb der Gemeinschaft kann es keine Hegemonie eines oder mehrerer

Staaten geben. Das institutionelle System hat diesem Grundsatz Rechnung zu tragen.

- Die Europäische Gemeinschaft ist von den Mitgliedstaaten errichtet. Ihre Zuständigkeit beschränkt sich auf die ihr durch die Verträge übertragenen Aufgaben. Auch bei der Durchführung von Gemeinschaftsaufgaben muß dem föderativen Charakter der Gemeinschaft Rechnung getragen und ein übermäßiger Zentralismus vermieden werden. Die Mitgliedstaaten müssen bei der Ausübung ihrer eigenen Hoheitsrechte und bei der Wahrnehmung ihrer Rechte und Pflichten in den Organen der Gemeinschaft dem Gemeinschaftsinteresse Rechnung tragen.
- Die Gemeinschaft versteht sich als Beitrag zu einer europäischen Friedensordnung. Die sie begründenden Verträge haben diesem Gedanken Rechnung zu tragen.
- Die Gemeinschaft ist der politischen Absicht nach unauflöslich.

## III. Die Durchführung

A. Sofortmaßnahmen zur Stärkung der bestehenden europäischen Gemeinschaften

- Aufnahme von Beitrittsverhandlungen mit England und den anderen europäischen Staaten, die entsprechende Anträge gestellt haben.
- Erneuerung des Assoziierungsabkommens mit den afrikanischen Staaten.
- Einigung über die Grundzüge einer gemeinsamen Handelspolitik.
- Verbesserung der wirtschafts- und währungspolitischen Zusammenarbeit der Mitgliedstaaten (Barre-Plan).
- Annahme eines neuen Forschungsprogramms für EURATOM.
- Neuorientierung und Intensivierung der Tätigkeit des Europäischen Sozialfonds.
- Einigung über die Neuregelung der Agrarfinanzierung, die Schaffung gemeinschaftseigener Einnahmen und die Verstärkung der haushaltsrechtlichen Befugnisse des Europäischen Parlaments.

B. Abschluß eines Rahmenvertrags, durch den eine umfassende *politische Gemeinschaft* der europäischen Völker begründet wird. Die konkrete Ausfüllung dieses Rahmens und insbesondere die Übertragung der zur Wahrnehmung der Gemeinschaftsaufgaben jeweils erforderlichen Befugnisse auf die Institutionen der Gemeinschaft kann progressiv in der Zeit erfolgen durch den Abschluß von Zusatzverträgen. Die Europäische Gemeinschaft wird auf diese

Weise eine kontinuierliche Schöpfung sein. Der Rahmenvertrag müßte insbesondere folgendes enthalten:

- die rechtliche Verankerung der unter I und II genannten Ziele und Grundlagen,
- die Festlegung der Aufgabenbereiche der Gemeinschaft (Außenbeziehungen, Verteidigung, wirtschaftliche und kulturelle Angelegenheiten),
- die Begründung der ständigen Institutionen der Gemeinschaft:

  Der Rat würde wie bisher aus Vertretern der Regierungen der Mitgliedstaaten bestehen. Er könnte sowohl auf dem Niveau der Regierungschefs wie auch auf dem der Fachminister tagen. Seine Arbeitsweise muß mehr der eines Kabinetts als einer Regierungskonferenz entsprechen.

  Das Europäische Parlament könnte in einer ersten Phase zur Hälfte aus Abgeordneten bestehen, die aus direkten Wahlen hervorgegangen sind, und zur Hälfte aus Abgeordneten, die von den nationalen Parlamenten delegiert werden. In einer zweiten Phase würde die Gesamtheit der Abgeordneten direkt gewählt werden.

  Die Mitglieder der Europäischen Kommission würden von den Regierungen ernannt. Die Kommission bedürfte jedoch vor ihrem Amtsantritt eines Vertrauensvotums des Parlaments und könnte jederzeit durch ein Mißtrauensvotum gestürzt werden.

  Die Mitglieder des Europäischen Gerichtshofes würden ebenfalls von den Regierungen ernannt.

## 2. Europäische Integration und sozialer Wandel

Mitte der siebziger Jahre scheint die Gemeinschaft an ihre Grenzen gestoßen zu sein. Die politischen, wirtschaftlichen und gesellschaftspolitischen Ziele der Mitgliedsstaaten sind allzu unterschiedlich, die Institutionen sehen sich nicht in der Lage, verbindliche Ziele aufzustellen. Solange es keine realistische Perspektive für eine politische, entscheidungsfähige Gemeinschaft gibt, kann sie auch auf anderen Bereichen, wie der Gesellschafts- oder der Außen- und Sicherheitspolitik, nur beschränkt tätig werden. Vor diesem Hintergrund skizziert von der Groeben einen Integrationsansatz, der zunächst nur Politik der Bestandswahrung zu sein scheint. Mit seiner Forderung nach einem Interim-System, das durch qualifizierte Koordinierung der nationalen Politiken und einem parallel dazu in Gang gesetzten eigenständigen Willensbildungsprozeß der Gemeinschaft gekennzeichnet ist, umreißt er jedoch die Spielräume, die für die bescheidenen Fortschritte der kommenden Jahre genutzt werden.

*Quelle:* Hans von der Groeben, Europäische Integration und sozialer Wandel, Sonderdruck aus »Symposium in memoriam Edgar Salin«, o.O., 1975, S. 45 – 62

## Einleitung

Unmittelbar nach Inkrafttreten des Rom-Vertrages besuchte Edgar Salin zusammen mit dem damaligen Präsidenten der List Gesellschaft Boden – es war im Sommer 1958 – den Präsidenten Hallstein und mich in Brüssel. Dies war der Beginn unserer Gespräche über Ziele und Methoden der Integration, die teils in der List Gesellschaft, aber auch in vielen persönlichen Begegnungen fortgesetzt wurden.

Im Rahmen meines damaligen Geschäftsbereiches entstand ein fruchtbarer Gedankenaustausch zwischen Wissenschaft und Praxis. Für viele andere Wissenschaftler im nationalen und internationalen Bereich seien außer Edgar Salin hier Fritz Neumark, Hermann Priebe, Hans Möller und Ernst-Joachim Mestmäcker genannt.

Es war nicht immer einfach, sich zu verstehen und zu Ergebnissen von theoretischer Bedeutung und praktischer Relevanz zu gelangen. Die Wissenschaftler untersuchen die theoretischen Zusammenhänge und bevorzugen in ihrer Gedankenführung einen Abstraktionsgrad, der den Praktikern häufig das Verständnis erschwert.

Meine Erfahrung ist, daß sich bei einiger Geduld und Verständnisbereitschaft für beide Teile fruchtbare Ergebnisse erzielen lassen. Im ersten Bielefelder Bericht über »Ziele und Methoden der Europäischen Integration«[1] ist gezeigt, wie positiv sich unsere Zusammenarbeit für die Wettbewerbspolitik der Gemeinschaft und das Funktionieren des marktwirtschaftlichen Systems ausgewirkt hat.

## Bestandsaufnahme und Analyse

Heute beschäftigt sich die öffentliche Meinung und die politische Praxis allerdings mehr mit den Mißerfolgen der Integration und der mangelnden Handlungsfähigkeit der Gemeinschaft.

Bei der Analyse der Ursachen hierfür können wir anknüpfen an die beiden von Edgar Salin im *Kyklos* veröffentlichten Aufsätze über »Die Krisis der EWG«[2] und »Die EWG im Koma«[3], in denen er die Folgen der inzwischen mißlungenen

1 Jetzt als Fischer Athenäum Taschenbuch (FAT 6013) unter dem Titel *Verfassung oder Technokratie für Europa.*

2 Vol. 25 (1972), 1, S. 3 ff.

3 Vol. 26 (1973), 4, S. 723 ff.

Bemühungen um eine gemeinsame Wirtschafts- und Währungspolitik und eine Währungsunion vorausgesehen und die daraus für die Gemeinschaft resultierenden Gefahren geschildert hat.

Zu nennen wäre weiterhin die Krise der Landwirtschaftspolitik. Ohne Wirtschafts- und Währungsunion wird es immer schwieriger, die Grundlagen für den Freiverkehr landwirtschaftlicher Erzeugnisse und für eine sinnvolle Arbeitsteilung und Strukturpolitik zu erhalten.

Auch der freie Verkehr der Produktionsfaktoren im gewerblichen Sektor und die Wettbewerbsordnung sind gefährdet, wenn der Integrationsprozeß stagniert, wie wir es in den vergangenen Jahren bei den restriktiven Maßnahmen Italiens und Dänemarks bereits in der Praxis erfahren haben.

Im außenpolitischen Bereich ist es der Gemeinschaft nicht gelungen, Entscheidendes zur Neuordnung des Weltwährungssystems beizutragen. In der Energiekrise konnte die Gemeinschaft nicht handeln, ja es gab nicht einmal eine gemeinsame Politik der Mitgliedstaaten. In wichtigen außenpolitischen Fragen verfolgen die Mitgliedstaaten unterschiedliche Ziele, zum Beispiel in der Nahost- und in der Mittelmeerpolitik sowie in der Gestaltung der Beziehungen zu den Vereinigten Staaten von Nordamerika. Schließlich hat der Gemeinsame Markt bisher die Bemühungen um eine gemeinsame Sicherheits- und Verteidigungspolitik nicht wesentlich vorangebracht.

Wir müssen aber auch die Aktivseite der Bilanz betrachten. Wie schon erwähnt, wurden die Grundlagen für eine marktwirtschaftliche Ordnung in Europa gelegt. Diese hat sehr wesentlich zum Wiederaufbau und zur Wohlstandsvermehrung beigetragen.

Die vielgescholtene Landwirtschaftspolitik sichert immerhin die Nahrungsmittelversorgung in Europa, so daß wir Krisen gefaßt entgegensehen können und Erpressungen in dieser Hinsicht nicht ausgesetzt sind.

Im außenwirtschaftlichen Bereich hat die Gemeinschaft Schrittmacherdienste für die Liberalisierung des Welthandels und bei der Gewährung von Präferenzen für die Entwicklungsländer geleistet.

Der Zusammenhalt der Mitgliedstaaten in der Gemeinschaft hat sich besonders in der Konferenz über Sicherheit und Zusammenarbeit (KSZE) bewährt. Die zunehmende Verflechtung auf kulturellem und wirtschaftlichem Gebiet, das wachsende gegenseitige Verständnis, der sich aus dem gemeinsamen Markt ergebende Koordinierungszwang haben bisher ein Auseinanderfallen der Gemeinschaft verhindert, die Suche nach gemeinsamen Lösungen stimuliert und in vielen Fällen ein wirksames Krisenmanagement ermöglicht. Die Bilanz ist also keineswegs nur negativ; es lohnt sich schon, das Erreichte und Bestehende zu erhalten.

Für die Beschränkung der Möglichkeiten der Gemeinschaft scheinen mir hauptsächlich zwei Gründe maßgeblich zu sein:

1. Die politischen, wirtschaftlichen und gesellschaftspolitischen Ziele, die im Bereiche der einzelnen Mitgliedstaaten verfolgt werden, sind allzu unterschiedlich; die letzten Jahre haben keine wesentliche Annäherung der Standpunkte gebracht. Unterschiedliche Strukturen, Unterschiede in den Entwicklungsphasen des soziokulturellen Prozesses und unterschiedliche Interessen haben bisher eine größere Übereinstimmung verhindert, so daß die »Koordinierung nationaler Politiken« als Integrationsinstrument weitgehend versagte.
2. Die Institutionen der Gemeinschaft haben sich zwar für die Verwirklichung der konkreten Ziele des Rom-Vertrages als wirksam und ausreichend erwiesen, ihr Potential für die Lösung von Konflikten im Bereiche der Wirtschafts- und Gesellschaftspolitik ist aber gering; sie sind nicht in der Lage, verbindliche Ziele für den weiteren Integrationsprozeß aufzustellen und diese durchzusetzen.

Die Gemeinschaftsverträge waren das Maximum dessen, was damals politisch durchzusetzen war. Die Auffassung, daß Wohlstand, Frieden und Sicherheit nicht mehr allein durch die nationalen Staaten, sondern nur durch den Zusammenschluß zu einer Europäischen Gemeinschaft gesichert werden könnten, war ziemlich verbreitet. Im Romvertrag gelang es aber nur, die *wirtschaftlichen* Ziele zu konkretisieren und Methoden zu ihrer Verwirklichung festzulegen.

Wegen der Multivalenz der Zielvorstellungen und der Uneinigkeit über die Integrationsmethoden wurden die politischen Ziele nur sehr allgemein in der Präambel formuliert, die gesellschaftspolitischen Ziele (zum Beispiel Sozialpolitik und Regionalpolitik) blieben akzessorisch.

Demzufolge ist das System des Romvertrages gekennzeichnet durch eine Teilintegration, die nur bestimmte wirtschaftliche Materien in den eigentlichen Integrationsprozeß einbezieht und durch eine Abstufung der Integrationsmittel entsprechend der voraussehbaren Integrationsreife und den gegebenen Realisierungsmöglichkeiten. Als Integrationsmittel wurden verbindliche Gemeinschaftsregeln, eine gemeinsame Politik auf Interventionsmärkten (Landwirtschaft, Verkehr und Energie), eine gemeinsame Handelspolitik und die Koordinierung nationaler Wirtschaftspolitik vorgesehen.

## Die Rolle der Gemeinschaft für die Erfüllung der Zukunftsaufgaben

Wenn wir die Aufgaben, die in den nächsten Jahren auf die Mitgliedstaaten und die Gemeinschaft zukommen, Revue passieren lassen, so kann man diese in folgende Problemgruppen ordnen:

1. Ökologische Probleme (Erhaltung der allgemeinen Grundlagen des Lebens): Versorgung mit Nahrungsmitteln und Rohstoffen, Reinhaltung der Luft und des Wassers.
2. Außenpolitische Probleme: Sicherheit, Entspannung, Kooperation zwischen Ost und West, Entwicklungspolitik (Nord/Süd).
3. Probleme der Außenwirtschaft: Welthandelsordnung, Weltwährungsordnung, Energieversorgung, Rohstoffversorgung.
4. Innenpolitik: Sicherung des Rechtsstaates und der parlamentarischen Demokratie, Gewährleistung der Freiheit, Aufrechterhaltung der Ordnung.
5. Wirtschaftspolitik: Wachstum und Stabilität.
6. Gesellschaftspolitik: soziale Vorsorge und Fürsorge, gerechte Einkommens- und Vermögensverteilung, Mitbestimmung und Mitverantwortung, Selbstverwirklichung.

Ich werde mich jetzt mit der Frage, welche dieser Aufgaben ohne die Europäische Gemeinschaft nicht wirksam gelöst werden können, befassen und dabei vor allem auf die gesellschaftspolitischen und wirtschaftlichen Probleme eingehen.

## Außenpolitik

Vielen erscheint es allerdings noch immer selbstverständlich, daß Politik in erster Linie Außenpolitik ist. Wenn auch bei uns nur noch selten der Gewinnung und Erhaltung von Macht an sich gewissermaßen als Selbstbestätigung des Staatswesens das Wort geredet wird, so wird doch politische Macht als ein unverzichtbares Mittel zur Sicherung des eigenen Lebensraumes und der eigenen Interessen angesehen und als Voraussetzung dafür, in den Fragen der Weltpolitik mitreden und sie beeinflussen zu können. Unter diesem Gesichtswinkel ist die Macht und der Einfluß der westeuropäischen Nationalstaaten gering, wenn sie auch in günstigen Konstellationen wirksame Außenpolitik betreiben können.

Die Bemühungen, die Entscheidungen in übergeordnete politische Einheiten zu verlegen und verbindliche Normen für die Beziehungen und die Lösung von

Konflikten zu schaffen, hatten in der Zeit nach dem Zweiten Weltkrieg nur beschränkten Erfolg und gerieten im Zeitalter des Aufstiegs und der Selbständigkeit der Staaten der dritten Welt zunehmend in eine Krise.
Es ist aber eine ausgewogenere Betrachtung am Platze. Gewiß hat sich die Idee, aus der UNO eine Art Weltregierung zu machen, wegen der unterschiedlichen Werte und Ziele und der Strukturunterschiede nicht verwirklichen lassen, aber gerade deswegen ist es notwendig, das Forum der Vereinten Nationen zu erhalten. Gäbe es nicht die Notwendigkeit, dort seine Ziele darzulegen, so würden die Machtpolitik der Blöcke und die Geheimdiplomatie allein das Feld beherrschen.
Große Verdienste hat sich die UNO in charitativer Hinsicht und durch die Förderung menschlicher Kontakte und Informationen erworben. Die Eingrenzung der Gefahren von Zusammenstößen und die Ansatzpunkte für generelle politische und wirtschaftliche Regelungen sind unverzichtbar für das Zusammenleben im Zeitalter der Selbstbestätigung der jungen Nationen.
Auch die NATO hat sich nicht zu einem supranationalen Entscheidungszentrum entwickelt. Sie wurde überdies durch die Haltung Frankreichs und neuerdings durch den Zypernkrieg geschwächt. In der NATO waren die Voraussetzungen an sich besser, die Unterschiede in den Auffassungen und Strukturen geringer, aber die Bereitschaft, auf Souveränität in diesem als lebenswichtig betrachteten Bereich zu verzichten, gering.
Wer würde aber bestreiten, daß das Zusammenwirken der Nationalstaaten in der NATO, in der OECD, in der Welthandels- und Weltwährungsordnung Voraussetzung für ein geordnetes Funktionieren der Beziehungen zwischen den Staaten und Völkern ist.
Auch außenpolitisch kann das Heil also nicht im Rückzug auf die angeblich evidenten Interessen des Nationalstaates gesucht werden. Diese nationalen Interessen, deren Definition im übrigen meist unterlassen wird, die gewissermaßen als selbstverständlich vorausgesetzt werden, sind nur im Rahmen anerkannter weltweiter und regionaler Ordnungen zu verwirklichen, deren Erhaltung und Weiterentwicklung gerade das »nationale« Interesse erfordert.
Auch in diesem Rahmen bleiben aber die außenpolitischen Handlungsmöglichkeiten der europäischen Nationalstaaten gering. Es wäre gewiß wünschenswert, wenn die Europäische Gemeinschaft außenpolitisch mit einer Stimme sprechen würde und damit die europäischen Länder wieder ein gewisses Mitspracherecht in den großen Fragen unserer Zeit haben würden, wenn in der Sicherheits- und Verteidigungspolitik eine einheitliche Strategie, ein einheitliches Kommando und eine einheitliche Versorgung und Ausrüstung sichergestellt werden könnten, wenn Europa auf die großen Herausforderungen unserer Zeit nicht

mit Uneinigkeit und der Verfolgung kurzfristiger Einzelinteressen, sondern mit gemeinsamen Lösungsvorschlägen antworten würde.
Alles dies würde eine »politische«, entscheidungsfähige Gemeinschaft voraussetzen, also eine europäische Regierung, die durch ein europäisches Parlament gebildet und kontrolliert würde. Dies ist weder in Sicht, noch sind die Prozesse eingeleitet, die langfristig zu einem solchen Ergebnis führen könnten.

## Wirtschafts- und Gesellschaftspolitik

Die Unsicherheit in der Welt, die Schwäche der europäischen Staaten, die Krise des Weltwährungssystems, die Energiekrise sind nicht ohne Rückwirkung auf die innere Entwicklung in den Staaten der Gemeinschaft und die Möglichkeiten gesellschaftlicher Reformen geblieben. Das bedeutet aber weder, daß diese weniger wichtig geworden sind, noch daß die Probleme des inneren sozialen Wandels uns den Blick für die außenpolitische Problematik verstellen müßten.[4]
Die Aktionen in einem Bereich wirken in den anderen Bereich hinein und müssen im Zusammenhang mit diesen Rückwirkungen gesehen werden. Wir sprechen heute nicht mehr von dem Primat der Außen- oder Innenpolitik, sondern von der Interdependenz beider Bereiche.
Vielen scheint es vermessen, über Ausdehnung der Freiheitsrechte, Beseitigung von Diskriminierungen, Demokratisierung und Mitbestimmung und Mitverantwortung zu reden, wo in der Welt viele Menschen verhungern oder hungern und an den einfachsten Dingen Mangel leiden und überdies die ökologischen Grundlagen und Quellen des Wohlstandes in Frage stehen.
Gewiß, wir müssen die Verantwortung für diese Zustände viel ernster nehmen und zu großen Anstrengungen bereit sein. Ich weigere mich entschieden, deshalb die Entwicklungsprobleme in den westlichen Industrieländern weniger ernst zu nehmen, sie gar zu verdrängen oder einer Harmonisierung auf einem zum Teil bereits überwundenen Entwicklungsniveau zuzustimmen. Es geht darum, den Menschen unserer hochtechnisierten und bürokratisierten Industriegesellschaft, die erst vor einiger Zeit aus der strengsten Ordnung dieser Welt, nämlich der Ordnung der Armut, entlassen wurden, zu vollgültigen Mitgliedern der Gesellschaft zu machen und ihnen die Möglichkeit der Selbstverwirklichung zu geben.
Im politischen Raum, bei den Entscheidungen des Staates oder der Europäischen Gemeinschaft, kann es sich allerdings nicht um den Inhalt, aber um so

4 Dies scheint *Rüdiger Altmann* anzunehmen: Merkur, Nr. 320, S. 10.

mehr um das Gehäuse handeln, in dem sich diese Prozesse der Sinngebung vollziehen können.

Wir suchen den einzelnen stärker in den demokratischen Willensbildungsprozeß einzuschalten, diesen hautnäher zu gestalten, wir bemühen uns um mehr Gerechtigkeit bei der Einkommens- und Vermögensverteilung, um gleiche Bildungschancen, um die Verbesserung der Vorsorge und Fürsorge für die Alten, Kranken und die Schlechtweggekommenen, um die demokratische Mitbestimmung und Mitverantwortung derjenigen, die bisher vorwiegend unter dem System von Befehl und Gehorsam gestanden haben.

Andererseits hat insbesondere Dahrendorf gezeigt, daß zunehmende Reglementierung und Zentralisierung den Freiheitsraum des einzelnen einschränken kann. Hierauf ist bei den Reformen Rücksicht zu nehmen.

Wir sind uns ferner in den letzten Monaten und Jahren zunehmend darüber klar geworden, daß nicht alles auf einmal gemacht werden kann, daß übersteigerte Ansprüche die Ursachen der Inflation sind, die alle Reformen im innersten Kern gefährdet, daß die finanzielle Basis zwar sehr breit, aber nicht unerschöpflich ist. Wir wissen schließlich, daß die Basis einer funktionierenden Wirtschaft sowie die unternehmerische Entscheidungsfähigkeit und Investitionsbereitschaft erhalten werden müssen.

Unter Berücksichtigung aller relevanten Ziele und unter Beachtung der Rück- und Nebenwirkungen politischen Handelns muß in politischer Planung jeweils entschieden werden, was vordringlich ist und zeitlich und sachlich verwirklicht werden kann. Dieser Plan wird nicht nur materielle Ziele enthalten, sondern die Wertvorstellungen explizit zu machen haben, auf denen er beruht und die er bewahren oder verwirklichen will. Das institutionelle, normative System und die Werte, die uns überkommen sind und sich in den letzten Jahrzehnten bereits gewandelt haben, sind nicht nur für die Orientierung der Politiker, sondern als Grundlage der Sinngebung für den einzelnen von großer Bedeutung. Auf dieser Grundlage gilt es, die vorgefundene Wirklichkeit behutsam im Sinne der neuen Zielvorstellungen zu verändern, soweit dies in unserer Macht steht.

Mir scheint die eigentliche Aufgabe nicht darin zu bestehen, ein System aktionsfähig zu erhalten und nach außen abzusichern, sondern sinnvolle Ziele zu verwirklichen, wie ich sie vorher beispielsweise genannt habe.

Dies setzt allerdings voraus, daß die Demokratie in der Lage ist, einen *consensus* über diese Zielvorstellungen und die Methoden ihrer Verwirklichung herbeizuführen.

**Steuerung des sozialen Wandels**

Wenn wir sagen, daß die wirtschaftlichen und gesellschaftlichen Verhältnisse sich in schnellem Wandel befinden, so bedarf dies der Präzisierung. Wir meinen damit einmal den Wandel, der auf der Veränderung der naturwüchsigen Kräfte und der spontanen Entwicklung der Wirtschaft und Gesellschaft beruht, aber auch die Steuerung dieser Entwicklung durch bewußte und gewollte Maßnahmen von Entscheidungsträgern, insbesondere im Rahmen der nach innen und außen souveränen Nationalstaaten.

Das Dilemma besteht nun heute darin, daß die Bezugssysteme sich nicht mehr decken. Während die naturwüchsigen und spontanen Prozesse die Grenzen des nationalstaatlichen Bezugssystems zunehmend überschreiten oder überschritten haben, ist die Kompetenzkompetenz für die Steuerung beim Nationalstaat verblieben.

Dies gilt allerdings nur mit Einschränkungen, denn durch internationale Vereinbarungen wurden Handlungs- und Steuerungsmöglichkeiten – sei es auf weltweit zuständige Organisationen (GATT, IMF, OECD), sei es auf die Europäische Gemeinschaft – übertragen und dadurch die Souveränität der Nationalstaaten beschränkt.

Wenn wir aus der Gesamtproblematik den Ausschnitt Wirtschafts- und Gesellschaftspolitik betrachten, so haben wir in der Europäischen Gemeinschaft die normativen Voraussetzungen für den freien Verkehr der Produktionsfaktoren und für eine europäische Wettbewerbsordnung geschaffen und damit eine äußerst wirksame Entfaltung der spontanen Kräfte in Wirtschaft und Gesellschaft eingeleitet.

Ich möchte andererseits annehmen,[5] daß dieses System nur überlebensfähig ist, wenn es durch Prozeßpolitik in folgenden Bereichen gesteuert wird:

- zur Vermeidung von Dysfunktionen durch eine aktive Wettbewerbspolitik
- zur Stabilisierung des Kreislaufs und Vermeidung von Inflation und Arbeitslosigkeit durch Globalsteuerung
- durch direkte Beeinflussung der Nachfrage durch aus dem Staatshaushalt finanzierte Investitionen
- durch Struktur- und Regionalpolitik
- durch korrigierende Maßnahmen der Einkommenspolitik und der Vermögensbildung
- durch das Sozialsystem

5 Vgl. *Jürgen Habermas,* Legitimationsprobleme des Spätkapitalismus, Frankfurt 1973, S. 22 ff.; *Fritz W. Scharpf,* Planung als politischer Prozeß, Frankfurt, 1973, S. 163ff.

- durch das Bildungssystem
- durch Förderung der Mitbestimmung und Selbstverwirklichung.

Hinsichtlich dieser Materien hat die Gemeinschaft nur für die Wettbewerbspolitik eine unbestrittene Befugnis, Normen zu setzen und Entscheidungen zu treffen; auf allen anderen Gebieten sind die Mitgliedstaaten zuständig geblieben. Die Gemeinschaft ist bei der Erfüllung ihrer Aufgaben auf die Koordinierung der nationalen Politiken beschränkt.

Es hat sich auch aus sachlichen und institutionellen Gründen im allgemeinen als schwierig oder gar unmöglich herausgestellt, zu gemeinsamen Zielsetzungen und einer darauf gegründeten Politik der Gemeinschaft zu gelangen. Mit den gegebenen Instrumenten ist es nicht möglich, die transnationalen wirtschaftlichen Entwicklungen auf die Erfüllung bestimmter gesellschaftspolitischer Ziele auszurichten.

Die lebhafte Diskussion über die multinationalen Unternehmen zeigt, daß es sich auch dort nicht um rein wirtschaftliche oder Zweckmäßigkeitsfragen handelt, daß vielmehr Probleme der Gesellschaftsordnung, der Eingrenzung wirtschaftlicher Macht, der sozialen Verantwortung oder allgemein des Verhältnisses zwischen Staat und Wirtschaft zur Debatte stehen.

## Die Möglichkeiten der Gemeinschaft

Theoretisch könnte die Lösung entweder darin bestehen, daß entweder die Zuständigkeit für die Wirtschafts- und Gesellschaftspolitik global auf die Institutionen der Gemeinschaft übertragen würde oder aber nur die Befugnisse, die funktional gesehen zur Aufrechterhaltung des Gemeinsamen Marktes notwendig und dringend erscheinen, während die Zuständigkeit für die sozialen Reformen zunächst bei den Mitgliedstaaten verbleiben würde und die Gemeinschaft auf die Koordinierungsfunktion beschränkt wäre. Beide Möglichkeiten werde ich jetzt behandeln.

Dabei müssen wir uns immer klar machen, daß es sich nicht nur, wie in einem bestehenden Bundesstaat, darum handelt, Kompetenzen zwischen Bund und Ländern neu zu verteilen, sondern daß im Zuge des Integrationsprozesses die Rolle der Gemeinschaftsinstitutionen grundlegend neu bestimmt, ja ihre Integrationsfähigkeit durch demokratische Prozesse begründet werden müßte. Es genügt deshalb auch keineswegs, wenn von hochqualifizierten Experten immer wieder die »richtige« Wirtschaftspolitik für die Gemeinschaft gefordert und dargestellt wird. Es ist gleichermaßen notwendig zu wissen, mit welchen Institutionen und Methoden die Wirklichkeit im Sinne dieser Politik gesteuert werden kann und wie diese institutionellen und normativen Systeme im Zuge dieses »dialektischen« Prozesses verändert werden müssen.[6]

Bisher haben es die Mitgliedstaaten abgelehnt, weitere Steuerungskapazitäten auf die Gemeinschaft zu übertragen und diese durch ein europäisches Parlament zu legitimieren, obgleich diese Lösung verstandesmäßig und vordergründig gesehen nahegelegen hätte. Sie haben alle Übel einer Gefährdung des Gemeinsamen Marktes, der Landwirtschaftspolitik, der weiteren politischen Einigung eher in Kauf genommen als ihre nationale Zuständigkeit und Verantwortung noch weiter einschränken zu lassen.

Ich sagte vordergründig. Wir müssen nämlich sorgfältig prüfen, inwieweit eine Gemeinschaft mit erweiterten Befugnissen und demokratischer Legitimation ohne eine ausreichende Übergangsperiode in der Lage sein würde, nicht nur – technisch gesehen – sach- und zeitgerechte Entscheidungen zu treffen, sondern sie auch durchzusetzen, also über ein adäquates Integrations- und Konfliktlösungspotential verfügen würde. Angesichts der unterschiedlichen Zielsetzungen und Interessen ist dies schon in den speziell wirtschaftlichen Bereichen zweifelhaft, da Entscheidungen zum Beispiel über die Geld- und Kreditpolitik und die außenwirtschaftliche Absicherung der Währung das Wohl und Wehe des einzelnen Bürgers unmittelbar betreffen. Die politischen Wirkungen und Rückwirkungen können also nur in einem politischen Bezugssystem aufgefangen werden, das eingespielt ist und dessen Legitimation nicht erst begründet werden muß.

Diese Überlegungen gewinnen ein noch größeres Gewicht, wenn wir uns nun den Problemen der Gesellschaftspolitik zuwenden. Hier sind die Unterschiede in den Auffassungen über Notwendigkeit und Inhalt der Reformen noch größer, die Interessen schwer auf einen Nenner zu bringen. In der Tat befinden sich die Mitgliedstaaten in unterschiedlichen Phasen der sozio-kulturellen Entwicklung.

Hierzu einige Bespiele: Die Einstellung zur Dezentralisierung, Entballung, Regionalpolitik und zum Umweltschutz ist durchaus unterschiedlich. Während in der Bundesrepublik die Probleme der Qualität des Lebens immer mehr Beachtung finden, stehen für andere Mitgliedsländer Wachstum und Produktivität noch ganz im Vordergrund.

In dem Anhörungsverfahren zu den Vorschlägen für eine Europäische Aktiengesellschaft haben wir erfahren, daß die Auffassungen über das marktwirtschaftliche System, über die Rolle des Arbeiters in der Gesellschaft und dementsprechend über Kooperation und Konfrontation in den verschiede-

6 Dies war im übrigen das System des Romvertrages, nicht etwa ein fröhlicher zukunftsgläubiger Funktionalismus oder gar Automatismus oder ein naiver Institutionalismus.

nen Mitgliedstaaten durchaus unterschiedlich sind. Manches hat sich seither geändert, ein Angleichungsprozeß ist im Gange, aber er hat noch einen langen Weg. Ich zweifle zum Beispiel daran, ob der neue Orientierungsrahmen der SPD schon auf allgemeinen Beifall bei den Gewerkschaften oder den anderen sozialistischen Parteien in Europa rechnen kann.
Als letztes Beispiel nenne ich noch den unterschiedlichen Stellenwert, der Fragen der Vermögensbildung und des Steuersystems in den einzelnen Mitgliedstaaten zukommt, ohne damit Probleme der Vorsorge und Fürsorge und des Bildungssytems geringer bewerten zu wollen.
Die Mitgliedstaaten zögern, ihre Zuständigkeit auf diesen Gebieten einschränken zu lassen; einige befürchten, daß ihnen Lösungen aufgezwungen werden, für die die Zeit noch nicht reif ist und die andere, wichtigere Vorhaben in Frage stellen könnten; die anderen wollen keinen Kompromiß auf einem Niveau akzeptieren, der in ihrem Land die europäische Integration mit dem Stigma der Rückständigkeit belasten würde.
Diese wirklichkeitsbezogenen Überlegungen bedeuten nicht, daß ein europäischer Wettstreit der Systeme nicht wünschenswert wäre; er setzt aber integrationsfähige Gemeinschaftsinstitutionen voraus. Schon in einem Bundesstaat mit jahrzehntelangen Traditionen würde die Lösung solcher Konflikte schwere Belastungen des institutionellen Systems mit sich bringen; nicht eingespielte und nicht von einem gewissermaßen vorverstandesmäßigen Vertrauen getragene europäische Institutionen könnten daran zerbrechen.
Ferner muß bedacht werden, daß die Verschiebung von Zuständigkeiten auf die Gemeinschaft die Gefahr der Zentralisierung und Bürokratisierung und damit einer noch stärkeren Einschränkung des Freiheitsraumes für den einzelnen mit sich bringen könnte. Wenn wir der Meinung sind, daß die zukünftigen Aufgaben der Gesellschaftspolitik insbesondere darin bestehen, den einzelnen durch Mitbestimmung und Mitverantwortung stärker in der Gesellschaft zu verwurzeln und dadurch seine Selbstverwirklichung zu fördern, so sollten Steuerungs- und Integrationsprozesse die Betroffenen tatsächlich erfassen, dürfen also nicht auf zu hoher Ebene angesiedelt werden.
Insofern ist auch der »Nationalismus« als reaktionäre Haltung in seinem Heimweh nach vergangener Größe, in seinem Streben nach Hegemonie und Lebensraum und seiner Lüge von der kulturellen Überlegenheit einzelner Nationen wohl zu unterscheiden von dem Anliegen, den Menschen eine Orientierung ihres Lebens in übersehbaren Räumen zu ermöglichen, wo sich mitmenschliche Beziehungen entwickeln und Bedeutung für die Kristallisation von Wert- und Zielvorstellungen gewinnen können.
So notwendig es also erscheint, die Zukunft unter Berücksichtigung der weltweiten und europäischen Zusammenhänge zu planen und hierfür die Kräfte

des vorausschauenden Verstandes einzusetzen, so darf darüber nicht vergessen werden, daß die Entwicklung und die Selbstverwirklichung des einzelnen das Ziel aller dieser Bemühungen ist. In diesem Rahmen werden also nicht nur der Nationalstaat, sondern auch die Länder und Regionen als Bezugssysteme für Werte, Ordnungen und Ziele ihre Rolle zu spielen haben.
Nun zur Alternative: Würde man die Weiterentwicklung der wirtschaftlichen Integration lediglich vom funktionalen Standpunkt her sehen, so müßte die Globalsteuerung, der Ausbau der Wettbewerbsordnung und die Regionalpolitik auf die Gemeinschaft übertragen und nach gemeinschaftlichen Zielen ausgerichtet werden.
Ist schon die Unterteilung des Romvertrages auf die Dauer nicht haltbar, so scheint die Trennung von Wirtschafts- und Gesellschaftspolitik erst recht nicht realisierbar zu sein, weil die Mitgliedstaaten nicht wichtige Instrumente der Wirtschaftspolitik, wie die Globalsteuerung und die Regionalpolitik, auf die Gemeinschaft übertragen können, ohne daß diese auch die Gesellschaftspolitik übernimmt. Sonst würden die Mitgliedstaaten zwar die Verantwortung für die Steuerung sozialen Wandels behalten, die Instrumente aber bei der Gemeinschaft liegen. Auch deshalb sind bisher alle Bemühungen gescheitert, die zur Ergänzung des Vertrages von Rom erforderliche Vergemeinschaftung der Wirtschaftspolitik durchzuführen.

## Die Konsequenzen aus der Lagebetrachtung

Die Steuerung des sozialen Wandels setzt handlungsfähige und entscheidungsfähige Institutionen voraus, die für die wesentlichsten Probleme der Wirtschafts- und Gesellschaftspolitik zuständig sind. Die Übertragung weiterer Befugnisse auf die Gemeinschaft scheitert daran, daß die Mitgliedstaaten ihre Handlungsfähigkeit nicht weiter einschränken wollen; sie wäre auch nur im Rahmen einer langfristigen politischen Lösung möglich. Diese Lösung müßte gewährleisten, daß einerseits die Aufgaben erfüllt werden, die wegen »Dekkungsungleichheit« das nationale Bezugssystem überfordern, andererseits den sozialen Wandel nicht behindern, sondern fördern. Neben den sachlich erforderlichen »zentralistischen« Lösungen müßten die raumnahen gesellschaftlichen Entwicklungen gefördert werden.
Wenn auch viele verstandesmäßige Erwägungen insbesondere auf außen- und sicherheitspolitischem Gebiet für die Einleitung eines politischen Integrationsprozesses, der sowohl funktional durch die »richtige« Politik als auch institutionell vorangetrieben werden müßte, sprechen, läßt sich zur Zeit, abgesehen von der verbalen Bereitschaft der Regierungen, kein Integrations-

potential eindeutiger Interessen oder politischer Ziele der relevanten Gruppen aktivieren.

Im Unterschied zum deutschen Einigungsprozeß und in etwa auch der Situation nach dem zweiten Weltkrieg fehlt außerdem in der Bevölkerung die eindeutige Überzeugung (vorgefaßte Meinung), daß die Integration etwas Dringliches ist. In einzelnen Ländern ist die öffentliche Meinung nicht nur indifferent, sondern eher skeptisch hinsichtlich der Vor- und Nachteile eingestellt. Das besagt allerdings nicht, daß einer entschlossenen Politik der Regierungen die Gefolgschaft versagt bleiben würde.

Bei dieser nicht gerade erfreulichen Bilanz möchte ich es aber nicht bewenden lassen, sondern einige Gedanken zur zukünftigen Entwicklung beisteuern.

**Erhaltung des Integrationsstandes**

Unter den gegebenen Umständen müssen die wirtschaftlichen Errungenschaften des Gemeinsamen Marktes als unverzichtbare Grundlage aller Aktionsmöglichkeiten der Zukunft erhalten werden. Dies erfordert einen schwierigen Balanceakt, der nur durch enge Koordinierung der nationalen Wirtschaftspolitik erreicht werden kann, um den Freiverkehr zu erhalten, die Wettbewerbsordnung zu sichern und auszubauen, durch eine aktive Regionalpolitik die Strukturunterschiede, jedenfalls soweit sie eine gemeinsame Wirtschaftspolitik hindern, abzubauen und nach außen weitestgehend solidarisch aufzutreten. Durch gemeinsame, unter Umständen differenzierte Normen für den Umweltschutz sollte dafür gesorgt werden, daß der Integrationsprozeß nicht unsere Lebensqualität gefährdet. Dies alles dürfte im Rahmen der Verträge und ohne weitere Einschränkungen der nationalen Handlungsfähigkeit möglich sein und von den Parteien und den relevanten Gruppen akzeptiert werden.

In einem solchen Interimssystem bleibt die Steuerung sozialen Wandels eine Aufgabe der Mitgliedstaaten; die Europäische Gemeinschaft könnte Anregungen geben und koordinieren. Es besteht nämlich die Gefahr, daß sich die Systeme in den Mitgliedstaaten weiter auseinanderentwickeln. Andererseits sollte die Konkurrenz der Systeme nicht durch zu frühzeitige Egalisierungsbemühungen unterbunden werden.

## Perspektiven auf mittlere Sicht

Es liegt auf der Hand, daß ein solch prekäres Gleichgewicht zwischen dem Gemeinsamen Markt und den nationalen Wirtschafts- und Gesellschaftssystemen stets gefährdet ist, daß die politische Präsenz der Gemeinschaft in der Außen- und Sicherheitspolitik äußerst gering sein wird, so daß dauerhaftere Lösungen angestrebt und ihre Verwirklichungsmöglichkeiten überprüft werden sollten.

Im Rahmen einer Doppelstrategie sollte neben dem soeben beschriebenen System einer qualifizierten Koordinierung der nationalen Politiken ein eigenständiger Willensbildungsprozeß auf der Ebene der Gemeinschaft in Gang gebracht und erprobt werden.

Auszugehen wäre von den Gebieten, auf denen die Gemeinschaft Erfolge gehabt hat. Das Europäische Parlament sollte also bei Verordnungen über den Freiverkehr, die Wettbewerbsordnung, die Rechtsangleichung, den Umweltschutz als erste Kammer neben dem Ministerrat an der Gesetzgebung mitwirken und die Verwaltung kontrollieren. Die Haushaltsbefugnisse könnten noch verstärkt, das heißt mehr in Analogie zu seinem föderativen System ausgebaut werden. Auch sollte das Parlament bei der Auswahl der Kommissionsmitglieder mitwirken und für ihre Investitur zuständig sein. Schließlich sollte sich das Europäische Parlament zum Forum für einen europäischen Dialog über die wichtigsten gesellschaftspolitischen Probleme der Zeit entwikkeln und Vorschläge unterbreiten.

Ein weiterer bedeutender Schritt wäre es, wenn – wie es zum Beispiel Verloren van Themaat vorgeschlagen hat – das Parlament (etwa mit Zwei-Drittel-Mehrheit) und der Ministerrat (zunächst einstimmig) beschließen könnten, die Zuständigkeiten der Gemeinschaftsorgane zu erweitern, sofern dies zur Erfüllung der Aufgaben und Ziele notwendig ist. Eine solch bedeutende *facultas* würde auch eine direkte Wahl des Parlaments rechtfertigen, während andernfalls zunächst eine Neuordnung der Befugnisse des bestehenden, indirekt gewählten Parlaments anzustreben ist, um die politischen Erwartungen, die an eine direkte Wahl geknüpft sein würden, nicht wieder schmerzlich zu enttäuschen. Diese Ausdehnung der Rechte des Europäischen Parlaments würde nicht ohne Vertragsänderung, die in allen Mitgliedsländern ratifizierungsbedürftig ist, möglich sein.

**Schlußbetrachtungen**

Heute konnte ich nur einen Ausschnitt der Probleme behandeln, insbesondere wenig auf die Außenpolitik und die Herausforderungen in der Weltpolitik eingehen.

Es hat sich gezeigt, daß man sich nicht einfach darauf beschränken kann, eine vernünftige Wirtschaftspolitik zu fordern, mit dem vagen Begriff einer Sozial-Union zu arbeiten oder institutionelle Lösungen, wie das Mehrheitsprinzip oder die Direktwahl, anzustreben.

Das mag alles gut und in einem Gesamtrahmen auch notwendig sein. Die Probleme sind aber viel komplexer. Wir brauchen eine eingehende Analyse, für welche Aufgaben wir über eine internationale Zusammenarbeit hinaus wirklich einer mit Entscheidungsbefugnissen ausgestatteten europäischen Gemeinschaft bedürfen.

Es ist notwendig, diese Untersuchungen auf vier Entscheidungs- und Aktionsebenen zu führen:

a) weltweit, da viele Probleme nur in diesem Rahmen gelöst werden können,
b) im regionalen europäischen Bereich, wenn die Gemeinschaft als solche einen Beitrag zur Zielverwirklichung leisten kann und/oder verbindliche Entscheidungen auf supranationaler Ebene getroffen werden müssen,
c) national und
d) regional, wobei räumliche Nähe und unmittelbare Betroffenheit für eine Lösung der gesellschaftlichen Fragen von Bedeutung sind, die den einzelnen unmittelbar angehen.

Was ich hier anrege, ist ein realistisches Konzept für die Erhaltung und den notwendigen Ausbau des Erreichten, eine kühnere Doppelstrategie für eine weitere Zukunft und im ganzen ein Stück politischer Planung.

Ich glaube, daß dies ein Thema für ein Gespräch mit Edgar Salin gewesen wäre.

Ich danke Ihnen, daß ich Ihnen diese Gedanken an dem Tage, der seinem Andenken gewidmet ist, vortragen durfte.

# 3. Europa und die Aufgaben unserer Zeit

Die Bilanz der europäischen Entwicklungen Ende der siebziger Jahre ist positiver als noch wenige Jahre zuvor. Die EPZ hat ihre ersten Bewährungsproben hinter sich. Mit der Errichtung des Europäischen Währungssystems (EWS) wurde die drohende Aushöhlung des Gemeinsamen Marktes eingedämmt. Die erste Direktwahl für das Europäische Parlament war für Mitte des Jahres 1979 angesetzt. Dennoch warnt von der Groeben in einem seiner umfassenden Beiträge vor einer übereilten Entwicklung. Das mit dem Gemeinsamen Markt, den Koordinierungsansätzen in der Wirtschaftspolitik (soweit sie den Gemeinsamen Markt betreffen) und der EPZ geschaffene Steuerungssystem sei gut und im Sinne einer »schleichenden« Integration ausbaufähig. Es könne aber nur funktionieren, wenn alle Beteiligten zusammenwirken, sich die Mitgliedsstaaten gemeinschaftlich verhalten und die Europäische Gemeinschaft sich nicht als europäischer Überbau, sondern als Bindeglied versteht, das die lebenswichtigen Interessen der Staaten und Regionen ernst nimmt.

*Quelle:* Hans von der Groeben, Europa und die Aufgabe unserer Zeit (Vortragsreihe der Niedersächsischen Landesregierung zur Förderung der wissenschaftlichen Forschung in Niedersachsen, H. 60), Göttingen, 1979.

Vortrag gehalten am 9. Mai 1979 in Hannover

Die Formulierung meines Themas zeigt Ihnen, daß ich von der Frage ausgehen will, welche dringlichen politischen, wirtschaftlichen und gesellschaftspolitischen Aufgaben nicht ohne das europäische Integrationssystem oder besser mit diesem System gelöst werden können. Ich unterstelle dabei weder, daß allein die *Nation* politische Entscheidungen treffen kann (de Gaulle) noch daß Europa alles besser machen könnte, wie es manche Föderalisten glauben.
Über Wichtigkeit und Dringlichkeit von Aufgaben gibt es natürlich unterschiedliche Meinungen. Es herrscht aber wohl eine weitgehende Übereinstimmung, daß die Bewahrung der Freiheit, also einer freiheitlichen demokratischen und rechtsstaatlichen Ordnung, die Funktionsfähigkeit und Effektivität der Wirtschaft und größere Gerechtigkeit, soziale Fürsorge und Mitwirkung im Vordergrund unseres Zielkataloges stehen. Die Erhaltung des inneren Friedens und der äußeren Sicherheit ist Voraussetzung für die Verwirklichung dieser Ziele.
Bei der Betrachtung geschichtlicher Ereignisse oder politischer Zielsetzungen gerät man leicht in die Gefahr, entweder die Einflußmöglichkeiten staatlicher oder internationaler Organe zu überschätzen oder im Gegenteil eine quasi gesetzmäßige, gewissermaßen naturwüchsige Entwicklung zu unterstellen, die dem Menschen und seinen Institutionen nur wenig Handlungsmöglichkeiten läßt. Gewiß müssen wir von biologischen, historischen, sozioökonomischen und kulturellen Gegebenheiten ausgehen, in deren Rahmen aber je nach Lage größere oder kleinere Spielräume gegeben sind, die Entwicklung nach bewußten oder (mehr oder minder) unbewußten Zielsetzungen zu steuern.
Mit diesen Steuerungssystemen werde ich mich heute also befassen, und zwar entsprechend meinem Thema in erster Linie mit dem Steuerungssystem der Europäischen Gemeinschaft. In die Betrachtung müssen aber einbezogen werden:

a) das weltweite System, gekennzeichnet durch die Welthandelsordnung des GATT und des internationalen Währungsfonds und in Europa die OECD,
b) das EWG-System,
c) und das nationale System.

Die Steuerungsmöglichkeiten und Instrumente sind unterschiedlich:

- Im weltweiten Rahmen: völkerrechtliche Vereinbarungen, Entscheidungen im Einzelfall, Tätigkeit von Organisationen. Charakteristisch ist für alle diese Formen, daß nur die Staaten (also nicht die Bürger) gebunden werden, so daß die nationalstaatliche Souveränität de jure intakt bleibt.
- Im EWG-System gibt es hingegen für Teilbereiche Gemeinschaftsrecht, das für alle verbindlich ist, und eine Übertragung von Entscheidungsbefugnis-

sen (von Souveränität) auf die EG-Organe; daneben eine Skala anderer Steuerungsmöglichkeiten, auf die ich noch im einzelnen eingehen werde.

- Im nationalen Bereich haben wir eine allumfassende Zuständigkeit (Kompetenz-Kompetenz), soweit nicht Souveränitätsrechte endgültig abgetreten wurden (an die EG).

Wenn wir nun beurteilen wollen, was die Europäische Gemeinschaft zur Aufgabenerfüllung beitragen kann, so müssen wir uns die Steuerungsmöglichkeiten und Steuerungsinstrumente, die nach dem EG-Vertrag gegeben sind, *genau* ansehen. Dies ist dringend notwendig, um die so häufig anzutreffenden Fehlbeurteilungen und Mißverständnisse zu vermeiden. Wir können also weder davon ausgehen, daß die Europäische Gemeinschaft schon eine Föderation etwa mit den Befugnissen eines Bundesstaates ist, noch auch, daß es sich eigentlich nur um eine von vielen internationalen Vereinbarungen mit einem aufgeblähten Beamtenapparat handelt.

Das gegenwärtige Integrationssystem läßt sich vielmehr als ein Gesamtsystem beschreiben, in dem supranationale, völkerrechtliche und nationale Elemente bei der Steuerung des gesellschaftlichen Prozesses zusammenwirken.

Der Gemeinsame Markt mit Freiverkehr, Wettbewerbsordnung, gemeinsamer Handelspolitik und Agrarpolitik beruht auf europäischen Regeln, wobei sich die Zuständigkeit der Gemeinschaft – mit Ausnahme der Agrarpolitik – in der Regel auf den Erlaß von *allgemeinen* Vorschriften und auf deren Kontrolle beschränkt (Ordnungspolitik); der eigentliche Integrationsprozeß in diesem Ordnungsrahmen also den Privatrechtsubjekten überlassen bleibt.

Für die allgemeine Wirtschaftspolitik, insbesondere die Globalsteuerung, die Industrie-, Struktur-, Regional- und Forschungspolitik sind die Mitgliedstaaten primär zuständig geblieben. Die Gemeinschaft ist in diesen Bereichen auf das verhältnismäßig schwache Instrument der Koordinierung der nationalen Politiken angewiesen. Hierzu haben sich die Mitgliedstaaten verpflichtet, soweit dies zum Funktionieren des Gemeinsamen Marktes erforderlich ist.

Nachdem die Bemühungen zu einer Verstärkung der »politischen« Zuständigkeiten der Gemeinschaft selbst nicht erfolgreich waren, haben sich die Mitgliedstaaten drittens zu einer lockeren, nicht durch bestimmte Zielvorgaben gekennzeichneten politischen Zusammenarbeit entschlossen (EPZ). Diese hat sich, wie Sie wissen, in den letzten Jahren sehr gut entwickelt und bewährt und entgegen den ursprünglich geäußerten Befürchtungen die Gemeinschaft selbst nicht etwa geschwächt, sondern ihr erlaubt, ihre Mitwirkung und Kompetenz auch in vom Vertrag nicht oder nur zaghaft angesprochenen Bereichen unter Beweis zu stellen.

Dieses Gesamtsystem hat sich also als durchaus lebensfähig erwiesen. Der Gemeinsame Markt konnte trotz aller Krisen erhalten werden; der Beitritt

Englands, Dänemarks und Irlands wurde mit einigen Schwierigkeiten verkraftet; die politische Zusammenarbeit der Neun wurde verstärkt und ist ausbaufähig. Die Neun konnten viel dazu beitragen, daß die Währungs- und Wirtschaftskrisen der vergangenen Jahre sich nicht katastrophal auswirkten und es wieder aufwärts geht.

Dieses Gesamtsystem hat eine gewisse Eigenständigkeit gewonnen; die Kräfte des Zusammenhalts haben sich stärker als die Fliehkräfte erwiesen. Die drei genannten Komponenten ergänzen sich nicht nur, sondern sind aufeinander angewiesen und gegenseitig abhängig.

a) Ohne Koordinierung der Wirtschaftspolitik würde der Gemeinsame Markt, der Freiverkehr und die Wettbewerbsordnung nicht erhalten werden können. Die EPZ ist die notwendige Ergänzung der gemeinsamen Handelspolitik.
b) Der verpflichtende Charakter der Koordinierung der nationalen Wirtschaftspolitiken gründet sich auf das Interesse an der Erhaltung des Gemeinsamen Marktes.
c) Auch die politische Zusammenarbeit (EPZ) würde denaturieren, wenn der Gemeinsame Markt zerfallen und das Brüsseler institutionelle System geschwächt würden.

Soviel zum gegenwärtigen Integrationssystem und zu seinen Erfolgen. In der Diskussion der letzten Jahre standen nun aber die Mißerfolge und Fehlschläge bei weitem im Vordergrund. Abgesehen von der Kritik an der Agrarpolitik wurde die Europäische Gemeinschaft für Fehlentwicklungen im regionalen und strukturellen Bereich verantwortlich gemacht. Mit den Formeln: Wirtschafts- und Währungsunion, Sozialunion, schließlich Europäische Union wurde die Forderung nach größeren Zuständigkeiten in der Außenpolitik, Wirtschaftspolitik und Gesellschaftspolitik erhoben.

Wenn auch nicht immer klar ist, was die Befürworter eigentlich im Sinn haben, wird vielfach die Auffassung vertreten, daß der Europäischen Gemeinschaft *selbst* größere Entscheidungsbefugnisse (Zuständigkeiten) gewährt werden und die Entscheidungsfähigkeit der *Gemeinschaftsorgane* verstärkt werden müßten, was beides eine unmittelbare Legitimation durch ein direkt gewähltes europäisches Parlament voraussetzen dürfte. Bisher waren derartige Pläne ohne Erfolg. Nachdem der EVG-Vertrag und der Entwurf einer Politischen Gemeinschaft des Straßburger Parlaments (Brentano-Entwurf) 1954 gescheitert waren, zeigte sich bei den EWG-Verhandlungen, daß es nur im Zusammenhang mit der Erfüllung bestimmter Aufgaben, der Verwirklichung *konkreter* Ziele möglich war, auch die institutionell-politische Integration voranzutreiben. Die verhältnismäßig vorsichtig angesetzten Versuche der ersten Kommission, auf diesem Wege voranzuschreiten, scheiterten an dem Veto Präsident de

Gaulles (1965). Der Werner-Plan für eine Wirtschafts- und Währungsunion (1970/71) kam über die ersten Anfänge seiner Verwirklichung nicht hinaus, da das institutionelle Problem vom Ministerrat praktisch ausgeklammert wurde, außerdem eine Einigung über eine gemeinsame Wirtschaftspolitik aus den verschiedensten Gründen (Währungskrisen, unterschiedliche Entwicklung in den EG-Ländern) immer unwahrscheinlicher geworden war. Der Tindemans-Bericht wurde schließlich kaum noch in den offiziellen Organen diskutiert.
Hieraus muß wohl geschlossen werden, daß der EWG-Vertrag die Möglichkeiten, die Integration durch supranationale Lösungen voranzutreiben, weitgehend ausgeschöpft hat.
Für eine europäische Verfassung gibt es vorläufig keine Chance, da die Nachteile eines nationalen Souveränitätsverlustes immer noch als weit höher eingeschätzt werden, als die etwaigen Vorteile einer europäischen Politik; auch emotional gesehen gibt es keine dem Nationalgefühl nur in etwa vergleichbare europäische Bewegung.
Die Übertragung von Einzelbefugnissen auf bestimmten Sachgebieten (Energiepolitik, Industriepolitik usw.) ist ebenfalls wenig wahrscheinlich, da die Ansichten über Ziele und Prioritäten auseinandergehen und die Mitgliedstaaten außerdem befürchten, daß eine über den EWG-Vertrag hinausgehende Einengung ihre eigenen Befugnisse, die Möglichkeit, politische Verantwortung zu tragen, zu sehr beeinträchtigen würde.
Dies schließt nicht aus, daß supranationale Lösungen oder Mischformen akzeptiert werden, wenn sich eine Übereinstimmung darüber erzielen läßt, daß eine konkrete Aufgabe nicht anders oder jedenfalls überzeugend besser »europäisch« bewältigt werden kann. Das von mir beschriebene geltende Integrationssystem ist also im Wege einer behutsamen Weiterentwicklung, einer gewissermaßen »schleichenden« Integration durchaus ausbaufähig.
Dieses Gebilde entspricht natürlich nicht den herkömmlichen staatsrechtlichen Vorstellungen. Es ist kein Bundesstaat oder Staatenbund; die Nationalstaaten haben einen Teil ihrer Souveränität auch »de jure« abgetreten, sich im übrigen »de facto« vielfach gebunden, der Entscheidungsspielraum der Verfassungsorgane ist eingeschränkt. Alles dies wirft äußerst schwierige Probleme der Regierbarkeit, der Legitimation der Entscheidungsverfahren und damit der demokratischen Ordnung auf, die unter dem Aspekt, daß dieses Mischsystem dauerhaft sein könnte, neu durchdacht werden müssen. Das System ist labil, seine Institutionalisierung ist nur im supranationalen Bereich stark, hinsichtlich der Koordinierung der nationalen Politiken und in der EPZ schwach entwickelt und auf den politischen Willen wechselnder nationaler Regierungen angewiesen. Immerhin wird man nicht nur feststellen können, daß der Verstärkung der institutionellen Integration enge Grenzen gesetzt sind, sondern daß auch der

völlige Verfall oder die Denaturierung des System unwahrscheinlich sind, weil alle Mitgliedstaaten an der Erhaltung des Gemeinsamen Marktes und der qualifizierten politischen Zusammenarbeit interessiert sind und die Kosten der Auflösung der Europäischen Gemeinschaft außerordentlich hoch sein würden. Innerhalb dieser Ober- und Untergrenze dürfte sich das gegenwärtige Integrationssystem also weiter entwickeln.

Nach dieser kurzen, natürlich sehr vereinfachten Darstellung der Struktur des Steuerungssystems, von dem wir ausgehen können, möchte ich nun an einigen (wenigen) Beispielen exemplifizieren, in welchem Maße und Umfang es zur Erfüllung der von uns als dringlich angesehenen Aufgaben beitragen kann, wobei ich mich auf das politische System beschränke.

In den Bereichen der Sicherheit und Verteidigungsbereitschaft stützen wir uns auf das westliche Bündnis und insbesondere auf die Militärmacht der USA. Die Bereitschaft, im Rahmen der Europäischen Gemeinschaft militärische Probleme zu behandeln, ist aus den verschiedensten Gründen äußerst gering.

Immerhin kann der wirtschaftliche und politische Zusammenhalt in der Europäischen Gemeinschaft auch militärisch als ein Positivum angesehen werden, besonders wenn die Süderweiterung der Europäischen Gemeinschaft zu einer Konsolidierung der Verhältnisse im Mittelmeerraum beitragen würde, worauf ich noch zurückkommen werde. Ob sich eine Europäische Verteidigungsgemeinschaft als ein starker Motor in Richtung auf eine politische Einigung erwiesen hätte, erscheint mir zweifelhaft, wenn ich die politische Entwicklung der letzten Jahre in den Mitgliedstaaten betrachte.

Zur Lösung der weltweiten Probleme des Umweltschutzes, der Rohstoff- und Energieversorgung, der Erhaltung und Entwicklung der Welthandels- und Weltwährungsordnung, der technischen und finanziellen Hilfe für die unterentwickelten Länder kann und wird die Europäische Gemeinschaft im Rahmen ihrer bisherigen Zuständigkeit einen gewichtigen Beitrag leisten können. Die Mitgliedstaaten werden sich allerdings nicht ausschalten lassen, ihre Interessen gehen – wie wir wissen – häufig auseinander. Es hat sich aber in den letzten Jahren gezeigt, daß die Bereitschaft, sich zu konsultieren, zusammenzuarbeiten, ja eine gemeinsame Haltung einzunehmen, gewachsen ist. Dies gilt insbesondere für den Bereich der Entwicklungspolitik, wo die Europäische Gemeinschaft mit den Abkommen von Jaunde und Lome einen Durchbruch zu einer neuen, den nachkolonialen Verhältnissen entsprechenden Politik erzielt hat. Hier findet also in der Tat eine »schleichende« Integration statt. Wenig spricht dafür, daß sich dieser Prozeß durch formelle Zuständigkeitsveränderungen beschleunigen ließe.

Im wirtschaftlichen Bereich hat der EWG-Vertrag die stärksten Veränderungen im Verhältnis zu den vorgefundenen Verhältnissen mit sich gebracht. Es gelang,

in einem kühnen Wurf die wesentlichen Grundsätze des marktwirtschaftlichen Systems in der EWG zu verankern und durch entscheidungsfähige Gemeinschaftsorgane abzusichern. Die damalige Diskussion zwischen weltweiten Freihändlern und Institutionalisten hat diese fundamentale Entscheidung für ein Wirtschaftssystem, daß bei großer Wirksamkeit ein hohes Maß an Freiheit gewährleistet, verdunkelt. Auch den engagiertesten Mondialisten wird ja inzwischen – angesichts der Weltwährungskrisen und der Aushöhlung des GATT – klar geworden sein, wie ungeheuer wichtig es ist, daß wir in Europa über einen festen Ordnungsrahmen und entscheidungsfähige Kontrollinstanzen für das marktwirtschaftliche System verfügen.
Zu diesem Ordnungssystem gehört eine liberale Handelspolitik, deren Grundsätze im Vertrag festgelegt wurden, die in den Dillon- und Kennedyrunden zu niedrigen Zolltarifen geführt und in einer Reihe von handelspolitischen Abkommen zusätzliche Einfuhrmöglichkeiten geschaffen hat.
Natürlich ist dieses Ordnungssystem nicht vollkommen!
Das Konzentrationsproblem ist nur unzureichend erfaßt, nicht alle Wettbewerbsfälschungen innerhalb des Gemeinsamen Marktes konnten ausgeräumt werden. Die wirtschaftlichen Schwierigkeiten in einzelnen Sektoren (Stahl, Chemie, Textil) haben zu handelspolitischen Restriktionen geführt, die höchstens vorübergehend gerechtfertigt werden können. Die Kommission hat sich aber bisher tapfer geschlagen, sie müßte im Ministerrat stärker unterstützt werden. Im Parlament setzen sich allerdings häufig die Kräfte durch, die an einem weitgehenden Schutz heimischer Industrien interessiert sind.
Zusammenfassend kann gesagt werden, daß im Rahmen der geltenden Bestimmungen des EG-Vertrages alle notwendigen Steuerungsinstrumente vorhanden sind, um die marktwirtschaftliche *Ordnung* in Europa funktionsfähig zu erhalten und einen positiven Beitrag für eine freiheitliche Weltwirtschaftsordnung zu leisten. Ob die Gemeinschaft hiervon Gebrauch machen kann, hängt allerdings im gegenwärtigen Integrationssystem von der Bereitschaft der Mitgliedstaaten ab, sich systemkonform zu verhalten.
Ein anderes Kapitel ist dagegen die Agrarpolitik. Das System ist besser als sein Ruf; in ihm könnten marktwirtschaftliche Grundsätze und Erfahrungen durchaus zum Tragen kommen. Der Versuch, den Landwirten durch Festsetzung von Preisen, die nicht marktkonform sind, zu helfen, hat sich als Irrweg herausgestellt. Unabsetzbare Überschüsse und Verschwendung von öffentlichen Geldern kennzeichnen die Lage bei einzelnen Produkten. Über die Notwendigkeit einer Reform bestehen eigentlich keine Zweifel mehr. Ich habe hier nicht die Absicht, die Reformvorschläge zu vermehren, mir kommt es vielmehr auf die Schlußfolgerungen an, die für die Funktionsfähigkeit des gegenwärtigen Integrationssystems, wie ich es heute beschrieben habe, zu ziehen sind.

Die Bestimmungen über die gemeinsame Agrarpolitik wurden s. Zt. in der Idee konzipiert, daß eine politisch-institutionelle Weiterentwicklung der Europäischen Gemeinschaft über Mehrheitsprinzip, Verstärkung der Rechte des Parlaments, direkte Wahl bis zur Bildung einer Europäischen Regierung gehen würde, was nicht nur eine gemeinsame Agrarpolitik ermöglicht, sondern auch eine gemeinsame Wirtschaftspolitik vorausgesetzt hätte. In einem solchen Gesamtrahmen wäre es möglich gewesen, den Stellenwert des Agrarsektors zu bestimmen und eine nach rationalen Gesichtspunkten ausgerichtete Preis- und Einkommenspolitik zu führen.

Wie wir wissen, ist die Entwicklung nicht so verlaufen. Die Preise wurden zwischen den Regierungen entsprechend den nationalen Interessen (weitgehend wahlbedingt) ausgehandelt. Es zeigte sich dabei, daß das gegenwärtige Integrationssystem zwar in der Lage ist, die Anwendung eines Ordnungsrahmens, über den im vorhinein von den Regierungen Übereinstimmung erzielt wurde, zu praktizieren, daß es aber äußerst schwierig ist – selbst wenn die formale Zuständigkeit besteht –, die täglich erforderlichen Entscheidungen über Eingriffe in das Wirtschaftsgeschehen – wie Preisfestsetzungen, Abschöpfungen – nach rationalen Gesichtspunkten zu treffen.

Im Rahmen des gegenwärtigen Integrationssystems liegt der Ausweg nahe, die marktwirtschaftlichen Prinzipien für den Ausgleich von Angebot und Nachfrage anzuwenden und die sozialen und strukturellen Probleme im Wege der Umverteilung zu lösen. Wie Sie wissen, gehen die Meinungen hierüber weit auseinander.

In der allgemeinen Wirtschaftspolitik liegen die Dinge anders. Da eine gemeinsame Wirtschaftspolitik ein ausgebildetes politisches System mit parlamentarischer Voraussetzung – etwa wie in einem Bundesstaat – voraussetzen würde und wir in absehbarer Zeit, wie ich dargelegt habe, mit einer solchen Entwicklung nicht rechnen können, stehen wir (nach wie vor) vor dem Dilemma, daß sich der marktwirtschaftliche Prozeß im Rahmen eines *europäischen* Ordnungsrahmens vollzieht, daß aber die Europäische Gemeinschaft nicht alleiniger Herr des Geschäftes ist, soweit es sich um die Prozeß- oder Eingriffspolitik handelt, sondern auf die Koordinierung der nationalen Politiken angewiesen ist.

Es handelt sich insbesondere um die flankierenden Maßnahmen,

- die zum Funktionieren des marktwirtschaftlichen Geschehens erforderlich sind,
- den staatlichen Sektor betreffen, oder
- aus Gründen der Sozial- und Gesellschaftspolitik die Voraussetzungen oder Ergebnisse der Marktwirtschaft verändern.

Es liegt auf der Hand, daß unter dem Gesichtspunkt der Erhaltung des

gegenwärtigen Integrationssystems – von dem wir ein hohes Maß wirtschaftlicher Effektivität und Gewährleistung der Freiheit erwarten können – uns besonders die sich aus dem genannten Dilemma ergebenden Gefahren interessieren, die das System selbst bedrohen.
Ich sehe hier – abgesehen von der bereits behandelten Agrarpolitik – vorwiegend zwei Probleme:
a) die ungeregelte Wechselkursflexibilität,
b) die eher wachsenden Unterschiede in der regionalen Entwicklung.
Der EWG-Vertrag ging von dem Festkurssystem des Internationalen Währungsfonds aus (Bretton Woods). Die im Zuge der Währungskrisen entstandene Wechselkursflexibilität, die bisher auch im Gemeinsamen Markt jedenfalls teilweise ohne Regeln war, könnte auf längere Sicht dahin führen, den Freiverkehr und die europäische Wettbewerbsordnung auszuhöhlen und damit die Grundlagen des Gemeinsamen Marktes und der marktwirtschaftlichen Ordnung in Europa zu zerstören. Das jetzt in Kraft getretene EWS ist also nicht nur eine wünschenswerte, sondern eine notwendige Ergänzung des EWG-Vertrages. Ich bin mir natürlich darüber klar, daß es kein leichter Weg sein wird, daß es Gefahren für unsere Stabilitätspolitik gibt, daß England und Italien zu einer Wirtschaftspolitik zurückfinden müssen, wie sie von Giscard d'Estaing und Barre in Frankreich eingeleitet wurde. Aber ich glaube, daß die Bundesrepublik dieses Risiko eingehen mußte, denn für uns steht nicht nur der Zugang zu den europäischen Exportmärkten auf dem Spiel, sondern die Konsolidierung und Erhaltung des marktwirtschaftlichen Systems. Das möchte ich denen ins Stammbuch schreiben, die zwar europäische Reden führen, bei jeder konkreten Maßnahme, auch wenn sie noch so dringend ist, ein nationales Haar in der Suppe finden.
Ein weiteres schwieriges Kapitel ist die Regionalpolitik. Die großen Erfolge des Gemeinsamen Marktes, also des europäischen marktwirtschaftlichen Systems, können nicht darüber hinwegtäuschen, daß sich die regionalen Unterschiede nicht vermindert, vielleicht sogar vermehrt haben. Die sich hieraus ergebenden sozialen, gesellschaftlichen und politischen Probleme bedrohen das gesamte Ordnungssystem. Mit der politisch beschlossenen Süderweiterung der Europäischen Gemeinschaft durch den Beitritt Spaniens, Portugals und Griechenlands wird dies auch für diejenigen, die bisher nicht hören wollten, evident werden.
Überzeugte Europäer vertreten dazu häufig die Meinung, man müsse also der Gemeinschaft die Zuständigkeit für die Regionalpolitik übertragen und ihr dafür viel Geld zur Verfügung stellen. Beide Behauptungen bedürfen der Überprüfung.
Regionalpolitik muß von der Region ausgehen, die Finanzierung ist keineswegs

das Hauptproblem. Dementsprechend ist die Entwicklung in Brüssel bisher auch gelaufen. Sie ist trotzdem unbefriedigend. Die Mitgliedstaaten versuchten ihre Zuständigkeit uneingeschränkt zu erhalten, sie akzeptierten nur subsidiäre Aktionen der Kommission (Regionalfonds). Aber auch die Vorstellung einer gemeinsamen stark zentralisierten Regionalpolitik ist weder politisch durchsetzbar, noch sachlich vertretbar. Worauf es ankäme, wäre eine enge, organisierte Zusammenarbeit zwischen den Regionen (Ländern), den Mitgliedstaaten und der Europäischen Gemeinschaft, die in Zweckverbänden organisiert werden könnte. Ich möchte allerdings nicht verschweigen, daß damit eine stärkere Umverteilung zugunsten der weniger entwickelten Regionen, also auch zu Lasten der Bundesrepublik Deutschland verbunden sein würde. – Auch hier würde ich also zu dem Ergebnis kommen, daß diese für die Erhaltung der Demokratie insbesondere in den Mittelmeerländern entscheidende Aufgabe mit den Instrumenten des gegenwärtigen Integrationssystems durchaus gelöst werden könnte.

Ein Wort zur Globalsteuerung. Gemeinsame Globalsteuerung gäbe es nur in einem föderativen System. Wesentlich für die Erhaltung des Gemeinsamen Marktes ist es, daß sich die Mitgliedstaaten an die Vorschrift des Art. 104 des EWG-Vertrages halten, der sie zu einer Wirtschaftspolitik der Stabilität, des Wachstums und der ausgeglichenen Zahlungsbilanz verpflichtet. Gelingt dies und ist das EWS ein Erfolg, so könnte an eine Konsolidierung und vielleicht Institutionalisierung gedacht werden.

Aus diesen Ausführungen ergibt sich, daß die nationalen Regierungen im Bereich der wirtschaftlichen Eingriffspolitik zwar de jure souverän geblieben, in der Wirklichkeit aber vielfach gebunden sind, wenn sie die europäische Ordnung nicht aufs Spiel setzen wollen. Dies gilt auch für alle Entscheidungen, die sich auf den staatlichen Sektor beziehen: Investitionspolitik, Einkommenspolitik, Steuerpolitik, Kreditpolitik, usw.

Im Vordergrund der Erörterungen stehen nun heute – jedenfalls in der Bundesrepublik Deutschland – die Fragen der Beseitigung der Arbeitslosigkeit, des Umweltschutzes (Qualität des Lebens), der Mitbestimmung und des Behagens oder Unbehagens des einzelnen (Fragen der gerechten Verteilung des Einkommens und Vermögens sowie der Verbesserung der sozialen Fürsorge eingeschlossen).

Die Forderung, daß »Europa« mehr zur Beseitigung der Arbeitslosigkeit beitragen müsse, ist des Beifalls sicher. Die Verwirklichung ist allerdings wesentlich schwieriger. Konjunkturelle oder strukturelle Probleme sind die Ursache der Arbeitslosigkeit. Die Beeinflussung der entsprechenden Daten ist im gegenwärtigen Integrationssystem in erster Linie Sache der Nationalstaaten, die für die Wirtschaftspolitik zuständig sind. Außerdem werden die Steuerungs-

*möglichkeiten* (durch direkte Eingriffe der öffentlichen Hand) vielfach überschätzt. Stabilitätspolitik und Wettbewerbspolitik dürften wohl auch hier die besten Mittel sein, um langfristig zum Erfolg zu gelangen. Über die regionalen Probleme habe ich schon gesprochen. Eine aktive Regionalpolitik würde zur Verminderung der Arbeitslosigkeit beitragen können. Den EG-Behörden bleibt demnach in diesem Bereich die Aufgabe, die Politik der Mitgliedstaaten zu koordinieren, Überschneidungen zu verhindern, die Anpassung zu erleichtern, dabei aber Erhaltungssubventionen zu bekämpfen; nicht zuletzt auf einen Erfahrungsaustausch und eine Zusammenarbeit bei der Berufsausbildung, der Umschulung und der Sozialmaßnahmen hinzuwirken, was übrigens seit langen Jahren geschieht.

Ein weiteres sehr beliebtes Thema ist der Umweltschutz. Das Umweltbewußtsein hat in den letzten 15 Jahren weite Kreise erfaßt. Wir müssen uns darüber klar sein, daß es hier sehr erhebliche Unterschiede zwischen den Mitgliedstaaten und Regionen des Gemeinsamen Marktes gibt, die einer *gemeinsamen* Umweltpolitik, die ja auch bei uns erst in den Anfängen sichtbar ist, entgegenstehen. Die Kommission hat sich deshalb mit Recht auf den mühsamen Weg begeben, (Stück für Stück) eine Annäherung der Standpunkte zu erreichen, Mindestnormen zu vereinbaren oder Richtlinien für eine Angleichung der nationalen Gesetze oder Verordnungen vorzuschlagen. Die Erfolge, die im Rahmen des gegenwärtigen Integrationssystems erzielt werden konnten, sind bisher nicht spektakulär, aber beachtlich. Der Versuch einer stärkeren Zentralisierung in Brüssel wäre zur Zeit zum Scheitern verurteilt.

Schon diese Ausführungen haben gezeigt, daß es nicht immer damit getan ist, neue Zuständigkeiten zu schaffen, daß vielmehr oft strukturelle Probleme oder die unterschiedlichen Konzeptionen einer einheitlichen »europäischen« Regelung entgegenstehen. Dies gilt nun noch mehr im Bereich der Gesellschaftspolitik, für die ich als Beispiel die Mitbestimmung in den Aufsichtsorganen der Unternehmen nennen möchte. Ich habe s. Zt. für das Statut der Europäischen Aktiengesellschaft die Drittelparität der Arbeitnehmer vorgeschlagen. Bei der vorangegangenen Anhörung der Gewerkschaften und Unternehmensverbände trat – wie übrigens erwartet – klar zu Tage, daß den anderen Vertretern (beider Seiten) unsere deutschen Vorstellungen von Partnerschaft und Mitbestimmung äußerst fremd waren, ja, zum Teil Anstoß erregten. Dies mag sich inzwischen geändert haben. Eine Übereinstimmung über die für unsere politische Entwicklung so wichtigen Fragen wie Mitbestimmung, Verbesserung der Arbeitsplatzsituation, Vermögensbildung, dynamische Rente usw. wird sich in absehbarer Zeit nicht erzielen lassen. Daran würde auch eine Zuständigkeit der Europaorgane nichts ändern. Es müßte im Gegenteil befürchtet werden, daß sich dort die bewahrenden Kräfte durchsetzen würden, wenn auch von links und rechts aus durchaus unterschiedlichen Erwägungen. Im Bereich der Gesellschaftspolitik sollten wir also wie bisher darauf vertrauen, daß sich im Wettstreit der Systeme fortschrittliche Regelungen durchsetzen, soweit sie sich in der Praxis bewähren konnten.

Viele Reden und Schriften enthalten schließlich die Forderung nach einer europäischen Außenpolitik. Es bedarf keiner näheren Begründung, daß dies eine bundesstaatliche Organisation voraussetzen würde, die nicht in Sicht ist. Das sollte uns aber nicht den Blick dafür verstellen, daß in den letzten Jahren große Erfolge in der Verstärkung der politischen Zusammenarbeit erreicht wurden, die sich in zunehmender gegenseitiger Konsultation, einheitlichem oder abgestimmtem Vorgehen bei Krisen und in internationalen Verhandlungen und Organisationen gezeigt hat. Auf diesem Wege sollte weiter vorangeschritten werden. Die Europäische Gemeinschaft und die Mitgliedstaaten werden allerdings im Zusammenhang mit der Süderweiterung vor einige sehr schwierige Fragen gestellt werden: Die Bereinigung des griechisch-türkischen Konfliktes und der Ausgleich mit den nordafrikanischen Staaten, die durch den Beitritt Griechenlands, Spaniens und Portugals zur Europäischen Gemeinschaft erhebliche Nachteile erleiden könnten. Hier zeigt sich, daß eine langfristige – nicht nur auf den Tag und auf Krisensituationen abgestellte – Politik notwendig wäre. Die Mitgliedstaaten werden also gefordert, die EPZ-Mechanismen entsprechend zu ergänzen. Dies würde ein Stück des von mir als »schleichende« Integration bezeichneten Prozesses sein.

Diese Beispiele sollen genügen, obgleich sie die Problematik keineswegs erschöpfen. Sie zeigen, daß wir mit dem gegenwärtigen Integrationssystem durchaus leben können. Ich war vor 10 oder 15 Jahren anderer Ansicht, das gebe ich freimütig zu; eine europäische Föderation erschien uns, die die Sünden und Verbrechen, die auf eine Übersteigerung des Nationalstaatsgedankens zurückzuführen sind, miterlebt und erlitten haben, ein faszinierender Gedanke. Ob je die Chance der Verwirklichung bestand, wer will es entscheiden, jedenfalls versagten sich die Engländer von vornherein und die Franzosen unter de Gaulle dem großen Entwurf.

Ich sagte schon, das gegenwärtige Integrationssystem ist labil und verletzlich, es paßt so recht in keine begriffliche Schublade. Und doch entspricht es eigentlich auch unserer Bewußtseinslage.

Wir sind zwar der Meinung, daß vieles europäisch gemacht werden müßte und daß der Einfluß Europas in der Welt größer sein sollte, aber wir scheuen instinktiv doch davor zurück, den europäischen Institutionen die Machtbefugnisse einzuräumen, die wir beim Nationalstaat für legitim halten.

Wir sagen uns zwar, daß es in vielen Fragen notwendig wäre, einheitliche

Entscheidungen für Europa zu treffen, haben aber mit Recht einen Horror vor dem Zentralismus und einer aufgeblähten Bürokratie.

Wir Deutschen neigen zudem dazu, unsere Lösungen, unser Modell für so vortrefflich zu halten, daß die anderen es eigentlich »umstandslos« übernehmen müßten, und sind sehr erstaunt, daß wir dabei auf wenig Gegenliebe, ja auf offene Ablehnung stoßen. Wir sollten aus diesem Grunde, aber auch um unsere eigenen Errungenschaften nicht zu gefährden, vorsichtiger mit den großen Entwürfen einer europäischen Föderation usw. werden. Es führt zu nichts, wenn wir den anderen unsere Vorstellungen aufzudrängen versuchen.

Wir stehen am Vorabend der Direktwahl. Das neue Europäische Parlament wird seine Rolle im Rahmen *des gegenwärtigen Integrationssystems* finden müssen.

An sachlichen Problemen fehlt es nicht, ich nenne die Erhaltung des marktwirtschaftlichen Systems, die Probleme der Süderweiterung, die Reform der Agrarpolitik, die demokratische Kontrolle der Gemeinschaftsorgane.

Die Auffassungen über die Lösung dieser Fragen werden zum Teil weit auseinandergehen, wohl noch mehr über den Inhalt und die Methoden und die Weiterentwicklung der Integration. Die Abgeordneten haben die Chance, diesen Dialog, der bisher nur in kleinen Kreisen geführt wurde, zu demokratisieren und zu europäisieren und damit erst die Voraussetzungen für ein besseres gegenseitiges Verstehen zu schaffen. Wie notwendig das ist, haben viele unserer Mitbürger zu ihrem Erstaunen bei einigen Fernsehsendungen der letzten Monate erfahren. Erst wenn ein größerer Konsens über die Grundfragen der zukünftigen Politik erzielt wurde, wird man an einen Ausbau des gegenwärtigen Integrationssystems denken können.

Zu diesen Fragen wird ferner gehören, welches Maß an Zentralisierung wir in Kauf nehmen wollen oder umgekehrt, wie die Bürgernähe staatlicher Instanzen gewährleistet werden kann. In dem gegenwärtigen Integrationssystem sollte eine Aufgabenteilung, aber auch eine enge Zusammenarbeit zwischen der Europäischen Gemeinschaft, den Mitgliedstaaten, den Regionen oder Ländern stattfinden, die unseren Vorstellungen über Effektivität und Bürgernähe entsprechen, wobei sich hier Konflikte ergeben können. Das in der Bundesrepublik Deutschland bestehende Grundmuster ist m. E. nicht verfehlt, jedenfalls auch im europäischen Rahmen diskussionswürdig. Dies bedeutet:

- Zuständigkeit der Europäischen Gemeinschaft für das Ordnungssystem, die Handelspolitik, die wirtschaftliche Koordinierung und politische Zusammenarbeit,
- Zuständigkeit der Mitgliedstaaten für Außenpolitik, Wirtschaftspolitik und Gesellschaftspolitik,

- Zuständigkeit der Länder für regionale Strukturpolitik und die Bildungspolitik im Rahmen der Richtlinien der Europäischen Gemeinschaft und der Mitgliedstaaten.

Ein solches System kann nur funktionieren, wenn alle Beteiligten zusammenwirken, wenn sich die Mitgliedstaaten gemeinschaftsfreundlich verhalten und die Europäische Gemeinschaft sich nicht als europäischer Überbau, sondern als Bindeglied versteht und die lebenswichtigen Interessen der Staaten und Regionen ernst nimmt.

Den überzeugten Föderalisten wird das gegenwärtige Integrationssystem unzureichend erscheinen – und es ist durchaus möglich, daß die behutsame Weiterentwicklung eines Tages grundsätzliche Entscheidungen über die zukünftige Verfassung Europas möglich macht. Aber es gibt auch Stimmen, die das gegenwärtige Integrationssystem für überflüssig oder gar schädlich halten,

- weil es die nationale Handlungsfreiheit beschränke,
- weil die Gefahr bestehe, daß einzelne Mitgliedstaaten zu einem dirigistischen und planwirtschaftlichen Wirtschafts- und Gesellschaftssystem übergehen,
- weil die Kosten des EG-Systems für die Bundesrepublik zu hoch seien.

Nach dieser Auffassung wäre es besser, politische und wirtschaftliche Zusammenarbeit mit Staaten zu suchen, die solchen Gefahren nicht ausgesetzt sind – etwa nach dem Muster der EPZ. Andere wiederum glauben, daß die EG-Bindung einer von ihnen gewünschten engeren Zusammenarbeit und Kooperation mit dem Ostblock und einem späteren Brückenschlag zu der DDR entgegenstünde.

Dem ist entgegenzuhalten, daß es weitgehend der Europäischen Gemeinschaft zu verdanken ist, daß die Grundsätze der Marktwirtschaft in Europa nicht auf die Bundesrepublik beschränkt blieben, sondern zunehmend in Mitgliedstaaten mit anderen Gewohnheiten und Traditionen Eingang gefunden haben, ja, daß in den letzten Jahren in der europäischen Linken eine Götterdämmerung und ernsthafte Bereitschaft zum Nachdenken zu beobachten ist, wie Merlini in Nr. 7 des Europa-Archivs höchst eindrucksvoll dargestellt hat. Natürlich sind die Gefahren nicht gebannt. Ein funktionierendes EG-System, das das Problem der Süderweiterung löst, schafft hierfür günstige Voraussetzungen, während der Zerfall des Gemeinsamen Marktes den protektionistischen und dirigistischen Tendenzen in einigen Mitgliedstaaten zum Durchbruch verhelfen könnte.

Wenn wir das Verhältnis zwischen Ost und West in der Hoffnung, daß Aggression und Erpressung durch ein Gleichgewicht der militärischen Kräfte hinangehalten werden können, unter dem Gesichtspunkt des Wettstreites der Wirtschafts- und Gesellschaftssysteme betrachten, so ist die Europäische

Gemeinschaft eine entscheidende Voraussetzung für das Überleben und die Dynamik einer freiheitlich demokratischen Grundordnung.

Meine Damen und Herren, ich habe mich heute vorwiegend mit den Möglichkeiten und Grenzen befaßt, die für die Europäische Gemeinschaft und die Mitgliedstaaten bestehen, politische, wirtschaftliche und gesellschaftliche Prozesse in Richtung auf bestimmte Zielsetzungen und die Erfüllung von Aufgaben zu steuern. Vielen wird diese Sicht verkürzt vorkommen. Sie werden auf die vielfältigen Wurzeln, die reichen Traditionen der europäischen Kultur hinweisen, die sich in Wertvorstellungen kristallisiert haben und unseren Zielvorstellungen zugrunde liegen. In der Tat gilt es den Reichtum dieses Erbes, die Freiheit zur Kritik und zur Entwicklung neuer Gedanken und Werte in Europa zu bewahren, wobei in vielen Fällen die Gesetzgebung eine wegweisende Rolle spielen kann.

Es wäre sicherlich auch äußerst reizvoll darzustellen, inwieweit die kulturellen Strömungen und geistigen Entwicklungen das Handeln der Politiker und Institutionen beeinflußt haben, inwieweit sie von materiellen und technischen Entwicklungen abhängig sind oder umgekehrt für die Gestalt der heutigen Gesellschaft ursächlich waren. Dies sind jedoch Erscheinungen und Vorgänge, die sich nach unseren Vorstellungen – abgesehen vom Bildungs- und Erziehungssystem – weitgehend der direkten staatlichen Steuerung entziehen.

Wenn wir aber von der Erfüllung von Aufgaben sprechen, so meinen wir Handeln im gesamtgesellschaftlichen Rahmen, also Tätigkeit von Institutionen. Wie wir heute gesehen haben, werden durch das normative und institutionelle System nicht nur diese Handlungsmöglichkeiten bestimmt und abgegrenzt, sondern auch die Inhalte möglicher Entscheidungen sehr wesentlich beeinflußt. Nach unserer Auffassung muß das System ferner den geistigen Entwicklungen Raum und Schutz gewähren und sie nicht in einem doktrinären Einheitsbrei ersticken. Deshalb ist es für die europäische Entwicklung so entscheidend, daß die freiheitlichen Grundnormen des bisherigen Integrationssystems erhalten werden. Deswegen muß es aber auch bei einer strikten Abgrenzung gegen Systeme des Zwanges und der Unfreiheit bleiben.

# 4. Ist die Europäische Gemeinschaft noch eine angemessene Antwort auf die Herausforderungen unserer Zeit?

Der Grundtenor in dieser Rede vor dem sachkundigen »Arbeitskreis Europäische Integration« im Herbst 1985 ist hinsichtlich der Notwendigkeit einer europäischen Zusammenarbeit und dessen, was erreicht wurde, immer noch positiv. Doch offensichtlich unter dem Eindruck der Erweiterung der Gemeinschaft und ihrer wirtschaftlichen Mißerfolge sieht von der Groeben nur langsame Fortschritte bei der Fortentwicklung des vorhandenen Steuerungssystems. Die Entwicklungsmöglichkeiten für eine Gemeinschaftspolitik schätzt er geringer ein als je zuvor. Der Optimismus hinsichtlich der Gestaltungsmöglichkeiten in der Gesellschaftspolitik ist verflogen. Die Kritik am föderativen Prozeß im Sinne einer normativen Erweiterung der Zuständigkeiten in der Gemeinschaft ist deutlicher ausformuliert als sonst. Vorrang habe jetzt die Vereinheitlichung der wirtschaftlichen und gesellschaftlichen Strukturen. Das aber erfordere eine Reform der Zielsetzung und Praxis der bisherigen Koordinierung der Politiken.

*Quelle:* Hans von der Groeben, Ist die Europäische Gemeinschaft noch die angemessene Antwort auf die Herausforderungen unserer Zeit? (Vortrag am 14.11.1985 vor dem Arbeitskreis Europäische Integration), Rheinbach, 1985 (Manuskript).

## Einleitung

Ich habe es sehr begrüßt, daß der Arbeitskreis das Thema »Ist die Europäische Gemeinschaft noch die angemessene Antwort auf die Herausforderungen unserer Zeit« für das Jahreskolloquium gewählt hat. Damit sind wir aufgefordert, über die tieferen Gründe nachzudenken, die für die Entwicklung der letzten 30 Jahre bestimmend gewesen sind. Wahrscheinlich wurde dies bisher vernachlässigt zugunsten einer mehr vordergründigen Betrachtung des Institutionensystems, der Verfahren und der Erfolge und Mißerfolge in den verschiedenen Bereichen der Politik. Auch ich habe in meinem Buch über die Aufbaujahre der Europäischen Gemeinschaft – abgesehen von dem Schlußkapitel – den äußeren Hergang beschrieben; um so mehr ist es angesichts der offensichtlichen Schwierigkeiten, den Integrationsprozeß fortzusetzen, geboten, mehr über die strukturellen Bedingungen, die Vorstellungen und Ziele und die treibenden Kräfte zu diskutieren.

Auch halte ich es für einen guten Gedanken, dem ich in meinem Vortrag folgen werde, dabei von den Herausforderungen unserer Zeit, d. h. von den Aufgaben auszugehen, die sich im gesamtgesellschaftlichen Bereich stellen, wobei die Ansichten darüber, was wichtig ist, natürlich auseinandergehen werden.

Bevor ich darauf eingehe, möchte ich aber eine Beobachtung zur Diskussion stellen, die ich in der letzten Zeit gemacht habe. Während in der Öffentlichkeit die Kritik und das Desinteresse am Einigungsprozeß wächst und vorwiegend andere Themen erörtert werden, glaube ich feststellen zu können, daß in den höheren Rängen die Überzeugung zunimmt, daß die europäische Zusammenarbeit oder sogar Integration für die innere und äußere Entwicklung der europäischen Völker lebenswichtig ist – und zu meinem Erstaunen sehen heute Politiker, die einst nur Kritik oder Ironie für Brüssel zeigten, die Europäische Gemeinschaft und die EPZ als beinahe selbstverständliche Grundlage des Einigungsprozesses an.

Wir haben also keinen Grund zu resignieren, aber um so mehr Anlaß, uns über die Grundlagen zu unterhalten.

## Die Herausforderungen

Welches sind nun die Herausforderungen unserer Zeit? Ich kann darauf natürlich nur eine skizzenhafte und sehr subjektive Antwort geben,

1) Frieden – Sicherheit – Entspannung
2) Erhaltung der Freiheit, des Rechtsstaates und der Demokratie

3) Sicherung und Entwicklung der wirtschaftlichen Grundlagen des Gesellschafts- und Sozialsystems
   - Funktionsfähigkeit der Welthandelsordnung und des Weltwährungssystems
   - Erhaltung und Ausbau des Gemeinsamen Marktes
   - Erhaltung und Konkurrenzfähigkeit der europäischen Wirtschaft durch fortschrittliche Technik, die des Zusammenwirkens im Rahmen des europäischen Binnenmarktes bedarf.
4) Soziale Marktwirtschaft in vierfacher Funktion
   - Vermehrung des Wohlstandes
   - als Freiheitsgarantie
   - als Antwort auf die ökologischen Anliegen des Umweltschutzes, der Erhaltung und Pflege der Landschaft und der Rohstoffe
   - zur Förderung der sozialen Gerechtigkeit.
5) Einsatz zur Lösung der großen gesellschaftlichen Probleme
   - Vor- und Fürsorge für die Alten, Kranken und Schlechtweggekommenen, also kein Abbau des Sozialstaates, abgesehen von Mißbräuchen und offensichtlichen Fehlentwicklungen.
   - Verminderung der Arbeitslosigkeit; Verhinderung der Spaltung der Gesellschaft in Arbeitsbesitzer und Arbeitslose im Zuge der weiteren Entwicklung der Technik.
   - Verbesserung der Arbeitsbedingungen und des Arbeitsklimas
   - Förderung von Mitwirkung und Mitbestimmung im öffentlichen Leben und in Verwaltung und Wirtschaft.
6) Ferner ist auf die Probleme hinzuweisen, die durch die rasante Entwicklung der Medien und Informationsträger für die Gesellschaft und den einzelnen mit Sicherheit entstehen werden.

Diese Liste ist umfangreich, aber sicherlich nicht vollständig, sie soll die Probleme umreißen, aber keine Lösungen aufzeigen.

**Die Rolle des Staates**

Wenn wir aufgrund einer Bestandsaufnahme uns über wünschenswerte und mögliche Lösungen unterhalten, so sollten wir die Rolle des Staates oder besser der Steuerungsmöglichkeiten im politischen Bereich nicht überschätzen. Der Handlungsspielraum ist begrenzt. Wir müssen von dem jeweiligen Stand der biologischen und geschichtlichen Entwicklung, von den gegebenen Strukturen ausgehen; viele Dinge entwickeln sich gewissermaßen naturwüchsig, sei es linear oder in Subsystemen unterhalb oder außerhalb des politischen Bereiches.

Man darf aber auch den Einfluß des Staates oder der staatsähnlichen internationalen oder supranationalen Institutionen nicht unterschätzen; durch die Gesetzgebung, die Gerichtsbarkeit, die Verwaltung und die politischen Entscheidungen beeinflussen sie den Gang der Entwicklung und können die Weichen für die Art und Weise der Problemlösung stellen oder auch die Dinge laufen lassen. Ich plädiere also in diesem Rahmen für einen voluntaristischen Ansatz, wobei ich die Frage, inwieweit die staatlichen oder staatsähnlichen Instanzen nur das Gehäuse für die Aktivitäten der Gesellschaft und der einzelnen errichten oder planend eingreifen sollten, ebenso wie ihre Rolle bei der Entwicklung von Wert- und Zielvorstellungen zunächst dahingestellt sein lasse.

## Die Instrumente

Welche Instrumente stehen uns zur Verfügung?

a) Weltweit die UNO und ihre Unterorganisationen, die Weltbank, der Weltwährungsfonds, das GATT und beschränkt auf die westliche Welt OECD
b) im europäischen Bereich: der Europarat, die Europäische Gemeinschaft mit ihrem auf Teilbereiche beschränkten Steuerungssystem und der verpflichtenden Koordinierung, die EPZ und seit einiger Zeit die mehr oder minder funktionierende Kooperation in weiteren Politikbereichen (z. B. Kultur, Forschung, Umwelt)
c) die nationalen Institutionen, die allgemein zuständig sind, soweit sie nicht de jure Befugnisse auf die EG übertragen haben oder de facto auf politische oder wirtschaftliche internationale Verflechtung Rücksicht nehmen müssen.

## Bilanz und Defizite

Eine vollständige Bestandsaufnahme würde eine Bilanz der Erfolge und Mißerfolge in Bezug auf die »Herausforderungen« (Zielvorstellungen) aufzustellen haben. Um nicht längst Bekanntes zu wiederholen und im Interesse der Herausarbeitung des für unsere Diskussion Wesentlichen, werde ich mich aber hauptsächlich mit den Defiziten befassen, und dabei natürlich mit Schwerpunkt die EG-Probleme behandeln.

1) Die Organisation der NATO hat bisher die Sicherheit Westeuropas gewährleistet und wird auch in Zukunft das geeignete Forum bleiben, um

die jeweils notwendig werdenden Entscheidungen zu treffen. Die Funktionsfähigkeit der NATO hängt entscheidend davon ab, ob es weiterhin gelingt, die Bündnispartner auf gemeinsame Ziele und Strategien zu verpflichten.

Die Bemühungen, den westeuropäischen Staaten in diesem System eine größere Eigenständigkeit zu geben, hatten bisher wenig Erfolg; sie würden wohl nur im Rahmen einer politischen Integration Fortschritte machen können.

Die Entscheidung über Ziele und Methoden der Friedens- und Entspannungspolitik liegt bei den Nationalstaaten; die Koordinierungsbemühungen im Kreise der Natostaaten sind wegen der unterschiedlichen Interessen der divergierenden Zielvorstellungen zwischen und innerhalb der Staaten äußerst mühselig und oft nur scheinbar erfolgreich. Ob in der EPZ auf diesen Gebieten größere Erfolge im Sinne einer dauerhaften gemeinsamen Politik erzielt werden können, ist zweifelhaft, da hier der Antrieb fehlt, der im wirtschaftlichen Bereich vom System des Gemeinsamen Marktes ausgeht.

Wenn man Friedens-, Sicherheits- und Entspannungspolitik als notwendige Teile einer Gesamtstrategie betrachtet, ist ein Defizit in dem Umfange festzustellen, als eine gemeinschaftliche Willensbildung nicht gewährleistet ist, die die Voraussetzung für eine gemeinsame Politik oder Strategie bilden könnte.

2) Soweit ich sehe, wird bei den Diskussionen über die zukünftige Entwicklung Europas allgemein vorausgesetzt, daß Freiheit, Rechtsstaat und Demokratie die Grundlage jeder möglichen europäischen Konstruktion sind.

In den Mitgliedstaaten sind diese Prinzipien in der einen oder anderen Form anerkannt und werden in der Praxis angewandt, wobei die Meinungen über den Grad der Verwirklichung auseinandergehen. In einigen westeuropäischen Staaten wurden im letzten Jahrzehnt Grundwerte, Verfahrensfragen und politische Zielvorstellungen, über die bis dahin weitgehende Übereinstimmung bestand, von aktiven Minderheiten in Frage gestellt; die getroffenen Entscheidungen werden nicht mehr klaglos hingenommen. Die Gefahren, die sich aus einem Konsensverlust für das System selbst ergeben, sollten nicht unterschätzt werden.

Die internationale Verflechtung mit ihren Vereinbarungen und Institutionen bringt es mit sich, daß die Stellung der Exekutiven gegenüber den Parlamenten verstärkt wurde, da diese häufig erst nachträglich eingeschaltet werden und gezwungen sind, die Vereinbarungen entweder unverändert hinzunehmen oder im ganzen abzulehnen, was aus innerpolitischen

Gründen meist nicht zweckmäßig erscheint; auch die Einwirkungsmöglichkeiten auf die verhandelnden Minister oder Beamten sind meist auf die Einhaltung der allgemeinen politischen Linie beschränkt. In der Europäischen Gemeinschaft besteht auch de jure ein Demokratiedefizit. In den Bereichen, in denen Entscheidungsbefugnisse auf die Europäische Gemeinschaft übertragen wurden, haben die nationalen Parlamente keine Entscheidungsbefugnisse mehr; das Europäische Parlament wirkt am Entscheidungsprozeß – abgesehen von Haushaltsfragen – nur beratend mit. Auf die Frage, ob dieses Problem nur im Zuge einer Föderalisierung des Integrationsprozesses oder partiell gelöst werden kann, wird noch zurückzukommen sein.

3) Das Weltwährungssystem wurde in den 70er Jahren erschüttert, funktioniert aber auch mit flexiblen Wechselkursen schlecht und recht; die Welthandelsordnung ist vielfach durchlöchert, blieb aber als Grundgesetz bestehen. Der Internationale Währungsfonds und die Institutionen des GATT sind geeignet und ausreichend, um vielfältige Probleme anzugeben und – sollten nicht allzu ungünstige politische und/oder wirtschaftliche Entwicklungen eintreten – den Regeln wieder Geltung zu verschaffen und notwendige Reformen durchzuführen.

Trotz anfänglich recht unterschiedlicher Vorstellungen über die wünschenswerte Wirtschaftsordnung konnte der Gemeinsame Markt mit Zollunion, den vier Freiheiten, einer gemeinsamen Agrarpolitik, einer gemeinsamen Handelspolitik, europäischen Vorschriften für den Wettbewerb, beginnender Rechtsangleichung und einer beschränkten Steuerharmonisierung so weit entwickelt werden, als es ohne gemeinsame Wirtschafts- und Währungspolitik (oder wenigstens eine adäquate Koordinierung der Wirtschaftspolitiken) möglich war. Ich gehe hier weder auf die großen Erfolge im gewerblichen Bereich, in der wirtschaftlichen Verflechtung, im Bereich der Rechtsangleichung, noch auf die Fehlschläge der Agrarpolitik ein, da Ihnen allen die Tatsachen wohlbekannt sind.

Die Entwicklung des Gemeinsamen Marktes zu einem europäischen Binnenmarkt ist notwendig zur Erhaltung des Lebensstandards und als Grundlage des fortschrittlichen Sozialsystems. Nur so kann auch die Konkurrenzfähigkeit der europäischen Wirtschaft gewährleistet werden, was angesichts der rasanten technischen Entwicklung gemeinsame Anstrengungen in der Forschung und technischen Anwendung neuer Erkenntnisse erfordert, die wirksam nur in einem institutionell abgesicherten europäischen Binnenmarkt gestaltet werden können.

Die diesbezüglichen Anstrengungen der Kommission, mit denen die

Vorschläge der 60er Jahre wieder aufgenommen werden, sind zu begrüßen; sie gehen in die richtige Richtung.
Sie werden nur teilweise Erfolge erzielen können, solange es nicht gelingt, über die Grundsätze, Ziele und Methoden einer gemeinsamen Wirtschafts- und Sozialpolitik Einvernehmen zu erzielen und dies im Koordinierungs- oder Vergemeinschaftungsprozeß zu realisieren. Hierfür einige Beispiele:
Die für die Abschaffung der Grenzen und Grenzkontrollen notwendige Steuerharmonisierung ist nicht wahrscheinlich ohne eine sehr weitgehende Übereinstimmung in den Zielen und Methoden der Wirtschaftspolitik.
Die nationale Wirtschafts- und Währungspolitik ist in erster Linie von den nationalen Strukturen und jeweiligen wirtschaftlichen Zielvorstellungen bestimmt und nur ergänzend und zögernd auf das Gemeinschaftsinteresse ausgerichtet, so daß die Koordinierung zwar unter glücklichen Umständen gelingen kann, aber stets Anfechtungen ausgesetzt und keine Dauerhaftigkeit gewährleistet ist. Diese ist aber Voraussetzung für die Entwicklung binnenmarktähnlicher Verhältnisse.
Die mit Recht geforderte Liberalisierung des Kapitalverkehrs wird unter diesen Umständen nur in begrenztem Umfange und stets gefährdet möglich sein.
Die Liberalisierung der Ausschreibungen der öffentlichen Hand ist ebenfalls nur zu erwarten, wenn gleichlaufend die anderen Voraussetzungen für einen echten unwiderruflichen Binnenmarkt geschaffen werden.
Diese Beispiele sollen genügen, um das Dilemma zu charakterisieren, in dem wir uns angesichts der Stagnation des politischen Prozesses auch in den mehr wirtschaftlichen Politikbereichen befinden.
Das Defizit hinsichtlich einer wirksamen Koordinierung oder Vergemeinschaftung der Wirtschaftspolitik wirkt sich auf alle anderen Politikbereiche aus. Dies gilt für die Energiepolitik, die Verkehrspolitik und nicht zuletzt die Forschungspolitik. Was hier unternommen werden konnte, ist dank der Initiativen der Kommission geschehen (Esprit, Race usw.). Es ist schwer zu sagen, ob die jetzt unternommenen Anstrengungen (z. B. Eureka) uns darüber hinaus wesentlich voranbringen werden; ich vermute auch hier einen engen Zusammenhang mit den Anstrengungen, zu einem wirklichen Binnenmarkt zu gelangen.
Fazit: der Gemeinsame Markt, so wie ihn die Romverträge konzipiert haben, war ein Erfolg, bei der weiteren Entwicklung überwiegen die Defizite.

4) Unterstellt man als Ziele der sozialen Marktwirtschaft oder – aus der Sicht der Linken – des »organisierten« Kapitalismus neben Vermehrung des Wohlstandes und der Freiheitsgarantie auch Schutz der Umwelt, Land-

schaftspflege, Schonung der Rohstoffe, soziale Gerechtigkeit und regionale Ausgewogenheit, so bedarf es neben der Errichtung des Ordnungsrahmens auch gezielter Staatseingriffe (Prozeßpolitik), die ihrerseits die Funktionsfähigkeit des Systems nicht beeinträchtigen dürfen. Diese sind im EG-System grundsätzlich in der Zuständigkeit der Nationalstaaten verblieben. Unterschiedliche Regeln und Eingriffe können den Gemeinsamen Markt gefährden, soweit sich daraus Wettbewerbsverfälschungen ergeben; es besteht aber auch die Gefahr, daß stark voneinander abweichende Zielvorstellungen und Methoden zu sehr eigenständigen sozio-ökonomischen Entwicklungen in den einzelnen Mitgliedstaaten führen, die das Zusammenwachsen zu einer Wirtschaftsgemeinschaft aufhalten oder erschweren. Die Gemeinschaft hat deshalb in der Umweltpolitik, der Regionalpolitik, der Sozialpolitik, der Steuerpolitik vielfache Versuche zur Harmonisierung der Regeln und zur Koordinierung der Politiken unternommen, die – wie Sie wissen – durchaus beachtliche Erfolge ergeben haben. Außerdem ist sicherlich manche Sonderentwicklung unterblieben, weil die Gemeinschaft tätig würde. Von einer erfolgreichen Koordinierung im Sinne der stufenweisen Entwicklung gemeinsamer Ziele und Methoden kann aber wohl kaum gesprochen werden.

Da es daran auch in den Mitgliedstaaten fehlt, beruht dieses Defizit allerdings nicht nur auf fehlender Integrationsbereitschaft, sondern auch auf einem allgemeinen Mangel an planender und vorausschauender Politik.

5) Wenn wir uns nun den Teilen der Gesellschaftspolitik zuwenden, die am stärksten die Lebenswelt des einzelnen betreffen, z. B. die Fürsorge und Vorsorge für Alte, Kranke, Behinderte usw., Verminderung der Arbeitslosigkeit, Verbesserung der Arbeitsbedingungen und Mitbestimmung und Mitwirkung im öffentlichen Leben, in Wirtschaft und Verwaltung, die direkt oder indirekt durch Regeln oder Entscheidungen der öffentlichen Hand beeinflußt werden, so war bisher die nationale Verantwortung noch eindeutiger als in den vorher behandelten Bereichen. Die Kommission hat einige Versuche unternommen, eine größere Kohärenz im Raume der Gemeinschaft zu erreichen und gemeinsame Aktionen möglich zu machen; ich erinnere an die sogenannten Dreierkonferenzen der Sozialpartner, der Regierungen und der Kommission, an die Bestrebungen zur gemeinsamen Regelung der Mitbestimmungsfragen, an die Anstrengungen zur Verbesserung der Berufsausbildung und die Verminderung der Arbeitslosigkeit. Es kann aber wohl nicht geleugnet werden, daß sich auch dieser Bereich als besonders resistent gegen die Einflüsse aus der Gemeinschaft oder gar gegen eine Vergemeinschaftung erwiesen hat. Die Gründe hierfür sind

vielfältig. Einmal dürften die Meinungen über Ziele und das Maß der notwendigen Eingriffe, über die wünschenswerten Lebensformen entsprechend der unterschiedlichen geschichtlichen Entwicklung und den unterschiedlichen wirtschaftlichen und gesellschaftlichen Strukturen ziemlich weit auseinandergehen. Zum anderen sind es gerade diese Anliegen, die sich weite Bevölkerungskreise und besonders die Jugend – neben der Friedensfrage und dem Ruf nach sozialer Gerechtigkeit – zu eigen gemacht haben. Adressat sind die nationalen Regierungen und Parlamente, zumal die Gemeinschaft in diesen Bereichen keine Entscheidungsbefugnisse besitzt und ihre Aktivitäten in der Öffentlichkeit kaum wahrgenommen werden. Die nationalen Regierungen müssen sich mit sehr unterschiedlichen Vorstellungen und vielerlei Bevölkerungsgruppen auseinandersetzen, wodurch die Koordination auf europäischer Ebene nicht gerade erleichtert wird.

So ist bei vielen der Eindruck entstanden, daß die Europäische Gemeinschaft eine vorwiegend wirtschaftliche Einrichtung ist und der Wachstumsideologie verfallen ist, daß sie hauptsächlich den Mächtigen dient, für die Anliegen der Bevölkerung aber nicht viel übrig hat, jedenfalls kaum in Erscheinung tritt.

6) Die Kommission hat durch ihre vielfältigen Initiativen und Anregungen in den Bereichen Forschung, Entwicklung der Medien und Informationsträger bewiesen, daß sie deren Bedeutung für die zukünftige Entwicklung der Gesellschaft und des Lebens des einzelnen sieht. Manches wurde in Gang gesetzt. Es muß abgewartet werden, ob sich daraus gemeinsame Vorstellungen über die Aufgaben der Gesetzgebung und Verwaltung und die Rolle der Gemeinschaft ergeben werden oder ob jeder Nationalstaat mehr oder minder isoliert vorgehen wird.

## Entwicklungsmöglichkeiten

Die Auflistung der Herausforderungen und die Konkretisierung (und Spezialisierung) der Defizite sollen es uns ermöglichen, über die Möglichkeiten nachzudenken, wie dem begegnet werden könnte. Dabei wird bewußt davon abgesehen, eine bestimmte Finalität des Integrationsprozesses zu unterstellen oder allgemeine Aussagen von der Form »Wir brauchen eine Europäische Union« oder »Europa muß mit einer Stimme sprechen« zu machen. Auch wird der fehlende »politische Wille« und die notwendige »geistige Wende« nicht bemüht.

**Föderative Lösungen**

Was die Fortsetzung des Integrationsprozesses anlangt, so wird nach wie vor z. B. von der Mehrheit des Europäischen Parlaments und der Europäischen Bewegung die Auffassung vertreten, daß die Erweiterung der Zuständigkeit der Gemeinschaft auf die für die Entstehung einer Europäischen Union bedeutsamen Politikbereiche, eine Demokratisierung und Verbesserung des Verfahrens, der Europäischen Gemeinschaft die Möglichkeit geben würde, den Herausforderungen der Zeit zu entsprechen; das würde die Wiederaufnahme des durch Präsident de Gaulle unterbrochenen föderativen Prozesses bedeuten. Auf die Frage, ob dies – auch im Falle der Realisierung – nicht eine allzu optimistische Annahme ist, werde ich später eingehen.

Wer einen Blick in meine Veröffentlichungen der letzten Jahre geworfen hat, weiß, daß ich dieses Konzept unter den gegenwärtigen Bedingungen und mit den zwölf Mitgliedstaaten für nicht realisierbar und langfristig nur unter bestimmten Voraussetzungen für durchführbar halte. Soweit ich sehe, ist diese Meinung durch den Ablauf der Verhandlungen im Regierungsausschuß wiederum bestätigt worden. Die Gründe sind häufig dargelegt, so daß ich mich auf Stichworte beschränken kann: Bewahrung der Souveränität des Nationalstaates, mangelnden Konsens über Wert- und Zielvorstellungen, Zweifel an der politischen Handlungs- und Entscheidungsfähigkeit der europäischen Institutionen und des Europäischen Parlaments, Gemeinschaftsentscheidungen in bedeutsamen oder gar lebenswichtigen Fragen zu legitimieren; deshalb auch skeptische oder zurückhaltende Haltung der maßgebenden Politiker und Beamten.

Soweit die mehr verstandesmäßigen Argumente. Nach zunächst hoffnungsvollen Ansätzen in den 50er und 60er Jahren hat sich eine pro-europäische Stimmung etwa im Sinne der Nationalstaatsbewegungen des 19. Jahrhunderts in Europa nicht entwickelt; der Nationalstaatsgedanke zeigte sich als virulenter, als es viele von uns nach den Ereignissen seit 1914 angenommen hatten, besonders da er in General de Gaulle einen als Volkshelden einflußreichen und angesehenen Interpreten gefunden hatte. Die Europäische Bewegung war weiterhin im föderalistischen Sinne tätig, verlor aber an Einfluß. Die Parteien übten sich in verbalen Beteuerungen, die außerdem im Europäischen Parlament anders klangen als zu Hause. Die sonstigen führenden Gruppen hielten sich zurück, wobei der Einsatz einzelner Persönlichkeiten sowohl im positiven wie im negativen Sinne nicht unterschätzt werden sollte. Es gab eine überwiegend wohlwollende Haltung zur weiteren Integration, die den Politikern ein Handeln ermöglicht hätte, aber als *eigenständiges* Antriebsmoment nicht ins Gewicht fiel.

Bedauerlich ist, daß selbst für die bereits supranational geregelten Bereiche der Europäischen Gemeinschaft es manchen Regierungen offenbar schwer fällt, das Mehrheitsprinzip anzuerkennen und die fehlende Demokratisierung nachzuholen. Hier sind die nationalen Parlamente bereits ausgeschaltet, so daß eine echte Mitwirkung des Europäischen Parlaments nur ein offenbares Demokratiedefizit beseitigen würde.
Soviel über die Tatsachen; ich möchte nun einige Erwägungen über die inneren Gründe dieser Entwicklung hinzufügen und dabei vorwiegend die Probleme der Entscheidungsfähigkeit der Institutionen und der demokratischen Legitimation behandeln.

**Entscheidungsfähigkeit**

Wenn wir heute feststellen, daß die widerstreitenden Interessen und Vorstellungen in der Kommission, im Ministerrat und im Europäischen Parlament aufeinanderstoßen und eine einheitliche Willensbildung so erschweren, so ist schwer auszumachen, warum die Gemeinschaftsorgane nach Übertragung der entsprechenden Zuständigkeiten eher in der Lage sein sollten, zeit- und sachgerechte Entscheidungen zu treffen. Die Mitglieder der verschiedenen Institutionen würden »ihre Probleme« aus nationaler Sicht mitbringen; der Entscheidungsprozeß würde äußerst schwierig und langfristig sein, zumal in einer föderalen Ordnung daran drei Instanzen: nämlich die Exekutive, die Ländervertretung und das Parlament mitzuwirken hätten. Das Argument, daß strittige Fragen durch Mehrheitsentscheidungen gelöst werden würden, überzeugt nicht, da in einer europäischen Föderation noch weniger als im Nationalstaat gegen die Meinung einer beträchtlichen Minderheit entschieden werden könnte. Es ist nicht anzunehmen, daß die Politiker der Bundesrepublik eine »europäische« Mehrheitsentscheidung, die die soziale Marktwirtschaft in Frage stellen würde, hinnehmen könnten. Schon über die Harmonisierung der Sätze der Mehrwertsteuer und der Verbrauchersteuern will der deutsche Finanzminister sich wegen der Auswirkungen auf das Steuersystem und den Haushalt die Entscheidung vorbehalten. Auch die Bemessung der Beiträge zum Gemeinschaftshaushalt und die Grundsatzentscheidungen zu der so notwendigen Reform der Gemeinsamen Agrarpolitik dürfte ohne ausdrückliche Zustimmung der Hauptbeteiligten nicht möglich sein.
Frankreich und Italien würden sicherlich eine Wirtschafts- und Währungspolitik der Gemeinschaft, die Teile der Wirtschaft in Schwierigkeiten bringt und die Zahl der Arbeitslosen erhöht, nicht hinnehmen können.
Die Wirtschafts- und Finanzpolitik beeinflußt in entscheidender Weise die

Möglichkeiten und Grenzen der Sozialpolitik, so daß auch aus diesem Grunde nicht gegen die Meinungen der bisher Verantwortlichen entschieden werden kann, wenn dadurch wichtige Errungenschaften in Frage gestellt werden; dem würden sich vor allem die Sozialpartner, insbesondere die Gewerkschaften widersetzen.
Vermerkt sei schließlich, daß auch die Vorstellungen über die Bedeutung des Umweltschutzes, die Pflege der Landschaft, über die richtige Energiepolitik und Verkehrspolitik innerhalb der Gemeinschaft erheblich differieren.
Diese Bemerkungen beziehen sich auch auf die Gründungsmitglieder; es dürfte wohl nicht strittig sein, daß ihr Gewicht zunimmt, wenn wir Großbritannien, Dänemark, Griechenland, Spanien und Portugal in die Betrachtung einbeziehen.

**Legitimation**

Noch wesentlicher für die Frage, inwieweit eine Föderalisierung des Integrationsprozesses möglich ist, scheint mir zu sein, ob mit der Akzeptanz der Entscheidungen der Gemeinschaftsorgane, wenn sie lebenswichtige Fragen betreffen und den Interessen und Meinungen der überstimmten Minderheit widersprechen, gerechnet werden könnte.
Dazu ist vielleicht nicht überflüssig, sich zu erinnern, warum im Nationalstaat die Entscheidungen der Institutionen auch von der Minderheit anerkannt oder hingenommen und befolgt werden. Die gemeinsame Sprache, gemeinsam erlebte Geschichte – besonders die im Kampf gegen feindliche Mächte stark empfundene Gemeinsamkeit – gemeinsame oder jedenfalls nicht sehr unterschiedliche Gebräuche, Sitten und Lebensformen, gemeinsames Recht, vergleichbare Formen in Justiz und Verwaltung.
Übereinstimmung über den Kodex traditioneller Werte, die religiös oder später naturrechtlich begründet wurden, wobei die Bedeutung dieses Faktors in den letzten Jahrzehnten mit dem fortschreitenden Pluralismus zurückgegangen ist.
Die Integrationskraft dieser naturwüchsigen und gefühlsmäßigen Elemente wirkte sich zugunsten der Nationalstaaten erst dann voll aus, als diese die freiheitlichen Ideen der französischen Revolution und der amerikanischen Unabhängigkeitsbewegung, Rechtsstaat, Rechtssicherheit, Meinungsfreiheit, Koalitionsfreiheit, Demokratie in sich aufgenommen hatten. Seither beruht die Legitimation des Nationalstaates auf drei Pfeilern:

- Legitimation durch demokratisches Verfahren
- Legitimation durch Erfolg und Erfolgserlebnisse

– Legitimation durch Konsens über Grundwerte und das Verfassungssystem.

Soweit ich sehe, müssen wir auch im nationalistischen Bereich damit rechnen, daß die Meinungen über Werte und Ziele auseinandergehen, so daß die Legitimierung durch mehr oder minder selbstverständlichen Konsens schwächer geworden ist. Die Vermittlung von Erfolgserlebnissen wird also eine zunehmende Bedeutung gewinnen, was allerdings voraussetzt, daß im politischen Prozeß eine Einigung über vordringliche Aufgaben erzielt werden kann.

Wir untersuchen nun unter diesen Gesichtspunkten die Legitimationsgrundlagen des gegenwärtigen Integrationssystems (EWG und EPZ) und der angestrebten Föderation. Zweifellos würde das verfahrensmäßige Demokratiedefizit in einer Föderation durch Mitentscheidung des Europäischen Parlaments ausgeräumt werden.

Zwar hat das gegenwärtige Integrationssystem beachtliche Erfolge zu verzeichnen, die Erfolgserlebnisse der führenden Gruppen und der Bevölkerung sind allerdings aus den Ihnen bekannten Gründen gering und im Schwinden begriffen. Eine Föderation würde sich erst nach einer längeren Anlaufperiode durch Erfolge legitimieren können.

Da wir uns auf eine allgemeine, gefühlsmäßig virulente Europabewegung z. Zt. nicht stützen können, bleibt also die Frage, ob die Übereinstimung über Wert- und Zielvorstellungen ausreichend ist, um eine Gemeinschaftsverfassung mit weitgehenden Befugnissen zu tragen. Dies kann wohl für die Grundwerte und Verfahrensfragen der Verfassungen und die Menschenrechte bejaht werden. Was die Wirtschafts-, Gesellschafts- und Sozialordnung anlangt, sind bereits erhebliche Zweifel angebracht, was immer wieder auch im gegenwärtigen Integrationssystem in unterschiedlichen Meinungen, Zielen und Methoden der Wirtschafts- und Währungspolitik, der Umweltpolitik, der Forschungspolitik usw. dokumentiert wird. Das gleiche gilt für den sozialen Bereich.

Noch zu wenig in Betracht gezogen wurden die Lebensformen und die Ziele und Werte, die für die Lebenswelt des einzelnen und seine Beziehungen zur Gesellschaft relevant sind. Ich vermute, daß hier sehr erhebliche Unterschiede zwischen den Regionen bestehen. Die Auswirkungen auf den Integrationsprozeß sind m. E. von erheblicher Bedeutung; eine nähere Untersuchung wäre angebracht.

Die Vorstellung, daß die Diskussion über Entscheidungsfähigkeit und Legitimierung föderativ organisierter Gemeinschaftsorgane zurückgestellt werden könne, daß es vielmehr zunächst auf die Schaffung einer demokratischen Gemeinschaftsverfassung ankomme, deren Organe dann die notwendigen Entscheidungen zu treffen hätten, ist also wirklichkeitsfremd und fördert den

Integrationsprozeß nicht. Der Entwurf des Europäischen Parlaments hat aber das außerordentliche Verdienst die Beteiligten zu zwingen, sich anstelle verbaler Beteuerungen mit den realen Möglichkeiten und Grenzen der Integration erneut zu befassen.

## Ausbau des gegenwärtigen Integrationssystems

Welche Schlußfolgerungen ergeben sich nun aus dieser Bestandsaufnahme? Wir stehen vor dem Dilemma, daß vielen Herausforderungen unserer Zeit nur begegnet werden kann, wenn die Lösungen der europäischen Dimension Rechnung tragen, wobei Aktionen der öffentlichen Hand eine beachtliche Rolle spielen, daß aber die bisherigen Erfolge der Koordinierung der nationalen Politiken oder der Kooperation nicht ausgereicht haben, eine Vergemeinschaftung im föderativen Sinne in absehbarer Zeit nicht zu erwarten ist.

Grundsätzlich scheint mir das System der Rom-Verträge nach wie vor geeignet zu sein, uns weiterzubringen, wobei eine zunehmende Demokratisierung des Verfahrens anzustreben wäre.

Im System der Rom-Verträge sind diejenigen Entscheidungen, bei denen es sich um Auslegung von bestehenden Regeln handelt und die keinen Aufschub dulden, den supranationalen Organen (der Kommission unter Kontrolle des Gerichtshofes) übertragen.

Bei Entscheidungen, die ebenfalls das Funktionieren des Gemeinsamen Marktes betreffen, aber gleichzeitig Bereiche der nationalen Prozeßpolitik erheblich berühren, entscheidet der Ministerrat auf Vorschlag der Kommission mit Mehrheit.

Soweit darüber hinaus Koordinierung oder Kooperation angestrebt wird, entscheidet der Rat oder die Mitgliedstaaten einstimmig, wobei die Kommission eine bedeutsame Rolle als Vertreterin der Gemeinschaftsinteressen spricht.

Die Zuordnung der Materien zu den beschriebenen Verfahrensarten sollte den Fortschritten des Integrationsprozesses angepaßt werden, was bisher nur in beschränktem Umfange der Fall war; es gab vielmehr mit dem Luxemburger Protokoll einen schmerzhaften Rückschritt.

Soweit ich sehe, entspricht die Aufteilung der Zuständigkeiten etwa der Wirklichkeit, d. h. der Verteilung der politischen Kräfte, wobei im supranationalen Bereich die Einschaltung des Europäischen Parlaments in das Gesetzgebungsverfahren und die Bestellung der Mitglieder der Kommission zur Beseitigung des Demokratiedefizits erforderlich ist. Dann ließe sich auch eher

über die Ausdehnung des Mehrheitsprinzips, wie sie jetzt von der Kommission vorgeschlagen wurde, reden.
Dringend reformbedürftig ist Zielsetzung und Praxis des Koordinierungsverfahrens und der Methoden der Kooperativa. Dazu einige Gedanken; später werde ich dann über die Realisierbarkeit sprechen.
Bisher wurde im Koordinierungsverfahren deshalb häufig das Ziel einer größeren Gemeinsamkeit verfehlt, weil es einerseits als intergouvernemental deklamiert wurde, andererseits für die Regierungen weniger die Gemeinschaftsaufgabe als vielmehr die Vertretung nationaler Interessen im Vordergrund stand. Hier ist ein erheblicher Wandel im Gange. Die Kommission hat ihren Status als legitimierter Vertreter des Gemeinschaftsinteresses unter der Präsidentschaft von Thorn und Delors wiedergewonnen. Die Erkenntnis, daß der Gemeinsame Markt nur erhalten werden kann, wenn die Koordinierung in vielen Politikbereichen gelingt, wächst.
Hierzu einige Vorschläge:
Das Koordinierungsverfahren muß verbessert und beschleunigt werden. Hierzu ist ein organisiertes Zusammenspiel zwischen Kommission und den Regierungen erforderlich, was eine innerstaatliche Organisation voraussetzt, die eine einheitliche und gemeinschaftsfreundliche Haltung in Brüssel gewährleistet.
Koordinierungserfolge sollten behutsam institutionalisiert und damit auf Dauer gestellt werden, ohne damit die nationale Zuständigkeit von vornherein auszuschalten.

**Beispiele:**

a) das europäische Währungssystem; die neuen Vorschläge des Kommissionspräsidenten Delors scheinen mir in die gute Richtung zu gehen
b) der Regionalfonds
c) die Praxis der gemeinsamen Handelspolitik
d) die Verwaltungsausschüsse

Zu prüfen wäre auch, inwieweit bei Vereinheitlichung von Regeln gemeinsame Mittelbehörden zur Überwachung und Kontrolle nützlich und integrationsfördernd sein könnten.
In diesem Kontext gewinnt die Angleichung der Rechts- und Verwaltungsvorschriften und der Normen eine über die Beseitigung von Wettbewerbsverfälschungen und Behinderungen des Freiverkehrs hinausgehende integrationspolitische Bedeutung. Größere Einheitlichkeit der Rechtssysteme würde den wirtschaftlichen und politischen Integrationsprozeß fördern.
In den letzten Jahren spielte das Europa der »zwei Geschwindigkeiten« oder das

Konzept der abgestuften Integration eine erhebliche Rolle in der Diskussion. Wir sind 15 Jahre den Weg der Erweiterung gegangen, die Vertiefung des Integrationsprozesses im Sinne föderativer Vorstellungen konnte nicht weiter verfolgt werden; es entstand das gegenwärtige Integrationssystem. Abgesehen davon, daß ich nicht glaube, daß die Gründerstaaten in absehbarer Zeit zur Übertragung weiterer Souveränitätsrechte auf die Gemeinschaft bereit wären, gilt es – in Anerkennung der geschichtlichen Entwicklung – den politischen Zusammenhalt der zwölf Mitgliedstaaten zu wahren, d. h. die Vorschriften der Rom-Verträge und des Folgerechtes – nach einer angemessenen Übergangszeit – im Gebiete der Gemeinschaft voll anzuwenden; das sollte jedoch nicht ausschließen, daß einzelne Mitgliedstaaten auf dem Gebiete der Rechtsangleichung, der Beseitigung der Grenzen und Grenzkontrollen, der Koordinierung der Wirtschafts- und Währungspolitik schneller vorangehen, z. B. im Wege der freiwilligen Vereinbarung untereinander. Allen Mitgliedstaaten sollte es jetzt freistehen, sich dem anzuschließen, so daß später eine gemeinschaftsrechtliche Konsolidierung möglich wäre. Wie die Erfahrung lehrt, kann ein solches Vorangehen dem Integrationsprozeß insgesamt Impulse verleihen.
Andererseits scheint es mir für den Erfolg aller Koordinierungsbemühungen wichtig zu sein, daß sie im Rahmen der Europäischen Gemeinschaft stattfinden und von den Gemeinschaftsinstitutionen getragen werden, weil sonst der Antrieb durch den marktbezogenen Integrationsprozeß fehlen würde oder dieser sogar durch neue Subsysteme behindert werden könnte. Dies schließt nicht aus, daß sich auch dritte Staaten an bestimmten Vorhaben beteiligen.

## Chancen der Verwirklichung

Auf den Einwand, daß schon häufig ohne durchschlagenden Erfolg versucht wurde, das Koordinierungsverfahren wirksamer zu gestalten, möchte ich mit einer Feststellung und einer Forderung antworten.
Wie schon erwähnt, haben die maßgebenden Politiker in viel höherem Maße, als dies vor 10 Jahren noch der Fall war, die Bedeutung der Europäischen Gemeinschaft für die Verwirklichung der politischen Ziele erkannt. An die Stelle unfruchtbarer Kritik über einzelne Fehlentwicklungen ist die Bereitschaft getreten, auf Grund einer nüchternen Bestandsaufnahme die Zusammenarbeit fortzusetzen und, wo dies zur Erreichung bestimmter Ziele notwendig ist, eine gemeinsame Politik anzustreben. Dabei werden z. Zt. nicht realisierbare Projekte zurückgestellt werden müssen, sie haben häufig die Erwartungen der Bevölkerung enttäuscht, was sich negativ auf die Integra-

tionsbereitschaft auswirkte, oder diejenigen Politiker zur Zurückhaltung veranlaßt hat, die den Integrationsprozeß nicht überstürzen wollen.

Was hier vorgeschlagen wurde, ist eine wahrscheinlich länger dauernde Übergangslösung; Aussagen über die Finalität des Integrationsprozesses sind m. E. z. Zt. nicht möglich.

Langfristig gesehen wird es darauf ankommen, eine größere Übereinstimmung über die Ziele und Methoden der Integration herbeizuführen; das bedeutet in meinem heutigen Kontext, Klarheit zu gewinnen: über die konkreten Ziele, die man politisch, wirtschaftlich und in der Gesellschafts- und Sozialpolitik erreichen will und inwieweit dazu eine Verstärkung demokratisch legitimierter Gemeinschaftsinstitutionen und eine Vergemeinschaftung weiterer Politikbereiche notwendig ist.

Dazu würden Fortschritte des gegenwärtigen Integrationssystems beitragen. Ich glaube aber auch, daß es notwendig ist, die europäische Debatte über Ziele und Methoden der Europa-Politik neu zu beleben – im Europäischen Parlament, durch Förderung des zwischenstaatlichen Meinungsaustausches und Verbreitung durch Diskussionen und die Medien in den einzelnen Mitgliedstaaten. Wir müssen der Bevölkerung und der Jugend klar machen, wie wir mit den Herausforderungen der Zeit fertig werden wollen und warum dazu die Europäische Gemeinschaft und gemeinsame europäische Politik notwendig sind. Dabei sollten wir nicht nur von Technik und Wirtschaft reden, sondern die gesellschaftspolitischen Fragen und die kulturelle Dimension einbeziehen.

Beachtlich sind die Bestrebungen, die Eigenständigkeit der europäischen Kultur zu bewahren, was natürlich nicht zu Enge und Abschließung gegenüber außereuropäischen Einflüssen führen darf. Ich sehe die europäische Aufgabe darin, die Freiheitsgarantie in politischer und wirtschaftlicher Hinsicht mit sozialer Gerechtigkeit und Fürsorge, mit Umweltschutz und Verbesserung der Lebensqualität für alle Bürger zu verbinden.

Daraus ergibt sich eine klare Ablehnung aller totalitären Systeme, aber auch eine gewisse Abgrenzung gegenüber dem amerikanischen »way of life«, was die Freundschaft mit den Amerikanern keineswegs beeinträchtigen würde.

> »Leicht bei einander wohnen die Gedanken, doch hart im Raume stoßen sich die Sachen.«

Das werden wir merken, wenn wir daran gehen, ein Europaprogramm zu entwerfen, das die Ihnen vorgetragenen Gedanken aufnimmt und konkretisiert. Die Vorschläge der Kommission scheinen mir dazu sehr geeignet zu sein.

# III. Zur Wirtschaftsordnung der Gemeinschaft

# 1. Wettbewerbsordnung im Spannungsfeld von Wirtschafts- und Rechtswissenschaft

Der EWG-Vertrag schreibt einen supranationalen Ordnungsrahmen mit entscheidungsfähigen Kontrollinstanzen zur Wahrung einer marktwirtschaftlichen Wettbewerbsordnung vor. Doch das System ist unvollkommen und ständig gefährdet, weil die Eingriffspolitik mit der Ausnahme der Landwirtschafts- und Handelspolitik grundsätzlich in nationaler Verantwortung geblieben ist. Nach sorgfältiger Analyse der einzelnen Bereiche – unter anderem der Wettbewerbspolitik, der Währungspolitik, der Struktur- und Regionalpolitik, der Einkommens- und Vermögenspolitik, des Umweltschutzes und der Agrarpolitik – kommt von der Groeben zu dem Schluß, daß zur Abwehrung der drohenden Gefahr vor allem die im EWG-Vertrag angelegten Möglichkeiten der Koordinierung und der Harmonisierung nationaler Politiken ausgeschöpft werden sollten. Neue Zuständigkeiten der Gemeinschaft möchte er auf den Bereich der europäischen Wettbewerbspolitik (Fusionskontrolle und Entflechtung) begrenzt wissen. Darüber hinausgehende Forderungen würden angesichts der ungünstigen Rahmenbedingungen das System eher überfordern und damit, so muß man schließen, mehr schwächen als stärken.

*Quelle:* Hans von der Groeben, EG-Wettbewerbsregeln und Wettbewerbspolitik als Instrumente der europäischen Integration, in: Forschungsinstitut für Wirtschaftsverfassung und Wettbewerb e. V. (Hg.), Wettbewerbsordnung im Spannungsfeld von Wirtschafts- und Rechtswissenschaft. Festschrift für Gunther Hartmann, Köln, S. 105 – 122.

## I. Grundlagen des Gemeinsamen Marktes

Wettbewerbsregeln und Wettbewerbspolitik bilden zusammen mit dem freien Verkehr der Produktionsfaktoren und Waren die Grundlage des Gemeinsamen Marktes und damit einer marktwirtschaftlichen Ordnung in der Europäischen Gemeinschaft.[1] Die Vorschriften des Vertrages über den Freiverkehr und die Wettbewerbsregeln sehen einen für alle Bürger der Gemeinschaft verbindlichen gesetzlichen Rahmen vor, in dem sich die Koordination einzelwirtschaftlicher Planungen über die Märkte vollzieht, Angebot und Nachfrage die Preise bestimmt und die Freiheit der Berufsausübung und der freie Zugang zu den Märkten grundsätzlich gewährleistet ist. Wird also durch diese *ordnungspolitischen* Vorschriften eine wirksame Organisation wirtschaftlicher Abläufe im Sinne eines optimalen Einsatzes der Produktionsfaktoren angestrebt, so ist es abgesehen von der Erhaltung der Funktionsfähigkeit von Freiverkehr und Wettbewerb Aufgabe der Gemeinschaft oder der Mitgliedstaaten, durch *prozeßpolitische* Maßnahmen die Verteilungs-, Struktur-, Regional- und Sozialprobleme zu lösen.

Entspricht nun die Wirklichkeit dieser ursprünglichen Konzeption des Gemeinsamen Marktes, die der Wettbewerbspolitik der Kommission der Europäischen Gemeinschaft zugrunde liegt? In der Bundesrepublik Deutschland und in einigen weiteren Ländern der Gemeinschaft wird der Wettbewerb als Instrument zur Organisation der Produktion und Verteilung von Gütern und Dienstleistungen über alle Parteien und Gruppen hinweg anerkannt; in anderen Ländern bestreitet man nicht, daß das System in der Praxis hinreichend funktioniert. Dagegen gehen die Meinungen darüber, auf welchen Gebieten, in welchem Maße und mit welchen Mitteln eingegriffen werden muß, um die Rahmenbedingungen des marktwirtschaftlichen Systems zu verändern oder die Ergebnisse der marktwirtschaftlichen Prozesse zu korrigieren, innerhalb der Mitgliedstaaten und zwischen den Mitgliedstaaten noch weit auseinander. Es kommt hinzu, daß die primäre Zuständigkeit für diese prozeßpolitischen Maßnahmen nach den Bestimmungen des Rom-Vertrages – abgesehen von der Landwirtschaftspolitik und der Verkehrspolitik – bei den Mitgliedstaaten verblieben ist.[2]

1 Vgl. hierzu *von der Groeben/Mestmäcker,* Verfassung und Technokratie für Europa, 1974 (FAT 6013) S. 15 ff. und S. 48 ff., ferner *von der Groeben,* Europa. Plan und Wirklichkeit, 1967, S. 177 ff. und S. 193 ff.

2 Vgl. hierzu Ordnungspolitik oder Verteilungskampf, Protokoll Nr. 52 des Bergedorfer Gesprächskreises 1975, insbes. *Kurt Biedenkopf,* S. 6 ff.

## II. Die Wettbewerbspolitik der Gemeinschaft

Die Einführung und Durchsetzung der Wettbewerbsregeln im Gemeinsamen Markt stellt eine im Vergleich zur nationalen Wettbewerbspolitik viel schwierigere und vielfältigere Aufgabe dar, da die nationalen Vorschriften, die die Wettbewerbslage der Unternehmen beeinflussen, recht verschieden sind.

Die Aufgabe der Wettbewerbspolitik im Gemeinsamen Markt bestand also nicht nur darin, Wettbewerbsbeschränkungen oder Verfälschungen durch Absprachen zwischen Unternehmungen oder durch mißbräuchliche Ausübung wirtschaftlicher Macht auszuschließen, sondern auch diejenigen Wettbewerbsverfälschungen zu beseitigen oder zumindest einzugrenzen, die sich aus den Unterschieden der Rechts- oder Verwaltungsvorschriften der nationalen Mitgliedstaaten oder aus einer unterschiedlichen Beihilfe- und Steuerpolitik ergeben. Es galt ferner, gegen Wettbewerbsverzerrungen vorzugehen, die durch staatliche Monopole oder Marktordnungen im Verhältnis zu Anbietern oder Nachfragern aus anderen Mitgliedstaaten entstehen können. Auf allen diesen Gebieten wurden entscheidende Fortschritte erzielt, wenn auch die angestrebten »binnenmarktähnlichen« Verhältnisse innerhalb des Gemeinsamen Marktes noch nicht erreicht wurden. Abgesehen von der ungeklärten Währungsfrage bestehen auch heute noch erhebliche Beschränkungen des freien Kapitalverkehrs, sind Steuergrenzen vorhanden, wurden nationale Monopole und Marktordnungen aufrechterhalten und muß eine zunehmende Einschränkung des Wettbewerbs durch Bildung wirtschaftlicher Macht befürchtet werden. Immerhin hat bisher der Freiverkehr innerhalb des Gemeinsamen Marktes funktioniert; die europäische Wettbewerbsordnung hat dafür gesorgt, daß die Unternehmen unter einigermaßen gleichen Bedingungen konkurrieren. Der Zugang zu den Märkten ist offen, wenn es auch auf einigen durch mächtige Unternehmen beherrschten Märkten immer schwieriger wird, ohne deren Hilfe als Neubewerber aufzutreten. Es sollte also bei allem Krisengerede nicht vergessen werden, was die europäische Integration geleistet hat und was auf dem Spiele steht.[3]

3 Vgl. *von der Groeben,* a.a.O., S. 177 ff. und 193 ff. sowie die Berichte über die Wettbewerbspolitik der Gemeinschaft (5. Bericht April 1976).

## III. Die Politik der gestaltenden Eingriffe (Prozeßpolitik)

Auch der Vertrag von Rom geht davon aus, daß die Herstellung eines gesetzlichen Ordnungsrahmens für Freiverkehr und fairen Wettbewerb und die entsprechenden Kontrollen nicht ausreichen, um Wohlstandsförderung, regional ausgeglichene wirtschaftliche Entwicklung, soziale Gerechtigkeit sicherzustellen und Fürsorge und Vorsorge zu gewährleisten. Die Vergemeinschaftung dieser nationalen Politiken war z. Zt. des Vertragsabschlusses im Jahre 1957 nicht möglich, die politischen Voraussetzungen hierfür waren nicht gegeben. Bei den Beratungen über die Europäische Verteidigungsgemeinschaft und die Pläne für eine politische Union (Brentano-Entwurf) hatte sich eindeutig gezeigt, daß die Versuche, die europäische Integration durch Schaffung europäischer Institutionen voranzutreiben, wenig erfolgreich waren. Auch gingen die Meinungen über das beste Wirtschaftssystem und die zu ergreifenden wirtschaftlichen Maßnahmen auseinander. Frankreich und Italien versprachen sich mehr von der staatlichen Planung und der direkten Beeinflussung der Wirtschaft als die Bundesrepublik, deren Wirtschaftspolitik darauf ausgerichtet war, die Kräfte des Marktes wirken zu lassen und Staatseingriffe möglichst einzuschränken. So blieb nur der mühevolle und langwierige Weg der funktionalen Integration, d. h. europäische Regeln und europäische Politik auf *den* Gebieten zu entwickeln, wo bereits genügende Übereinstimmung besteht, und die erreichten Fortschritte durch Institutionen und Normen zu konsolidieren und dauerhaft zu gestalten.

Dementsprechend einigte man sich bei der Abfassung des Rom-Vertrages darüber, daß eine *gemeinsame* Landwirtschaftspolitik notwendig und daß eine gemeinsame Verkehrspolitik wünschenswert wäre. Hinsichtlich der allgemeinen Wirtschaftspolitik wurde aber nur eine *Koordinierung* der nationalen Politiken insoweit vorgesehen, als dies zur Erreichung der Ziele des Vertrages, nämlich der Hebung des Wohlstandes und des Lebensstandards und einer ausgeglichenen regionalen Entwicklung, notwendig sein würde. Dabei ging man davon aus, daß auf der Basis des Weltwährungssystems von Bretton Woods dann ein ordnungsmäßiges Funktionieren des Gemeinsamen Marktes möglich sein würde, wenn sich die Mitgliedstaaten an die in Art. 104 des Vertrages aufgeführten Grundsätze: Wahrung eines hohen Beschäftigungsstandes, eines stabilen Preisniveaus und des Gleichgewichtes der nationalen Gesamtzahlungsbilanz (magisches Dreieck) halten würden.

## IV. Integrationserfahrungen

Nach Verwirklichung der ersten Ziele des Rom-Vertrages (Freiverkehr, Wettbewerbsordnung, Landwirtschaftspolitik) setzte sich immer mehr die Auffassung durch, daß sowohl zur Erhaltung des Gemeinsamen Marktes als auch zur Fortentwicklung der Integration in Richtung auf eine wirtschaftliche oder gar politische Union eine *Koordinierung* oder *Harmonisierung* nationaler Politiken nicht ausreichen würde, daß vielmehr auf vielen Gebieten der Außen-, Wirtschafts- und Gesellschaftspolitik eine *gemeinsame* Politik notwendig sei, was immer man darunter auch verstehen mag. Die Motive waren sicherlich recht unterschiedlich, ebenso die Ziele und die vorgeschlagenen Methoden. Die Kommission der Europäischen Wirtschaftsgemeinschaft war der Motor einer dynamischen Entwicklung auf der Grundlage der politischen Zielsetzungen und der entsprechenden Bestimmungen des Vertrages (z. B. Mehrheitsvotum des Rates, Direktwahl des Parlaments, Art. 235). Vom wirtschaftlichen Standpunkt wurde und wird die Auffassung vertreten, daß ohne eine Wirtschafts- und Währungsunion auch der Gemeinsame Markt nicht erhalten werden kann. Ferner wurde es immer mehr Mode, »Europa« für die Erfüllung von Aufgaben verantwortlich zu machen, die man für dringlich hält und die die Nationalstaaten nicht in Angriff nehmen oder unzureichend bewältigen, ohne sich den Kopf zu zerbrechen, worauf die Brüsseler Institutionen eigentlich zugeschnitten sind und was sie dementsprechend leisten können oder nicht leisten können.

Nachdem mit dem Luxemburger Protokoll 1966 die politische Konzeption der Kommission der EWG am Widerstand Frankreichs vorerst scheiterte, wurden die Versuche verstärkt, durch Koordinierung nationaler Politiken zu einer größeren Übereinstimmung, ja zu einer gemeinsamen Politik zu gelangen. Dies ist im wesentlichen mißlungen. Unterschiedliche Interessen, mangelnde Übereinstimmungen in den politischen und wirtschaftlichen Zielsetzungen, der Streit über die Integrationsmethoden waren die Ursache, daß eine gemeinsame Haltung nicht zustande kam. Von einer gemeinsamen Politik auf längere Sicht konnte erst recht keine Rede sein. Es wäre nun zu vordergründig anzunehmen, daß dies Scheitern lediglich auf mangelndem politischen Willen oder veralteten Vorstellungen über die nationale Souveränität beruht. Die Vielfalt der Zielvorstellungen und die Methodendiskussion haben tieferliegende Gründe.

- Nach wie vor werden in den Ländern der Gemeinschaft die Möglichkeiten der nationalen Einflußnahme auf das Weltgeschehen und damit die Wichtigkeit nationaler Souveränität unterschiedlich beurteilt.
- In den Mitgliedstaaten gibt es sehr unterschiedliche strukturelle und

wirtschaftliche Probleme, die eine Koordinierung der Wirtschaftspolitik und eine gemeinsame Politik erschweren.

- Solange die Gemeinschaft nicht demokratisch legitimiert ist, zögern manche Mitgliedstaaten, ihr neue Zugeständnisse zu übertragen, und sind geneigt, die Befugnisse der Gemeinschaft restriktiv auszulegen. Außerdem bestehen Zweifel, ob Gemeinschaftsorgane ohne längere Übergangszeit, in der sie Legitimation für die Ausübung von Herrschaft gewinnen könnten, in der Lage wären, vermehrte Aufgaben zu erfüllen.
- In dieser Lage hat sich auch das institutionelle System des Rom-Vertrages als nicht zureichend erwiesen, um den Integrationsprozeß zu fördern und Konflikte zu lösen.

Gelang es schon unter den günstigen Bedingungen der Anfangsperiode des Gemeinsamen Marktes nicht, zu einer gemeinsamen Politik zu gelangen, so wurde dies vollends unmöglich, nachdem sich während der letzten 10 Jahre die Verhältnisse in der Welt erheblich verändert haben. Das Weltwährungssystem von Bretton Woods brach zusammen. Die Welthandelsordnung ist durch Restriktionen und Protektionismus bedroht. Die Weltinflation hat die Wirtschafts- und Gesellschaftsordnung der westlichen Welt erschüttert. Das atomare Gleichgewicht, die Entspannungspolitik und der Vietnamkrieg haben die Rolle der Vereinigten Staaten verändert; dies ist nicht ohne Einfluß auf das Verhältnis zwischen Europa und Amerika geblieben. Forderungen der Dritten Welt beeinflussen mehr als in früheren Jahren unmittelbar das Verhalten der entwickelten Länder der westlichen Welt. Neue Probleme halten die Regierungen und die Bevölkerungen unserer Länder in Atem: die drohende Bevölkerungsexplosion, die Erhaltung unserer natürlichen Umwelt, die Sicherung der Rohstoffe und die Energieversorgung. Auch über die Lösung dieser Probleme gehen die Meinungen innerhalb der Europäischen Gemeinschaft auseinander, sind die Interessen unterschiedlich gelagert, so daß es bisher nur in wenigen Fällen zu einer gemeinsamen Politik kam, ja sogar Zweifel geäußert werden, ob die Europäische Gemeinschaft hierfür das geeignete Forum ist.

So scheiterten auch die Pläne für eine Wirtschafts- und Währungsunion oder wurden jedenfalls vertagt. Auch der Tindemans-Bericht schlägt letzten Endes nichts anderes vor als eine Verstärkung der Bemühungen des Europäischen Rates, zu einer gemeinsamen Außen-, Wirtschafts- und Gesellschaftspolitik zu gelangen. So notwendig die Zusammenarbeit der nationalen Mitgliedstaaten in diesem Gremium ist, um Krisen zu vermeiden und zu meistern, so wenig wahrscheinlich ist es, daß es den neun Regierungschefs gelingen wird, über die unterschiedlichen Strukturen und Interessen hinaus zu einer dauerhaften gemeinsamen Politik zu gelangen. Auch sie werden dem nationalen politischen Kräftefeld verhaftet bleiben und in diesem Rahmen nur einen geringen

Spielraum haben, das Gemeinschaftsinteresse zu definieren und durchzusetzen. Warum sollte dies besser gelingen als in den letzten 10 Jahren, nachdem sich die Unterschiede zwischen den Mitgliedstaaten nicht vermindert, sondern eher verstärkt haben?

## V. Eine europäische Verfassung?

Es müßte also ein anderer Weg eingeschlagen werden, wenn man an dem Ziel einer Europäischen Union, d. h. an der Aufgabe festhalten will, wichtige Ziele, die nicht mehr durch nationalstaatliche Politik oder herkömmliche internationale Zusammenarbeit bewältigt werden können, durch eine gemeinsame Politik oder besser eine Politik der Europäischen Gemeinschaft zu verwirklichen. Hierzu wäre die Einleitung eines eigenständigen Willensbildungsprozesses in der Gemeinschaft hinsichtlich wichtiger Fragen der Außen-, Wirtschafts- und Gesellschaftspolitik erforderlich, der nur auf demokratischer und föderativer Grundlage möglich erscheint.

Auch wenn es sich zunächst noch nicht um die Verwirklichung einer vollständigen Europäischen Verfassung handeln würde, sondern um eine stufenweise Verstärkung des gegenwärtigen institutionellen Systems, so müßte doch die grundsätzliche Bereitschaft der politisch relevanten Kräfte bestehen, eine föderative Entwicklung zu akzeptieren und eine erhebliche Einschränkung der nationalen Souveränität hinzunehmen. Z. Zt. sind Anzeichen für eine solche Bereitschaft der europäischen Regierungen nicht zu erkennen.[4] Die nationalen Regierungen fühlen sich nach wie vor verantwortlich und legitimiert, alle wichtigen Entscheidungen in außenpolitischen, wirtschaftlichen und gesellschaftspolitischen Fragen selbst zu treffen, und wollen ihre Zuständigkeit nur insoweit einschränken lassen, als ihre politische Handlungsfreiheit dadurch nicht wesentlich beeinträchtigt wird.

## VI. Lebensfähigkeit des Gemeinschaftssystems

Müssen wir also feststellen, daß im gegenwärtigen Zeitpunkt weder erwartet werden kann, daß sich der Europäische Rat oder der Ministerrat der Gemeinschaft zu einer wirksamen Koordinierung nationaler Politiken, zu gemeinsamen Haltungen oder gar einer gemeinsamen Politik durchringen wird,

4 Das peinliche Schauspiel, das der Rat bei der Behandlung des Tindemans-Berichts und der Direktwahl vorgeführt hat, bestätigt diese Vermutung erneut.

noch auch Aussicht auf die alsbaldige Einleitung eines eigenständigen Willensbildungsprozesses der Gemeinschaft, eine Verstärkung der Zuständigkeiten ihrer Institutionen oder gar die Ausarbeitung einer europäischen Verfassung besteht, *so müssen wir einstweilen mit dem gegenwärtigen institutionellen System leben.* Langfristig gesehen könnte durch eine Direktwahl des Europäischen Parlaments ein neues Kapitel der europäischen Integration aufgeschlagen werden, um der Gemeinschaft zu politischer Handlungs- und Entscheidungsfähigkeit auf demokratischer Basis zu verhelfen.[5]

Wenn wir vom gegenwärtigen institutionellen System sprechen, so sollten wir die Gemeinschaft und ihre Institutionen nicht isoliert betrachten. Einerseits muß der Zusammenhang mit den nationalen Systemen, den nationalen Institutionen und der nationalen Politik gesehen werden, andererseits ist die Gemeinschaft in das Weltwirtschaftssystem und in die Weltpolitik eingebettet. Wenn man also fragt, inwieweit das gegenwärtige institutionelle System in der Lage ist, Ziele zu verwirklichen und Aufgaben zu bewältigen, so bedarf es zunächst einer sorgfältigen Analyse hinsichtlich der Verteilung der Rollen, der Feststellung von Zuständigkeitsüberschneidungen, der negativen Kompetenzkonflikte usw.

Da in gewissen Bereichen die Zuständigkeiten für die Gesetzgebung und Verwaltung zwischen der Gemeinschaft und den Mitgliedstaaten aufgeteilt sind, liegt es nahe, beide als Teile eines Gesamtsystems zu betrachten. Die Aufmerksamkeit würde sich dann weniger den möglichen Konflikten als vielmehr der Notwendigkeit des Zusammenwirkens zur Erfüllung der gemeinsamen Aufgaben und der gegenseitigen Abhängigkeit zuwenden.

Demnach ist das gegenwärtige System gekennzeichnet:

a) Durch verbindliche Gemeinschaftsregeln (Gemeinschaftsrecht) für den Freiverkehr der Produktionsfaktoren, für die Wettbewerbsregeln und landwirtschaftlichen Marktordnungen.[6]
b) Durch eine gemeinsame Landwirtschaftspolitik, die auf Entscheidungen der Organe der Gemeinschaft beruht und an die Stelle der nationalen Politiken getreten ist; die nationalen Mitgliedstaaten können auf diesem Gebiete nicht mehr oder nur subsidiär im Rahmen der Gemeinschaftsregeln handeln.
c) Durch eine gemeinsame Handelspolitik.
d) In allen anderen Bereichen der Außen-, Wirtschafts- und Gesellschaftspo-

5 Es ist nicht das Anliegen dieses Beitrages, diese längerfristigen Perspektiven zu behandeln. Vgl. hierzu *von der Groeben/Mestmäcker,* a.a.O., S. 116 ff., 134 ff., 155 ff.

6 Auch für die Verkehrspolitik können Gemeinschaftsregeln erlassen werden (Art. 75 Abs. 1 des Vertrages).

litik ist die originäre Zuständigkeit der nationalen Mitgliedstaaten erhalten geblieben, wenn auch dadurch eingeschränkt, daß sie sich verpflichtet haben, ihre Wirtschaftspolitik zu koordinieren, ihre Rechts- und Verwaltungsvorschriften anzugleichen, soweit dies für das gute Funktionieren des Gemeinsamen Marktes notwendig ist.
Diese Verpflichtung hat erhebliche Bedeutung erlangt, weil die Mitgliedstaaten an der Aufrechterhaltung des Freiverkehrs und eines fairen Wettbewerbs ein unmittelbares materielles Interesse gezeigt haben und deshalb in ihrer Politik Rücksicht auf dieses Gemeinschaftsziel zu nehmen bereit waren. Sie haben auch ihre Rechtsvorschriften (z. B. durch Einführung der Mehrwertsteuer) dann angeglichen, wenn sich die nationalen Gegenkräfte nicht als zu stark erwiesen.

Die miteinander verknüpften und aufeinander angewiesenen Systeme der Gemeinschaft und der Mitgliedstaaten sind eingebettet in das Weltwirtschaftssystem, das nach der Havanna Charta auf Freihandel und Meistbegünstigung beruht. Dieses System wurde in der letzten Zeit durch protektionistische Maßnahmen und Restriktionen gefährdet; die unterentwickelten Länder wollen es in ihrem Sinne verändern. Die Rückkehr von frei am Markt sich bildenden Wechselkursen zu gewissen Bindungen und Regeln dürfte erst möglich sein, wenn es den Mitgliedsländern des GATT gelingt, die Inflation einzuschränken. Wir werden also für unsere mittelfristige Betrachtung davon auszugehen haben, daß auch innerhalb des Gemeinsamen Marktes flexible Wechselkurse bestehen, soweit nicht besondere Regelungen für die EG-Länder Platz greifen.

## 1. Die Aufgaben

Es fragt sich, was dieses gegenwärtig geltende Gesamtsystem für die Verwirklichung von Zielen und die Erfüllung von Aufgaben leisten kann, inwieweit sich Widersprüche oder Fehlleistungen ergeben können. Kann demnach damit gerechnet werden, daß das Gesamtsystem in einem, wenn auch prekären Gleichgewicht gehalten werden kann, oder muß befürchtet werden, daß es zerbricht oder sich in Richtung weitergehender nationaler Abschließung zurückentwickelt, wenn es nicht durch neue europäische Gemeinschaftsregeln, eine europäische Politik und durch eine Verstärkung der Gemeinschaftsinstitutionen reformiert wird.
Wenn wir nach der Leistungsfähigkeit eines Systems fragen, so müssen wir es zu den Zielen und Aufgaben in Bezug setzen, deren Erfüllung uns für die Steuerung des sozialökonomischen Prozesses und die Erhaltung des Weltfrie-

dens wesentlich erscheint. In einer vollständigen Analyse wären dabei zu behandeln:

1. ökologische Probleme der Erhaltung der allgemeinen Grundlagen des Lebens, insbesondere die Versorgung mit Nahrungsmitteln und Rohstoffen und die Reinerhaltung der Luft und des Wassers;
2. die außenpolitischen Probleme der Sicherheit, der Entspannung, der Kooperation zwischen Ost und West und der Entwicklungspolitik;
3. die Probleme der Außenwirtschaft, der Welthandelsordnung und der Weltwährungsordnung, der Energieversorgung und der Rohstoffversorgung;
4. die Probleme der Innenpolitik: Sicherung des Rechtsstaates und der parlamentarischen Demokratie, Gewährleistung der Freiheit und Aufrechterhaltung der Ordnung;
5. die Wirtschaftspolitik mit den Zielen des Wachstums und der Stabilität und schließlich
6. die Gesellschaftspolitik mit den Fragen der sozialen Fürsorge und Vorsorge, der gerechten Einkommens- und Vermögensverteilung, der Mitbestimmung und Mitverantwortung und der Selbstverwirklichung der Bürger.[7]

Die Analyse aller dieser Probleme würde den Rahmen dieses Beitrages sprengen, sie kann auch nicht von einem einzelnen, sondern nur von einer Gruppe unternommen werden. Ich werde deswegen an einigen wirtschaftspolitischen und gesellschaftspolitischen Fragen zu zeigen versuchen, was das gegenwärtige Gesamtsystem zur Erfüllung der Ziele und Aufgaben leisten kann. Da von einer gemeinsamen Politik oder besser einer Politik der Europäischen Gemeinschaft, abgesehen von der Wettbewerbspolitik, der Landwirtschaftspolitik und gewissen Bereichen der Außenwirtschaftspolitik, kaum gesprochen werden kann, so müssen wir bei der Frage der Zielverwirklichung oder Aufgabenerfüllung von den Trägern der nationalen Souveränität, also von den Mitgliedstaaten der EG ausgehen.

## 2. Transnationale Entwicklungen

Diese Feststellung darf uns jedoch nicht dazu verleiten, die Fragen der Zielverwirklichung durch Ordnungspolitik oder eine Politik der gestaltenden Eingriffe und ihres Verhältnisses zueinander so abzuhandeln, als wenn wir in einem geschlossenen Handelsstaat lebten, die Europäische Gemeinschaft mit ihren europäischen Regeln und Politiken nicht existierte und die exogenen

7 Vgl. hierzu *von der Groeben,* Europäische Integration und sozialer Wandel, in: Symposion in memoriam *Edgar Salin,* Tübingen 1975.

Einflüsse auf den Gebieten des Handels, der Wirtschaft und der Währung vernachlässigt werden könnten.[8]

Was zunächst die Europäische Gemeinschaft anlangt, so sind mit der Unterzeichnung des Vertrages von Rom und dem Inkrafttreten der Wettbewerbsordnung der EG weite Bereiche der Ordnungspolitik in die Zuständigkeit der europäischen Institutionen übergegangen. Freiverkehr und Wettbewerbsordnung haben aber gleichzeitig die Voraussetzungen für eine *europäische* Ordnungspolitik geschaffen und damit die Grundlagen für ein funktionierendes marktwirtschaftliches System und für eine freiheitliche Wirtschafts- und Gesellschaftsordnung in Europa gelegt.

Die gemeinsame Landwirtschaftspolitik entzieht den Mitgliedstaaten die Möglichkeit, eine nationale Preis- und Marktpolitik zu betreiben; sie bleiben jedoch im Rahmen der Wettbewerbsbestimmungen des Vertrages von Rom für soziale und regionale Maßnahmen zuständig.

Die Entwicklung der beiden letzten Jahrzehnte ist ferner durch ein starkes Vordringen transnationaler Vorgänge gekennzeichnet. Diese Aktivität der sogenannten multinationalen Unternehmen unterliegt nur insoweit nationaler Steuerung, als sie territorial erfaßt werden können; sie können sich nationalen Regelungen durch Verlagerung von Aktivitäten oder durch Ausnutzung von Regelungsunterschieden unter Umständen entziehen.

Die nationale Währungspolitik hat nach Übergang zum System flexibler Wechselkurse wieder stark an Autonomie gewonnen, wenn auch die Einflüsse der Wirtschafts- und Währungspolitik der Handelspartner auf die eigene Lage nicht unterschätzt werden dürfen. Bisher ist es selbst unter den Mitgliedstaaten der EG nur unvollkommen gelungen, solche exogenen Einflüsse durch Abstimmung der Währungspolitiken einzugrenzen. Diese vermehrte Autonomie in der inneren Wirtschafts- und Währungspolitik kann weiterhin nicht darüber hinwegtäuschen, daß auch die Bundesrepublik in hohem Maße von der wirtschaftlichen Entwicklung in den anderen Mitgliedsländern der EG und in den Vereinigten Staaten und Japan abhängig ist. Eine Stagnation des wirtschaftlichen Lebens und damit der Importfähigkeit oder eine galoppierende Inflation in diesen Ländern würden auch das Wirtschafts- und Gesellschaftssystem der Bundesrepublik, die weitgehend auf Export angewiesen ist, erschüttern.

Dürfen wir also einerseits die transnationalen Entwicklungen nicht vernachlässigen, so dürfen wir andererseits nicht in den Fehler verfallen, für alle Probleme

8 Hierauf hat *Kurt Biedenkopf,* a.a.O., S. 6 hingewiesen (vgl. Anmerkung 2). Auch die Erörterungen anläßlich des FIWD-Symposions 1976 in Innsbruck sind dieser Gefahr nicht entgangen.

ohne vorgängige Prüfung »europäische« Lösungen oder gar eine Politik der Europäischen Gemeinschaft zu fordern. Erstens besteht keine Einigkeit über Ziele und Prioritäten, zweitens gehen die Meinungen über Methoden, insbesondere über das Verhältnis von Ordnungspolitik und Prozeßpolitik auseinander, wenn nicht gar die Grundlagen des marktwirtschaftlichen Systems überhaupt in Frage gestellt werden. Wie sollen größere Chancengleichheit, Gerechtigkeit und bessere Fürsorge verwirklicht werden, ohne die schöpferische Freiheit des einzelnen allzu sehr durch Reglementierung einzuschränken?

Über derart grundlegende Fragen des Wirtschafts- und Gesellschaftssystems ließe sich eine hinreichende Übereinstimmung sicherlich nicht durch Ratsbeschlüsse, sondern nur im Verfolg eines eigenständigen demokratischen Prozesses auf Gemeinschaftsebene erzielen.

Dies sind die Erwägungen, die uns bei der Untersuchung, was das gegenwärtige System für die Verwirklichung der Ziele in einigen Bereichen der Wirtschafts- und Gesellschaftspolitik leisten kann, leiten sollten.

## 3. Die Wettbewerbspolitik

Es dürfte für die Aufrechterhaltung des marktwirtschaftlichen Systems in Europa und in der Bundesrepublik von entscheidender Bedeutung sein, daß es gelingt, die Voraussetzungen für einen fairen und wirksamen Wettbewerb zu erhalten. Die Lage ist insofern nicht ungünstig, als es durch die Wettbewerbsregeln des Vertrages gelang, einen entsprechenden europäischen Ordnungsrahmen herzustellen, und das Zusammenspiel zwischen europäischen und nationalen Regelungen einigermaßen befriedigend funktioniert. Das System dürfte jedoch von zwei Seiten her bedroht sein. Einmal durch eine Zunahme der Konzentration wirtschaftlicher Macht in den Händen von Unternehmensgruppen, die sich teilweise auf das nationale Territorium beschränken, sich aber in zunehmendem Maße multinational organisieren. Würde hierdurch der freie Zugang zu den Märkten eingeschränkt und die Preisflexibilität beeinträchtigt, würden die Märkte manipuliert und die Innovation behindert werden, könnten hierdurch auf längere Sicht das Funktionieren des marktwirtschaftlichen Systems und damit die Grundlage des Gemeinsamen Marktes in Gefahr geraten.

Die nationalen Vorschriften zur Kontrolle und Beschränkung wirtschaftlicher Macht können nur eine territorial begrenzte Wirksamkeit haben, die Wettbewerbsregeln der Gemeinschaft richten sich nur gegen den Mißbrauch wirtschaftlicher Macht (Art. 86). Bei einigen Mitgliedstaaten besteht z. Zt. keine

Bereitschaft, die Zuständigkeit der Gemeinschaft auf eine Fusionskontrolle oder Entflechtung auszuweiten.[9] Hier handelt es sich in der Tat um eine für den Fortbestand des Gemeinsamen Marktes entscheidende Frage.
Eine weitere Bedrohung des marktwirtschaftlichen Systems in der Gemeinschaft geht von der inflationären Entwicklung aus, die einzelne Mitgliedstaaten besonders betroffen hat. Inflationsgesteuerte Übernachfrage führt nicht nur zu unwirtschaftlichem Einsatz von Produktionsfaktoren, sondern zu einem Importsog und damit zu dauernden Zahlungsbilanzdefiziten, die Restriktionen zur Folge haben, die mit dem Gemeinsamen Markt unvereinbar sind.[10]
Aber auch eine hohe Arbeitslosigkeit würde voraussichtlich zu dirigistischen Eingriffen in den einzelnen Mitgliedstaaten führen und damit das System des Freiverkehrs und des fairen Wettbewerbs im Gemeinsamen Markt beeinträchtigen. Sicherlich wäre es wünschenswert, diesen Gefahren durch eine gemeinsame Wirtschafts- und Währungspolitik oder gar durch eine Wirtschafts- und Währungsunion der neun Mitgliedstaaten zu begegnen. Im gegenwärtigen Stadium des Integrationsprozesses, in dem weitere Souveränitätsübertragungen nicht zu erwarten sind, kommt es in erster Linie darauf an, daß die Mitgliedstaaten sich an die Grundsätze des Art. 104 des Rom-Vertrages halten. Da die Erhaltung des Freiverkehrs und der europäischen Wettbewerbsordnung für alle Mitgliedstaaten lebenswichtig ist, müssen diese alle Maßnahmen ergreifen und auch finanzielle Mittel einsetzen, um jedem Mitgliedstaat eine Stabilitätspolitik zu ermöglichen. In diesem Sinne sind die Vorschläge der Kommission der Europäischen Gemeinschaften vom 26. 5. 1976 über Wiederherstellung von Vollbeschäftigung und Stabilität (SF.K. 2003) zu begrüßen und ist die Verwirklichung dieser Maßnahmen von entscheidender Bedeutung.

## 4. Währungsprobleme

Die vordringliche Aufgabe besteht also darin, in allen Mitgliedstaaten eine Politik der Stabilität und des Zahlungsbilanzgleichgewichtes durchzusetzen. Erst dann hätte es Sinn, die Gespräche über eine Bindung der Wechselkurse oder eine Währungsunion wiederaufzunehmen. Man muß sich außerdem klar darüber sein, daß hierfür auch die politischen und institutionellen Voraussetzungen geschaffen werden müßten. Unterschiedliche Preissteigerungsraten

9 Vgl. den 5. Bericht über die Wettbewerbspolitik, 1976, S. 15 und S. 135 ff.
10 Das Beispiel Italien zeigt, wie konkret diese Gefahr ist. Auch Großbritannien konnte nur mit Hilfe eines 5-Milliarden-Dollar-Kredites seine Außenwirtschaftsposition stabilisieren.

werden über kurz oder lang auch dann zur Änderung der Kursrelationen führen, wenn sich die Mitgliedstaaten – wie in der sogenannten Schlange – dazu verpflichtet haben, die Kursschwankungen in gewissen Grenzen zu halten. Dies haben die Erfahrungen der letzten Jahren evident gemacht. Wenn es in allen Mitgliedstaaten gelingt, die Inflationsrate drastisch zu vermindern und die Zahlungsbilanzen dauerhaft ins Gleichgewicht zu bringen, würden Freiverkehr und Wettbewerbsordnung auch bei flexiblen Wechselkursen aufrechterhalten werden können.

## 5. Struktur- und Regionalpolitik

Wenn es richtig sein sollte, daß die strukturellen und regionalen Unterschiede ein Haupthindernis für die weitere Entwicklung der Integration, insbesondere für eine Wirtschafts- und Währungsunion darstellen, so kommt der Frage, ob das gegenwärtige System in der Lage ist, diese Unterschiede zu vermindern, besondere Bedeutung zu. Primär sind die Mitgliedstaaten für die Struktur- und Regionalpolitik zuständig. In der Gemeinschaft wurde ein Regionalfonds geschaffen, der den Mitgliedstaaten Finanzhilfe für Infrastrukturvorhaben und Industrieansiedlung gewährt. Die Bemühungen zu einer Koordinierung der nationalen Regionalpolitiken stecken noch in den Anfängen.

Die Probleme der zunehmenden Ballung, der strukturellen Arbeitslosigkeit und wirtschaftlichen Erosion in den zurückgebliebenen Gebieten, der vernünftigen und menschenfreundlichen Verteilung der wirtschaftlichen Kräfte im Raum treten immer mehr in den Vordergrund der politischen Diskussion. Aufgrund sorgfältiger Planung müßten hier Entscheidungen getroffen werden, die die Weichen für die Entwicklung unserer gesellschaftlichen Verhältnisse auf längere Sicht stellen. Wenn bisher die Gemeinschaft nur wenig dazu hat beitragen können, so liegt das einerseits daran, daß die Geberländer zu höheren finanziellen Leistungen nicht bereit sind, solange der Integrationsprozeß stagniert, den Nehmerländern andererseits ihre uneingeschränkte Entscheidungsfähigkeit über Art und Zeitfolge der entsprechenden Maßnahmen unverzichtbar erschien. Viele Politiker sehen hier Wirkungsmöglichkeiten und Wahlchancen, die sie sich nicht einschränken lassen wollen.

Gefahren für den Gemeinsamen Markt könnten aus der gegenwärtigen Lage dadurch entstehen,

a) daß nationale Subventionen zu Wettbewerbsverfälschungen führen. Hier reichen aber die Vorschriften des Vertrages (Art. 95 – 97) aus, um dem zu begegnen,

b) daß regionale oder strukturelle Probleme, die ein Mitgliedstaat mangels finanzieller Mittel oder aus politischer Schwäche nicht lösen kann, zu Erschütterungen des Gesellschaftssystems führen.

Deshalb würde es auch im gegenwärtigen System im Interesse *aller* Mitgliedstaaten liegen, wenn die Anstrengungen zur Koordinierung der nationalen Regionalpolitiken Erfolg hätten und ein System gegenseitiger Beratung und Unterstützung geschaffen würde, das sich nicht nur auf finanzielle Beihilfen beschränken würde, sondern auf freiwilliger Basis eine intensive Zusammenarbeit der Wirtschaft, der Banken, der Verbände und Gewerkschaften umfassen würde.

## 6. Politik der Einkommensverteilung und Vermögensbildung

Der Gemeinsame Markt mit Freiverkehr und Wettbewerbsordnung hat wesentlich dazu beigetragen, den allgemeinen Wohlstand zu vermehren und die Situation der Unselbständigen und Lohnempfänger entscheidend zu verbessern. Damit waren grundlegende Veränderungen im sozialen Gefüge der Mitgliedstaaten verbunden. Zuständig für die Politik der Einkommensverteilung und der Förderung der Vermögensbildung sind die nationalen Mitgliedstaaten. Es fragt sich, ob sich aus der mangelnden Vergemeinschaftung bisher Nachteile für die beteiligten Bevölkerungskreise ergeben haben oder in Zukunft vorauszusehen sind und ob durch nationale Maßnahmen auf diesen Gebieten der Bestand und die Weiterentwicklung des Gemeinsamen Marktes mit Freiverkehr und Wettbewerbsordnung beeinträchtigt werden könnten. Die Zielvorstellungen innerhalb der Gemeinschaft sind sehr unterschiedlich, die Möglichkeiten der Umverteilung müssen sich nach der Finanz- und Wirtschaftskraft der Mitgliedstaaten richten. Dies könnte Ursache politischer Spannungen werden, da die Bürger der Mitgliedstaaten geneigt sind, ihre Situation mit der Situation der Bürger in anderen Mitgliedstaaten zu vergleichen.

Es ist ferner nicht zu verkennen, daß Regelungsunterschiede innerhalb der Mitgliedstaaten Wettbewerbsverzerrungen zur Folge haben könnten, wenn die Gesamtwirtschaft oder einzelne Wirtschaftszweige unterschiedlich belastet werden. Eine hochproduktive Wirtschaft wird andererseits in der Lage sein, höhere finanzielle Lasten zu tragen als weniger begünstigte Industrien. Solange im übrigen die Wechselkurse innerhalb der Gemeinschaft nicht fixiert sind, werden derartige Regelungsunterschiede – soweit nicht Art. 101 des Vertrages eingreift – in Kauf genommen werden können. Darüber hinaus dürfte eine gemeinsame Politik angesichts der unterschiedlichen sozio-ökonomischen Entwicklung und der Vertagung der Wirtschafts- und Währungsunion wenig

Aussichten auf Erfolg haben. Jedoch werden fortschrittliche Lösungen in einem Mitgliedsland nicht ohne Einfluß auf die Entwicklung im ganzen bleiben.

## 7. Probleme der Sozial- und Gesellschaftspolitik

Auch die Fragen der sozialen Sicherheit sind im Bereich der nationalen Zuständigkeit verblieben. Es findet eine äußerst nützliche Zusammenarbeit zwischen den Mitgliedstaaten statt, die sicherlich manche Anregungen für die Verbesserung der Sozialsysteme vermittelt hat. Abgesehen von der Freizügigkeit des Personenverkehrs und einer europäischen Regelung der sozialen Sicherheit für die Wanderarbeitnehmer blieb die Tätigkeit der Gemeinschaft in diesem Bereich auf eine Koordinierung der nationalen Politiken und auf Anregungen beschränkt. Die ziemlich weitverbreitete Meinung, daß die soziale Sicherheit wesentlich verbessert werden könnte, wenn die Gemeinschaft für die Sozialpolitik zuständig sein würde, ist ohne nähere Begründung nicht einleuchtend.[11] Die Sozialvorschriften sind Bestandteil des sozio-ökonomischen Systems, das sich national unterschiedlich entwickelt hat und dessen Überführung in ein europäisches System selbst bei Annahme einer Wirtschafts- und Währungsunion erhebliche Probleme aufwerfen würde. Im gegenwärtigen Stadium der Integration dürfte eine Koordinierung der nationalen Politiken sehr erwünscht und ausreichend sein.
Ein Zurückbleiben im Sozialstatus kann natürlich ebenso wie ungelöste regionale und Strukturprobleme zu Erschütterungen des Gesellschaftssystems führen; dem könnte aber wirksam nur entgegengetreten werden, wenn die Europäische Gemeinschaft im Rahmen eines dynamischen Integrationsprozesses größere wirtschaftliche und politische Verantwortung *insgesamt* übernehmen würde.
Hinsichtlich wichtiger Fragen der Gesellschaftspolitik, zum Beispiel der Mitbestimmung und Mitverantwortung in den Betrieben und öffentlichen Verwaltungen, des Unternehmensrechts, des Verhältnisses zwischen Unternehmerschaft und Arbeiterschaft, der Organisation der Gewerkschaften, des Tarifvertragsrechts, der Gestaltung der Verhältnisse am Arbeitsplatz, gehen die Meinungen der Regierungen und relevanten Gruppen innerhalb der Mitgliedstaaten und zwischen den Mitgliedstaaten noch weit auseinander. Gemeinsame Zielvorstellungen könnten erst in einem langwierigen Integrationsprozeß erarbeitet werden. Zunächst käme es also darauf an, einen europäischen Dialog innerhalb der Regierungen und Verbände, zwischen den sozialen Gruppen, in

11 Vgl. hierzu *Reinhardt Rummel,* Die soziale Komponente in der Europäischen Union, Schriftenreihe der Stiftung Wissenschaft und Politik, Ebenhausen/Isar 1974.

Wissenschaft und Praxis zustandezubringen. Gelingt es, die Direktwahl des Europäischen Parlaments durchzusetzen, so könnte hier ein Forum für diesen Dialog entstehen und eine Grundlage für spätere europäische Entscheidungen geschaffen werden. Im gegenwärtigen Stadium der Integration wird man sich damit abfinden müssen, daß diese Fragen in nationaler Zuständigkeit verbleiben und je nach den nationalen Möglichkeiten und Zielvorstellungen geregelt oder nicht geregelt werden. Damit besteht die Gefahr, daß sich die Dinge innerhalb Europas weiter auseinander entwickeln und die Grundlagen des Gemeinsamen Marktes erschüttert werden.
Die Notwendigkeit, innerhalb des Gemeinsamen Marktes Wettbewerbsverfälschungen zu vermeiden, grenzt im übrigen die Gestaltungsfreiheit der Mitgliedstaaten ein und sollte Anlaß zu enger Zusammenarbeit und gegenseitiger Rücksichtnahme sein. Solange keine größere Übereinstimmung besteht, werden allerdings auch gewisse Projekte zur Rechtsvereinheitlichung (wie z. B. das Statut für eine europäische Aktiengesellschaft) kaum verwirklicht werden können.

## 8. Agrarpolitik

Die Auf- und Abwertungen der letzten Jahre und der Übergang zu flexiblen Wechselkursen haben dazu geführt, daß innerhalb des Agrarmarktes einheitliche Preise nicht aufrechterhalten werden konnten. Besondere Wechselkurse für Agrarerzeugnisse und Grenzausgleichsabgaben waren die Folge. Immerhin werden diese unterschiedlichen Preise noch durch die Gemeinschaft festgesetzt. Man bemüht sich dabei, der unterschiedlichen Preis- und Konjunkturentwicklung in den Mitgliedstaaten in wirtschaftlich vernünftiger Weise Rechnung zu tragen. Auch andere wesentliche Teile des Agrarsystems blieben erhalten, insbesondere der nicht durch Kontingente beschränkte Freiverkehr innerhalb des Gemeinsamen Marktes, die Gemeinschaftspräferenz und die gemeinsame finanzielle Verantwortung. Wenn auch die ursprünglichen Erwartungen nicht erfüllt wurden, so könnte dieses System befriedigend funktionieren, wenn sich nicht infolge zu hoher Preise, die im Ministerrat meist im Kompromißwege festgesetzt wurden, erhebliche Überschüsse in einzelnen Sektoren gebildet hätten. Entscheidend für den Fortbestand des gemeinsamen Agrarmarktes wird es also sein, ob es gelingt, dieser Überschüsse Herr zu werden. Dies könnte durch eine Beteiligung der Landwirte an der Finanzierung, was gleichbedeutend mit einer Preissenkung wäre, erreicht werden. Besser wäre es, die Preise nicht obrigkeitlich festzusetzen, sondern sie sich unter Aufrechterhaltung der Präferenz am Markt bilden zu lassen. Auf diese Weise könnten sehr erhebliche öffentliche Mittel, die jetzt zur Marktstützung, Lagerhaltung und für Ausfuhrsubventionen verwandt werden und die dem Landwirt nur zu einem geringen Prozentsatz direkt zugute kommen, erspart werden. Die frei werdenden Mittel stünden dann für Beihilfen für soziale Zwecke, zur Landschaftspflege und zum Ausgleich von Preissenkungen zur Verfügung.[12] Auf diese Weise könnten die wirtschaftlich und politisch anstößigen Überschüsse beseitigt und der falsche Einsatz von Produktionsfaktoren vermieden werden. Diese Reform wäre mit Hilfe des gegenwärtigen institutionellen Systems durchaus möglich, sie ist für die Erhaltung des Gemeinsamen Marktes unerläßlich.

## 9. Umweltschutz

In unserem Zusammenhang sind zwei Aspekte bedeutsam:

1. die Anliegen des Schutzes der Umwelt und der Qualität des Lebens,
2. die Vermeidung von Wettbewerbsverfälschungen durch unterschiedliche Regelungen innerhalb des Gemeinsamen Marktes.

Manche Probleme können nur durch Zusammenarbeit gelöst werden (z. B. die Säuberung des Rheins), in anderen Fällen ist eine Angleichung der Rechtsvorschriften oder zumindest eine Anerkennung von Mindestnormen wünschenswert.

Es sollte auch im gegenwärtigen System möglich sein, diese Probleme, sei es durch zwischenstaatliche Vereinbarungen oder durch gemeinsame Normen oder durch Angleichung der nationalen Rechtsvorschriften (Art. 100 des Vertrages) zu lösen. Dabei sollte nicht verkannt werden, daß das Umweltbewußtsein in den verschiedenen Mitgliedstaaten unterschiedlich ist. Je höher der Industrialisierungsgrad einer Region, je höher auch die Produktivität, desto eher wird es gelingen, die Verantwortlichen von der Notwendigkeit einschränkender oder ordnender Maßnahmen zu überzeugen. Es kann deshalb durchaus sein, daß zwar gewisse Mindestnormen allgemein anerkannt werden, daß aber einzelne Mitgliedstaaten sich vorbehalten, weiter zu gehen. Die sich hieraus ergebenden Wettbewerbsvorteile in den weniger stark belasteten Mitgliedsländern oder Regionen können dann in Kauf genommen werden, wenn sie durch eine höhere Produktivität ausgeglichen werden. Eine Wanderung der Produktionsfaktoren in Gegenden, die noch weniger belastet sind und in denen deshalb

12 Vgl. *Hermann Priebe* u. a., Probleme eines Preis-Beihilfe-Systems für die Landwirtschaft, Schriften des Instituts für ländliche Strukturforschung der Universität Frankfurt, Frankfurt 1976.

weniger scharfe Vorschriften gelten, wäre durchaus im Sinne einer ausgeglicheneren Verteilung der Aktivitäten innerhalb des Gemeinsamen Marktes.

## 10. Außenwirtschaftspolitik

Der gemeinsame Außenzolltarif, der gemeinsame Agraraußenschutz, sind die Grundlagen der gemeinsamen Handelspolitik. Hieraus hat sich im Laufe der Jahre ein Geflecht engen Zusammenwirkens zwischen der Gemeinschaft und den Mitgliedstaaten ergeben, das sowohl dem Zusammenhalt des Gemeinsamen Marktes diente als auch in zunehmendem Maße zu einer einheitlichen oder abgestimmten Haltung nach außen geführt hat. Dies gilt insbesondere für die Zollpolitik, die Haltung in den GATT-Verhandlungen, für die Assoziationsabkommen und die Entwicklungspolitik.
Andererseits ist nicht zu verkennen, daß die Mitgliedstaaten eifersüchtig ihre Zuständigkeit gewahrt haben, wo es sich um für ihre Wirtschaft wichtige Export- oder Importfragen vor allem im Verkehr mit den Staatshandelsländern, den Ölproduzenten und den Entwicklungsländern handelte. Unterschiedlich sind hier die Interessen, unterschiedlich ist vor allem aber auch das Selbstverständnis über die Rolle, die ein mittlerer europäischer Industriestaat heute noch in der Weltpolitik spielen kann. In der sogenannten Europäischen Politischen Zusammenarbeit (EPZ), die locker zwischenstaatlich, allerdings in Verbindung mit der Gemeinschaft, organisiert wurde, haben sich die Mitgliedstaaten aber zur Erörterung der außenpolitischen Fragen zusammengefunden, besonders, soweit sie in Beziehung zum Gemeinsamen Markt stehen. Mehr kann man wohl im gegenwärtigen System kaum erwarten.[13]

## 11. Weltweite Probleme

Wie schon erwähnt, kann ich in diesem Beitrag die Probleme der Außenpolitik, die weltweiten ökologischen Probleme der Bevölkerungsexplosion, der Erhaltung der Umwelt und Erhaltung der Grundlagen der Rohstoff- und Nahrungsmittelversorgung nicht behandeln. Abgesehen von der gemeinsamen Handelspolitik sind die Mitgliedstaaten nach wie vor für diese Frage zuständig. Eine gut organisierte und handlungsfähige Europäische Gemeinschaft würde das Ge-

13 Vgl. hierzu *Otto von der Gablentz,* Auf der Suche nach Europas Außenpolitik, Die Zeit, 28. 11. 75, S. 32.

wicht der europäischen Mitgliedstaaten besser zum Tragen bringen können, deshalb den Einfluß Europas bei der Behandlung dieser Fragen sicherlich verstärken. Dies setzt aber einen politischen Einigungsprozeß voraus und außerdem die Gewißheit, daß ein politisch organisiertes Europa trotz der erheblichen strukturellen Unterschiede, Zieldifferenzen und des Methodenstreites entscheidungs- und handlungsfähig wäre. Z. Zt. ist ein solcher politischer Prozeß nicht in Sicht.

## VII. Ergebnis und Einwände

Ich komme also zu dem Ergebnis, daß das gegenwärtige Gesamtsystem, in dem es zwar europäische Regeln und eine europäische Ordnungspolitik gibt, für die Politik der gestaltenden Eingriffe (Prozeßpolitik) aber nur eine Koordinierung oder Harmonisierung der grundsätzlich in der nationalen Zuständigkeit gebliebenen Politiken vorgesehen ist, einigermaßen befriedigend[14] funktionieren könnte, wenn die auf diesen Seiten beschriebenen Voraussetzungen erfüllt werden.

Es wurde schon hervorgehoben, daß es in diesem System allerdings nicht möglich ist, gewisse transnationale Vorgänge durch Institutionen politisch zu steuern, weil die nationale Zuständigkeit an den Grenzen halt machen muß und die Gemeinschaft insoweit keine Entscheidungsbefugnis besitzt. Es fragt sich, inwieweit hierdurch das Funktionieren des Gemeinsamen Marktes in Frage gestellt würde oder gesellschaftliche Konflikte entstehen könnten, die wegen fehlender Steuerungsinstanzen ungelöst blieben. Es liegt nahe, diese Fragen näher am Beispiel der multinationalen Unternehmen zu untersuchen.[15] Hierbei stehen die Fragen der möglichen Einschränkung des Wettbewerbs, der Ausnutzung von Regelungsunterschieden, der Standortwahl und Währungsprobleme im Vordergrund der Diskussion, wobei keineswegs ausgemacht ist, wie sich die multinationalen Unternehmen tatsächlich verhalten.

Auf die Gefahren, die bei Zunahme des Konzentrationsgrades für das marktwirtschaftliche System und damit für den Gemeinsamen Markt entstehen,

14 D. h. zwecks Aufgabenerfüllung und Zielverwirklichung.

15 Vgl. zu der hier interessierenden Fragestellung aus der Fülle der Publikationen *Helmut Arndt,* Die wirtschaftliche Macht der multinationalen Unternehmen, in: Festschrift für Heinz Dietrich Ortlieb, Tübingen 1975, S. 315 ff.; *Erwin Häckel,* Multinationale Konzerne und Europäische Integration, Arbeitspapier Nr. 5 der Deutschen Gesellschaft für Auswärtige Politik, Bonn 1975; *Albrecht Düren,* Multinationale Gesellschaften im Meinungsstreit, Mitteilungen der List-Gesellschaft, Nr. 6/7 vom Februar 1976, S. 129.

wurde bereits hingewiesen. Verstaatlichung oder Vergesellschaftung oder direkte Staatskontrollen werden folgen,[16] die den Zerfall der Gemeinschaft bewirken würden, wenn sie von den einzelnen nationalen Mitgliedstaaten ergriffen werden. Es ist deshalb dringend geboten, der Gemeinschaft die Zuständigkeit für Fusionskontrolle und Entflechtung zu geben und im Ministerrat Übereinstimmung über die Grundsätze der Wettbewerbspolitik zu erzielen, damit die Kommission der Europäischen Gemeinschaften bei ihren Entscheidungen des politischen Rückhalts nicht entbehrt. Angesichts der weltweiten Bedeutung des Problems wären im übrigen Absprachen zwischen der Gemeinschaft und den anderen Industrienationen über einen Kodex des guten Verhaltens notwendig.
Welche Gefahren können für das Funktionieren des Gemeinsamen Marktes dadurch entstehen, daß die multinationalen Unternehmen in der Lage sind, Regelungsunterschiede auszunutzen? Es handelt sich einmal darum, die günstigsten Steuergesetzte herauszufinden, und damit um ein finanzielles und fiskalisches Problem, dann aber auch um die Möglichkeit, den Standort entsprechend den günstigsten Bedingungen auszuwählen oder zu verlagern. In einem marktwirtschaftlichen System ist es durchaus legitim, solche Möglichkeiten auszuschöpfen, soweit dadurch die geltenden Vorschriften nicht verletzt werden. Die Mitgliedstaaten hätten es auch im gegenwärtigen System durchaus in der Hand, dem durch Rechtsangleichung (Art. 99 und 100 des Vertrages) und durch enge Zusammenarbeit der Steuerbehörden im Bereich des Gemeinsamen Marktes zu begegnen. Dies geschieht offenbar deswegen nicht, weil einige Mitgliedstaaten trotz fiskalischer Nachteile an gewissen Regelungsunterschieden und nationaler Beeinflussung der Standortwahl festhalten, weil sie die multinationalen Unternehmen im Griff behalten und für ihre wirtschaftlichen Zwecke einsetzen *wollen*.

Sicherlich haben einige multinationale Unternehmen größere Möglichkeiten, sich nationalen Entscheidungen oder Ereignissen durch Verlagerung der Standorte zu entziehen. Die Praxis hat jedoch gezeigt, daß sie ein starkes Interesse daran haben, mit den nationalen Behörden nicht in Konflikt zu kommen und der nationalen Umgebung auch bei der Besetzung der Vorstände und der Führung der Geschäfte Rechnung zu tragen. Im übrigen werden sich als Gegengewicht auch im Gewerkschaftsbereich multinationale Gruppierungen herausbilden, so daß bei Stillegungen, Betriebsumstellungen oder Betriebsver-

16 Auf diese Gefahr habe ich bereits 1969 hingewiesen. Vgl. Notwendigkeit und Gefahr der wirtschaftlichen Konzentration, Veröffentlichungen der List-Gesellschaft, Bd. 62, Tübingen 1969, S. 102 ff., S. 107 ff.

lagerungen im Bereich des Gemeinsamen Marktes mit ähnlichen Maßnahmen der sozialen Sicherheit wie in den nationalen Gebieten zu rechnen ist.
Es bleibt der oft gehörte Vorwurf, daß die multinationalen Unternehmen in der Lage seien, die Währungspolitik einzelner Mitgliedstaaten zu unterlaufen. Soweit ich sehe, ist dies allerdings nur dann der Fall, wenn sich Nationalstaaten marktwidrig verhalten, d. h. mit Mitteln der inneren Währungspolitik und restriktiven Außenmaßnahmen versuchen, Abwertungen oder Aufwertungen zu vermeiden oder herauszuschieben, obgleich die Konjunktur- und Preisentwicklung unterschiedlich war. Ob sich das Verhalten der multinationalen Unternehmen in den vergangenen Währungskrisen negativ für den Wohlstand in den Mitgliedstaaten und damit den Lebensstandard ausgewirkt hat oder ob dieses Verhalten dazu beigetragen hat, unhaltbare Positionen schneller aufzugeben, wäre zu prüfen. Bei Flexibilität drücken sich die Veränderungen der realen Austauschverhältnisse unmittelbar im jeweiligen Wechselkurs aus. Dies führt dazu, daß bei der Faktorierung »starke« Währungen bevorzugt oder Kurssicherungsgeschäfte abgeschlossen werden. Es besteht somit im allgemeinen kein Anlaß zur kurzfristigen Verlagerung von verfügbaren Geldmitteln oder zur Manipulierung von Zahlungsfristen. Spekulatives Verhalten auf dem Devisenmarkt wird dadurch nicht ausgeschlossen, dies dürfte aber nicht den multinationalen Unternehmen angelastet werden können.

## VIII. Schlußfolgerungen

*Im gegenwärtigen System sind die europäischen Wettbewerbsregeln und die europäische Wettbewerbspolitik die entscheidenden Integrationsinstrumente.* Die Regierungen haben es in der Hand, das System funktionsfähig zu erhalten

- durch Rückkehr zu einer Politik der Stabilität und des Gleichgewichts der Zahlungsbilanzen (Seite 114 f.)
- durch enge Zusammenarbeit zur Durchsetzung dieser Politik und zur Angleichung der Strukturen (Seite 115)
- durch eine europäische Wettbewerbspolitik (Fusionskontrolle und Entflechtung) (Seite 113 f.)
- durch eine Reform des Agrarsystems (Seite 117 f.)
- durch eine Fortsetzung der bisherigen Zusammenarbeit und Koordinierung in allen anderen Bereichen.

Es bleibt ein Unbehagen, es bleiben ungelöste Probleme. Der institutionelle Rahmen entspricht nur unvollkommen der transnationalen Wirklichkeit, so daß *viele* wirtschaftliche Entwicklungen hingenommen werden müssen und sich jeder staatlichen Steuerung entziehen. Erschütterungen des gesellschaftlichen

Gefüges kann nur mit *nationalen* Instrumenten entgegengetreten werden, die sich häufig als unzureichend erweisen. Die außenpolitische Handlungsfähigkeit der Gemeinschaft ist bisher nur in Teilbereichen entwickelt, der Einfluß der Mitgliedstaaten ist gering, wenn sie isoliert handeln. Die Auseinandersetzung über Ziele und Werte, über die notwendigen Veränderungen in den Normen und Institutionen vollzieht sich im Bezugsrahmen der nationalstaatlichen Demokratie.[17] In Europa sind die Probleme und Prioritäten sehr unterschiedlich, die Diskussion steht erst am Anfang. Fundamental unterschiedliche Lösungen könnten auch das Gebäude des Gemeinsamen Marktes erschüttern. So bleibt das Ziel einer europäischen politischen Gemeinschaft, die über handlungsfähige Organe verfügt und demokratisch und föderativ organisiert ist. Hierzu wäre in erster Linie erforderlich, daß sich die Mitgliedstaaten darüber einigen, welche Aufgaben diese politische Gemeinschaft erfüllen soll. Sie müßten bereit sein, den entsprechend reformierten Gemeinschaftsinstitutionen die erforderlichen Zuständigkeiten zu übertragen und ihnen die Übernahme politischer Verantwortung zu ermöglichen.[18]

17 Vgl. hierzu *Richard Löwenthal,* Gesellschaftliche Umwandlung und demokratische Legitimität, Deutsche Rundschau 1975, S. 549, 568 ff. als Stellungnahme zu *Jürgen Habermas,* Legitimationsprobleme im Spätkapitalismus, edition Suhrkamp 623, Frankfurt/Main 1973.

18 Es ist nicht Aufgabe dieses Beitrages, hierzu Stellung zu nehmen. Jedoch ist die hier versuchte Analyse der Funktionsweise des gegenwärtigen Systems Voraussetzung für eine solche Arbeit, die noch aussteht, obgleich in den letzten Jahren viel Material dazu vorgelegt wurde.

## 2. Die Rolle der europäischen Integration in der westdeutschen Wirtschaftsordnung

Es war vor allem der deutsche Vertragspartner, der dem Gemeinsamen Markt sein marktwirtschaftliches Gesicht gegeben hat. Andererseits hat aber auch das EWG-System in vielfältiger Weise auf die Gesetzgebung und die Wirtschaftspolitik in der Bundesrepublik eingewirkt und ihre Wirtschaftsordnung durch räumliche Ausweitung und institutionelle Absicherung erst zur vollen Wirksamkeit kommen lassen. Beispielhaft dafür ist unter anderem die Einführung des Mehrwertsteuersystems, bei dem von der Groeben selbst eine initiative Rolle gespielt hat. Die Analyse des Wechselverhältnisses beschäftigt sich auch eingehender mit dem Instrument der jährlichen Gesamtvorausschätzungen der wirtschaftlichen Entwicklung, wie sie ebenfalls von der Kommission in den sechziger Jahren propagiert wurde. Die damit verbundenen Hoffnungen hinsichtlich einer größeren Kohärenz der nationalen Wirtschaftspolitik habe sich nicht erfüllt, die Möglichkeiten, die Konjunktur durch gezielte Eingriffe unter Veränderung der Rahmenbedingungen rechtzeitig zu beeinflussen, seien stark überschätzt worden.

*Quelle:* Hans von der Groeben, Die Rolle der Integration in der westdeutschen Wirtschaftsordnung, in: Orientierungen, H. 5/ 1980, S. 34 – 42, zuerst veröffentlicht unter dem Titel: »The Rule of European Integration in the West German Economic Order«, in: Zeitschrift für die gesamte Staatswissenschaft H. 135/4, 1979, S. 493 – 509.

Der Vertrag zur Gründung der Europäischen Wirtschaftsgemeinschaft zwischen den Ländern Frankreich, Italien, Bundesrepublik Deutschland, Niederlande, Belgien und Luxemburg trat am 1. 1. 1958 in Kraft, also zu einer Zeit, in der die für die Wirtschaftsordnung der Bundesrepublik Deutschland grundlegenden Entscheidungen bereits gefallen waren.
Die von den Nationalsozialisten seit 1933 befolgte Vollbeschäftigungspolitik hatte Schritt für Schritt in die Zentralverwaltungswirtschaft hineingeführt. Nachdem seit 1936 ein allgemeiner Preisstopp eingeführt war, hatten die Preise aufgehört, den Grad der Knappheit der Güter anzuzeigen. Während die zentralen Planstellen, die die Preise festsetzten, die Zuteilung der Rohstoffe und der Arbeitskräfte besorgten und die Konsumgüter rationierten, unter dem Druck der Kriegswirtschaft noch einigermaßen funktionierten, kam es nach dem Kriege zu einem völligen Wirrwarr. Naturaltausch, Eigenwirtschaft, Preisbindungen durch lokale Behörden und schwarze und graue Märkte beherrschten den Wirtschaftsprozeß, die Geldordnung war zerstört, die Gesellschaft in Auflösung begriffen.
Es war das Verdienst von *Professor Erhard* und seiner Berater und Mitarbeiter, der deutschen Wirtschaftspolitik neue Wege zu weisen und im Rahmen der von der neoliberalen Freiburger Schule gewonnenen wissenschaftlichen Erkenntnisse die Grundsätze der Sozialen Marktwirtschaft durch Gesetze und Einzelmaßnahmen zu verwirklichen.
Es ist hier nicht die Aufgabe, die Wirtschaftsordnung der Bundesrepublik zu bewerten, ihre Erfolge oder Mißerfolge aufzuzeigen. Die Ansichten hierüber blieben geteilt, wenn sich auch angesichts der eklatanten Erfolge die Schar der Befürworter gerade auch in der sozialdemokratischen Partei ständig vermehrte. Hier kommt es vielmehr darauf an, darzustellen, inwieweit die Gründung und die Entwicklung der Europäischen Wirtschaftsgemeinschaft und der Atomgemeinschaft die Wirtschaftsordnung der Bundesrepublik beeinflußt, ihre Wirksamkeit verbessert oder behindert haben.

## I Der Vertrag zur Gründung der Europäischen Wirtschaftsgemeinschaft (EWG-Vertrag)

Die politischen Ziele des EWG-Vertrages: Frieden im Westen, militärische Sicherheit gegenüber dem Ostblock, Einbindung der Bundesrepublik Deutschland in das westliche Bündnis und Gewinnung größeren europäischen Einflusses in der Weltpolitik sollen hier nicht abgehandelt werden. Wirtschaftlich kam es den Vertragschließenden darauf an, die Voraussetzungen für einen großen europäischen Binnenmarkt zu schaffen, um die bestmögliche Ausnutzung der

Produktionsfaktoren zu ermöglichen, um den Lebensstandard der europäischen Bevölkerung möglichst schnell erhöhen und dem Wettbewerb der Amerikaner standhalten zu können. Durch die Erfahrungen der vergangenen dreißig Jahre belehrt, wollte man insbesondere die Abschließung der zu kleinen Märkte der europäischen Nationalstaaten und einen handelspolitischen Protektionismus vermeiden.

Ausgangsbasis aller solcher europäischer Bestrebungen waren die unter Führung der Vereinigten Staaten von Nordamerika nach dem Zweiten Weltkrieg geschaffenen internationalen Organisationen und Regelungen des GATT, des IMF und der Weltbank, die von den Prinzipien der Konvertibilität der Währungen, der Nichtdiskriminierung und des fairen Wettbewerbs, der Meistbegünstigung und einer liberalen Handelspolitik ausgingen. Zu diesem Zweck waren verbindliche Wettbewerbsregeln festgelegt worden und wurden niedrige Zölle und eine allmähliche Beseitigung anderer Handelshemmnisse angestrebt.

Im Zuge der Verteilung der Marshallplangelder war es darüber hinaus im Europa der 40er Jahre gelungen, in der OEEC und EZU wirksame internationale Organisationen für die wirtschaftliche Zusammenarbeit zu schaffen, die sich insbesondere um die Abschaffung der Kontingente bei der Wareneinfuhr, um die Erleichterung des Zahlungsverkehrs und schließlich um die Einführung der allgemeinen Konvertibilität verdient gemacht haben.

Abgesehen von den schon erwähnten politischen Zielen schien es den in der Montanunion zusammengeschlossenen sechs Mitgliedstaaten auch aus wirtschaftlichen Gründen notwendig, ihre Zusammenarbeit über die Regeln der OEEC und EZU hinaus zu vertiefen, um die Handelshemmnisse in diesem Gemeinsamen Markt vollständig abzubauen, die Wettbewerbsordnung strenger und verbindlicher zu gestalten und die Dauerhaftigkeit dieser Regelungen durch entscheidungsfähige europäische Institutionen und europäische Regeln zu sichern. Nachdem das System der Montanunion sich als wenig wirksam erwiesen hatte, war die Frage, nach welchen Regeln dies geschehen und mit welchen Instrumenten und Methoden die Ziele erreicht werden sollten, völlig offen. Auch die Konferenz von Messina im Mai 1955 traf hierüber keine Entscheidung, es wurde lediglich beschlossen, eine Sachverständigenkommission einzusetzen, die diese Fragen prüfen sollte.

Die Bundesrepublik nahm an diesen Verhandlungen zum ersten Mal als völlig freier und gleichberechtigter Partner teil, während bei den Verhandlungen über die Montanunion noch die vielfachen Bindungen des Besatzungsrechts (Ruhrstatut) bestanden und die Auseinandersetzungen über den EVG-Vertrag durch die ungelöste Frage eines deutschen Verteidigungsbeitrages belastet waren. Diese veränderte Situation hat es der Bundesrepublik gestattet, ihre Interessen

wirksam zu vertreten, ihre Vorstellungen über eine wünschenswerte Wirtschaftsordnung ins Spiel zu bringen und den Vertrag in diesem Sinne maßgebend zu beeinflussen. In der Tat stand für die Bundesrepublik viel auf dem Spiel. Während in ihrem Bereich die Wirtschaftsordnung aufgrund einer Gesamtkonzeption in aufeinander abgestimmten Schritten gestaltet wurde, war dies in den anderen Ländern der Montanunion weitaus weniger der Fall. In Holland und Belgien wurde zwar de facto nach ähnlichen Grundsätzen verfahren; in Italien verbanden sich staatswirtschaftliche Elemente aus der faschistischen Vergangenheit und planwirtschaftliche Bestrebungen mit einem de facto altliberalen »laisser faire« zu einer wenig kohärenten gemischten Wirtschaftsordnung; Frankreich neigte unter dem Einfluß merkantilistischer Traditionen, die in der Monnetschen »planification« erneuert und weiterentwickelt wurden, zur Festlegung von Zielen für die allgemeine Wirtschaftsentwicklung und für einzelne Sektoren durch die öffentliche Hand.
Auch in der Bundesrepublik war die Erhaltung und das Funktionieren des Systems der Sozialen Marktwirtschaft ständig durch dirigistische Tendenzen gefährdet, die einmal von kartellfreudigen Teilen der Industrie ausgingen, zum anderen aber auch von politischen Kräften genährt wurden, die die Marktwirtschaft grundsätzlich oder wegen ihrer angeblichen Unvollkommenheit oder ihrer mangelnden Verteilungsgerechtigkeit ablehnten. Diese Einwände machten sich immer dann stark geltend, wenn bei äußeren oder inneren Krisen nicht alle Ziele des magischen Vierecks erreicht werden konnten. Bei dieser Situation hätte eine institutionell verordnete Symbiose mit anderen Wirtschaftssystemen, die planification, Staatswirtschaft und vielfältige staatliche Eingriffe in die Wirtschaft zum Gegenstand haben, in einem Europäischen Gemeinsamen Markt große Gefahren für die Konsistenz des eigenen Systems mit sich gebracht. Auch in einer Zollunion wäre es ja durchaus denkbar gewesen, für die Koordinierung des wirtschaftlichen Geschehens auf Kartelle und ähnliche Vereinbarungen zurückzugreifen und dadurch die Steuerungsfunktion des Marktes einzuschränken oder außer Kraft zu setzen, wie dies einigen prominenten Vertretern der Wirtschaft der Mitgliedsländer auch tatsächlich vorschwebte.
Überzeugt von der Effektivität ihrer Wirtschaftsordnung und ihrer hohen gesellschaftlichen Bedeutung für Freiheit und Demokratie erkannten die Vertreter der Bundesrepublik aber auch, daß sie bei der immer enger werdenden wirtschaftlichen Verflechtung mit den anderen europäischen Ländern und der Weltwirtschaft ein hohes Interesse daran haben mußten, daß sich in der Europäischen Wirtschaftsgemeinschaft eine der Bundesrepublik gleiche oder wenigstens ähnliche Wirtschaftsordnung mit marktwirtschaftlichen Grundsätzen und einer liberalen Handelspolitik durchsetzte.

Die Verhandlungen waren durch zwei umfangreiche Gutachten des Wissenschaftlichen Beirats des Bundeswirtschaftsministeriums über die Europäische Integration (1953) und durch eingehende Vorarbeiten insbesondere im Bundeswirtschaftsministerium vorbereitet worden. Es gelang in allen Phasen der Verhandlungen, die wesentlichen Grundsätze eines marktwirtschaftlichen Systems durchzusetzen und im EWG-Vertrag zu verankern. Dies ist mit der Behauptung, daß der Vertrag keine ausdrücklichen Bestimmungen über eine bestimmte Wirtschaftsordnung enthalte, bestritten worden. Wenn man aber die im Vertrag konkret geregelten Ziele und die in Regeln und Institutionen vorgegebenen Mittel zur Verwirklichung dieser Ziele zusammennimmt, so ergibt sich nicht nur, daß alle wesentlichen Merkmale eines marktwirtschaftlichen Systems darin enthalten sind, sondern auch, daß diese Vorschriften den Spielraum für nationales »planwirtschaftliches« Handeln insoweit außerordentlich einschränken, als die das Funktionieren der europäischen Marktwirtschaft ordnenden Regeln nationale Eingriffe durch Subventionen und protektionistische Maßnahmen jeder Art untersagen oder der Kontrolle der Gemeinschaftsinstitutionen unterwerfen.[3]
Im Rahmen einer nach den Vorschriften des GATT zulässigen Zollunion sieht der Vertrag einen Abbau aller Handelshemmnisse und die Freizügigkeit der Produktionsfaktoren vor. Durch eine europäische Wettbewerbsordnung soll ein fairer und wirksamer Wettbewerb gewährleistet werden, weshalb nicht nur private Wettbewerbsbeschränkungen sondern auch staatliche Wettbewerbsverfälschungen verboten werden und durch Rechtsangleichung Wettbewerbsverzerrungen, die sich aus unterschiedlichen Rechts- oder Verwaltungsvorschriften ergeben können, bereinigt werden sollen. Unter den in allen Mitgliedstaaten gegebenen Voraussetzungen weitgehender Eigentumsgarantien, des freien Zugangs zu den Märkten, der Vertragsfreiheit und grundsätzlicher Gewerbefreiheit besteht also ein für alle Bürger der Gemeinschaft verbindlicher gesetzlicher Rahmen, in dem sich die Koordination einzelwirtschaftlicher Planungen über die Märkte vollzieht, Angebot und Nachfrage die Preise bestimmt und die Freiheit der Berufsausübung und der freie Zugang zu den Märkten grundsätzlich gewährleistet ist.[4] Diese marktwirtschaftliche Ordnung wird durch Gemeinschaftsinstitutionen gesichert und kontrolliert, die darüber hinaus keine dirigistischen oder planwirtschaftlichen Zuständigkeiten besitzen.

3 So auch mit eingehender Begründung *Manfred Zuleeg:* Die Wirtschaftsverfassung der Europäischen Gemeinschaften, in: Wirtschafts- und gesellschaftspolitische Ordnungsprobleme der Europäischen Gemeinschaften. Baden-Baden, 1978.

4 Vgl. *Hans von der Groeben:* EG-Wettbewerbsregeln und Wettbewerbspolitik als Instrumente der europäischen Integration, in: Wettbewerbsordnung im Spannungsfeld von Wirtschafts- und Rechtswissenschaft, Köln, 1976.

Der EWG-Vertrag enthält ferner einige Grundsätze für die nationale Wirtschaftspolitik (Art. 104: magisches Viereck), über wirtschaftspolitische Anliegen von gemeinsamem Interesse (Art. 103, Art. 107) und über die Koordinierung der nationalen Wirtschaftspolitiken, soweit dies zum Funktionieren des Gemeinsamen Marktes notwendig ist oder sonst nützlich erscheint.
Mit dieser Gestaltung des EWG-Vertrages war es der Bundesrepublik nicht nur gelungen, die aus einer engen Symbiose mit den anderen Ländern der EWG drohenden Gefahren abzuwenden, sondern die Grundsätze ihrer eigenen Wirtschaftsordnung für die weitere wirtschaftliche Entwicklung in Europa nutzbar zu machen. Es erhebt sich nun die Frage, inwieweit es in den folgenden Jahren, in denen der Gemeinsame Markt errichtet wurde und die ersten Bewährungsproben zu bestehen hatte, gelang, diese Wirtschaftsordnung mit Leben zu erfüllen und gegen Gefahren und Widersacher abzusichern und welche Wirkungen hiervon auf die Wirtschafts- und Gesellschaftsordnung der Bundesrepublik ausgingen.

## II Der Gemeinsame Markt und die Wirtschaftsordnung der Bundesrepublik Deutschland

Diese Untersuchung beschränkt sich nicht auf die unmittelbaren Wirkungen des Integrationssystems auf die Wirtschaftsordnung der Bundesrepublik, also auf die Feststellung, inwieweit in der Bundesrepublik Regelungen, Entscheidungen oder Maßnahmen durch das Integrationssystem günstig beeinflußt oder behindert worden sind, sondern beschäftigt sich auch mit der Frage, inwieweit die Wirtschaftsordnung der Bundesrepublik angesichts der internationalen Verflechtung zu ihrer vollen Entfaltung geradezu auf ein adäquates Integrationssystem, wie es nach dem EWG-Vertrag praktiziert worden ist, angewiesen war. Dies leuchtet besonders dann ein, wenn man sich vorstellt, daß entweder das europäische System mehr dirigistische und planwirtschaftliche Züge getragen hätte, oder daß es wegen einer deutschen Ablehnung solcher Regeln überhaupt nicht zu einer Weiterentwicklung der Integration gekommen wäre und andere westeuropäische Staaten sich mehr in die Richtung der Staatswirtschaft, der Autarkie und des Protektionismus entwickelt hätten.
Die folgenden Beispiele zeigen, daß es leichter ist, die unmittelbaren Wirkungen des EWG-Systems auf die Wirtschaftsordnung der Bundesrepublik festzustellen, als abzuschätzen, inwieweit sich die Regeln des Gemeinsamen Marktes, der verstärkte Handelsverkehr und die zunehmende wirtschaftliche

Verflechtung mittelbar günstig oder ungünstig auf das Funktionieren der Wirtschaftsordnung der Bundesrepublik Deutschland ausgewirkt haben.

## 1. Der Freiverkehr der Produktionsfaktoren

Entgegen vielfach geäußerten Bedenken[5] gelang es, sämtliche gewerblichen und landwirtschaftlichen Produkte in die Zollunion einzuschließen und die Zölle und alle sonstigen Handelshemmnisse schneller als vorgesehen, nämlich in knapp zehn Jahren, vollständig zu beseitigen. Der gemeinsame Außentarif war niedriger als die Inzidenz der bisherigen nationalen Zölle, er konnte in den Dillon- und Kennedy-Runden um rund 40% gesenkt werden, so daß der Gemeinsame Markt zu einem Niedrig-Zollgebiet wurde. Gegenüber den handelsvergrößernden Wirkungen des so entstandenen Gemeinsamen Marktes traten die handelsablenkenden Folgen auch für dritte Staaten, jedenfalls im gewerblichen Bereich, vollständig zurück. Freilich dehnte sich der Handel unter den Mitgliedstaaten am meisten aus, aber auch dritte Länder konnten eine erhebliche Vermehrung ihres Wirtschaftsverkehrs mit dem Gemeinsamen Markt feststellen. Die schnelle Verwirklichung der Zollunion entsprach den Wünschen der Bundesrepublik, sie konnte ihre volle Wirkung im Sinne eines europäischen marktwirtschaftlichen Systems jedoch nur gewinnen, wenn es gelang, innerhalb des Gemeinsamen Marktes durch eine europäische Wettbewerbsordnung für einen unverfälschten und wirksamen Wettbewerb zu sorgen und entsprechend den Artikeln 29 und 110 des EWG-Vertrages eine liberale Handelspolitik auch gegenüber dritten Ländern zu gewährleisten.

## 2. Die europäische Wettbewerbsordnung

Der EWG-Vertrag enthält in den Artikeln 85 – 94 detaillierte Wettbewerbsregeln, u. a. ein Kartellverbot mit Ausnahmevorbehalt, ein Verbot des Mißbrauchs wirtschaftlicher Macht und ein Verbot wettbewerbsverfälschender staatlicher Beihilfen. Nach Inkrafttreten des EWG-Vertrages entstand ein Streit darüber, ob es sich bei diesen Artikeln um verbindliches europäisches Recht oder nur um Grundsätze handelt. Ferner wurden sehr unterschiedliche Auffassungen über die Auslegung der genannten Vorschriften vertreten. Es

5 Vgl. vor allem *Gottfried Haberler:* Die wirtschaftliche Integration Europas, in: Wirtschaftsfragen der freien Welt, Frankfurt/Main, 1957.

fehlten zudem Verfahrensregeln, so daß nicht klar war, ob für die Anwendung der Wettbewerbsregeln die Mitgliedstaaten oder die Kommission, d. h. die Gemeinschaft, zuständig sein sollte. Diese Fragen wurden durch die Verordnung Nr. 17 vom 13. 3. 1962 geklärt. Diese geht davon aus, daß die Artikel 85 und 86 für die Mitgliedstaaten und alle Privatrechtssubjekte unmittelbar geltendes europäisches Recht sind. Die Kommission der Europäischen Wirtschaftsgemeinschaft entscheidet über die Anwendung der Bestimmungen und etwaige Ausnahmen. Ihre Entscheidungen unterliegen der Nachprüfung durch den Europäischen Gerichtshof in Luxemburg. Die Verordnung Nr. 17 ist für die Wirtschaftsordnung der Gemeinschaft von grundlegender Bedeutung. Die Vorschriften über die Beihilfen, über die Rechtsangleichung und die Verordnung Nr. 17 begründen eine europäische Wettbewerbsordnung, die es der Kommission der EG ermöglicht hat, eine effiziente Politik zum Schutze eines unverfälschten und wirksamen Wettbewerbs zu betreiben. Auf den beiden Pfeilern: Freiverkehr und europäische Wettbewerbsordnung beruht das marktwirtschaftliche System der EG. Für die Bundesrepublik bedeutet die europäische Wettbewerbsordnung eine wirksame, ja notwendige Ergänzung des Gesetzes gegen Wettbewerbsbeschränkungen, da eine Reihe von internationalen Wettbewerbsbeschränkungen, die auf die deutsche Wirtschaft einwirken und die Wirtschaftsordnung bedrohen, wegen des Territorialprinzips nicht oder nur unzureichend von den deutschen Behörden erfaßt werden können und das europäische und das deutsche Kartellrecht weitgehend übereinstimmen.

Ebenso wie ursprünglich im deutschen Gesetz wurde auch im EWG-Vertrag das Problem der Konzentration wirtschaftlicher Macht ziemlich stiefmütterlich behandelt. Abgesehen davon, daß damals noch nicht immer klar erkannt wurde, daß die isolierte Behandlung wettbewerbsbeschränkender Vereinbarungen (Kartelle) die Tendenzen zur Konzentration verstärken könnte, wurde auch die Auffassung vertreten, daß Europa insoweit gegenüber den Verhältnissen in den Vereinigten Staaten von Nordamerika einen gewissen Nachholbedarf haben würde. Die Kommission der Europäischen Wirtschaftsgemeinschaft hat sich dann[6] mit dieser Frage befaßt: die von ihr vorgenommene extensive Auslegung des Art. 86 wurde vom Europäischen Gerichtshof im Jahre 1972 bestätigt.[7] Über die Frage, ob auf europäischer Ebene Vorschriften über eine vorbeugende Fusionskontrolle oder Entflechtung erlassen werden sollen, hat sich eine Übereinstimmung bisher nicht erzielen lassen. Auch wenn sich der Antrieb zur grenzüberschreitenden Konzentration innerhalb des Gemeinsamen

6 Vgl. meine Rede vor dem Europäischen Parlament am 16. 6. 1965, abgedruckt in: *Hans von der Groeben:* Europa. Plan und Wirklichkeit, Baden-Baden, 1967; Seiten 193, 209, 210.

7 EWGH XIX Seite 215 (Fall Continental Can Company).

Marktes bisher als nicht sehr stark erwiesen hat, dürfte sich auf längere Sicht eine entsprechende Ergänzung des Art. 86 des Vertrages als notwendig erweisen.

### 3. Die Handelspolitik

Für diesen Bereich wurden vor Inkrafttreten des EWG-Vertrages die stärksten Bedenken geäußert. Einmal befürchtete man Autarkie und Protektionismus, zum anderen wurden die Folgen der sogenannten »Spaltung« Europas – weil Großbritannien nicht beitreten konnte oder wollte – in den düstersten Farben gemalt. Beide Befürchtungen haben sich nicht bestätigt, wenn auch die Englandfrage aus vorwiegend politischen Gründen die Beteiligten über 15 Jahre hinweg in Atem gehalten hat.

Wie schon erwähnt, gelang eine wesentliche Senkung des gemeinsamen Außentarifs. Die Gemeinschaft setzte sich darüber hinaus in den internationalen Gremien für eine Verstärkung der Welthandelsordnung, eine Beseitigung der tarifären und nichttarifären Handelshemmnisse ein und schloß eine große Reihe von Verträgen ab, die durchweg die Erleichterung des Zugangs zum Gemeinsamen Markt zum Gegenstand haben. Mit der Durchsetzung einer weltoffenen Handelspolitik in der EWG wurde es der Bundesrepublik ermöglicht, ihre in den 50er Jahren bewährte Politik fortzusetzen und durch volle Einbeziehung des EWG-Raumes wirksamer zu gestalten. Damit wurde aber auch gleichzeitig ein wichtiger Beitrag zur Stabilisierung einer liberalen Welthandelsordnung geleistet, was angesichts der unterschiedlichen Traditionen und Tendenzen in der EWG keineswegs selbstverständlich war. Als Folge der krisenhaften Erscheinungen in der Weltwirtschaft wurden auch in der EWG protektionistische Forderungen erhoben, was bisher nur für wenige Sektoren zu Handelsbeschränkungen geführt hat. Die Kommission der Europäischen Gemeinschaften bemüht sich, den sich hieraus für den Zusammenhalt in der Gemeinschaft und die Welthandelsordnung ergebenden Gefahren durch multilaterale (im GATT) und bilaterale Verhandlungen zu begegnen.

### 4. Die Besonderheiten der Landwirtschaft

Die in der Bundesrepublik Deutschland (vor Inkrafttreten des EWG-Vertrages) für den Handelsverkehr mit landwirtschaftlichen Produkten geltenden Regeln (Einfuhrkontingente gegenüber dritten Ländern, Marktinterventio-

nen im Innern) waren ein Fremdkörper im System der Sozialen Marktwirtschaft. Auch in den anderen Mitgliedsländern der EWG war der Zugang zum landwirtschaftlichen Markt beschränkt: für einzelne Produkte gab es Preis- und Absatzgarantien. In diesem Bereich genügten also Freiverkehr und europäische Wettbewerbsordnung nicht, um einen Gemeinsamen Markt zu errichten; die bestehenden nationalen Marktordnungen mußten vielmehr durch eine europäische Regelung ersetzt werden, da die Mitgliedstaaten mit einer ersatzlosen Aufhebung der nationalen Vorschriften nicht einverstanden waren.
Die europäische Agrarpolitik wird vom marktwirtschaftlichen Standpunkt aus insbesondere wegen der schwer verwertbaren Überschußproduktionen und wegen der Verschwendung öffentlicher Gelder mit Recht kritisiert. Es darf aber nicht vergessen werden, daß die vor Inkrafttreten des EWG-Vertrages in den Mitgliedstaaten geltenden Regelungen ebenfalls den marktwirtschaftlichen Prinzipien nicht entsprachen. Der mit dem EWG-System unternommene Versuch, den Marktmechanismus stärker ins Spiel zu bringen, ist bei wichtigen Produkten bisher daran gescheitert, daß die Interventionspreise sich nicht an Angebot und Nachfrage orientierten, sondern zu hoch festgesetzt und durch einen prohibitiven Außenschutz abgesichert wurden. Das gegenwärtige Agrarsystem der EWG hat zwar die handelspolitische Entscheidungsfähigkeit und die Reputation der Europäischen Wirtschaftsgemeinschaft stark belastet; es kann aber kein sicheres Urteil darüber abgegeben werden, ob die Dinge günstiger liegen würden, wenn es noch eine nationale Agrarpolitik gäbe. Die Agrarlobby hat sich gerade in der Bundesrepublik in den vergangenen 30 Jahren als äußerst wirksam erwiesen. Der Erfolg des marktwirtschaftlichen Systems in den übrigen Sektoren der Wirtschaft läßt die Fehler der Agrarpolitik als besonders schwerwiegend erscheinen, gibt aber Hinweise darauf, wie dieses System reformiert werden könnte.[8] Allerdings wird eine Reform der Agrarpolitik im marktwirtschaftlichen Sinn durch das Einstimmigkeitsprinzip sehr erschwert.

## 5. Freizügigkeit der Personen

Die Freizügigkeit der Arbeitnehmer wurde verhältnismäßig schnell und vollständig durchgeführt, die Freizügigkeit der Selbständigen läßt noch zu wünschen übrig, obgleich in den letzten Jahren erhebliche Fortschritte erzielt werden konnten. Die Bundesrepublik hat bis vor einigen Jahren die Anwer-

8 Vgl. hierzu *Hermann Priebe* in Band 6 der Reihe: Möglichkeiten und Grenzen einer Europäischen Union, herausgegeben von *Hans von der Groeben* und *Hans Möller,* Baden-Baden, 1979.

bung von Gastarbeitern sehr gefördert, sie muß für die vollständige Eingliederung der Gastarbeiter aus den EWG-Staaten sorgen, wenn diese nicht mehr in ihr Heimatland zurückkehren wollen. Dies ist aber hauptsächlich ein finanzielles Problem und erfordert Maßnahmen auf dem Gebiete der Bildung und Ausbildung, der Bereitstellung von Wohnraum, der sozialen Fürsorge, um die gesellschaftliche Eingliederung und Gleichstellung sicherzustellen.

## 6. Die Freiheit des Kapitalverkehrs

Der EWG-Vertrag fordert die Freiheit des Kapitalverkehrs nur insoweit, als dies für das Funktionieren des Gemeinsamen Marktes notwendig ist. Wegen des engen Zusammenhanges mit der ungelösten Währungsfrage wurden nur geringe Fortschritte auf diesem Gebiete erzielt. Die Bundesrepublik hielt grundsätzlich an ihrer Liberalisierungspolitik fest, wenn sie auch von Fall zu Fall Maßnahmen zur Abschirmung ihrer Stabilitätspolitik ergreifen mußte. Dies war und ist aber ein weltweites Problem, das nicht speziell den EWG-Regeln oder der EWG-Politik angelastet werden kann. Im übrigen hat das Entstehen und das Funktionieren des Euro-Dollar-Marktes sehr wesentlich dazu beigetragen, die internationale Finanzierung wichtiger Vorhaben trotz Abschließung einiger nationaler Kapitalmärkte zu ermöglichen.

## 7. Steuerharmonisierung

Beim Inkrafttreten des EWG-Vertrages gab es in den Mitgliedstaaten sehr unterschiedliche Systeme und Sätze der allgemeinen Umsatzsteuer und der speziellen Verbrauchssteuern. Der EWG-Vertrag geht wie das GATT vom Bestimmungslandprinzip aus, so daß im grenzüberschreitenden Verkehr eine Rückvergütung in Höhe des Steuersatzes des Ursprungslandes gezahlt und eine Ausgleichsabgabe in Höhe des Steuersatzes des Bestimmungslandes erhoben wird. Auf diese Weise sollte unter vorläufigem Verzicht auf die Abschaffung der Steuergrenzen weitgehende Wettbewerbsneutralität erreicht werden, was aber hinsichtlich der in einigen Ländern der Gemeinschaft geltenden kumulativen Allphasenumsatzsteuer nicht der Fall war. Der Grenzausgleich konnte nicht exakt vorgenommen werden, sondern mußte pauschaliert werden, wobei wettbewerbsverfälschende Praktiken nicht ausgeschlossen werden konnten. Die Nachprüfung war mit großen Schwierigkeiten verbunden. Ein weiterer Nachteil dieser Umsatzsteuer bestand in ihrer konzentrationsfördernden Wirkung.

Die Kommission der Europäischen Wirtschaftsgemeinschaft beauftragte im Jahre 1960 einen Steuer- und Finanzausschuß damit, zu ermitteln, ob und inwieweit Unterschiede in den öffentlichen Finanzwirtschaften der Mitgliedstaaten die Errichtung eines Gemeinsamen Marktes, der binnenmarktähnliche Bedingungen aufweist und keine Steuergrenzen kennt, sowie die Verwirklichung anderer Ziele der Gemeinschaft, wie namentlich die Förderung des Wettbewerbs und des wirtschaftlichen Wachstums, erschweren oder unmöglich machen. Mitglieder dieses Sachverständigenausschusses waren Wissenschaftler aus allen Mitgliedstaaten und aus den Vereinigten Staaten von Nordamerika sowie Beamte der Kommission; der Vorsitzende des Ausschusses und zugleich Generalberichterstatter war *Professor Dr. Fritz Neumark,* Frankfurt/Main. Der Ausschuß legte seinen Bericht, der nicht nur eine ausgezeichnete Analyse gab, sondern auch Lösungsvorschläge enthielt, im Jahre 1962 vor. Aufgrund des Vorschlages der EWG-Kommission vom 5. November 1962, der im Europäischen Parlament, im Wirtschafts- und Sozialausschuß und im Ministerrat eingehend diskutiert und verschiedentlich abgeändert wurde, erließ der Ministerrat der EWG am 11. 4. 1967 eine erste Richtlinie zur Harmonisierung der Rechtsvorschriften der Mitgliedstaaten über die Umsatzsteuer, die für alle Mitgliedstaaten die Einführung der Mehrwertsteuer obligatorisch machte. Durch diese Initiative der Kommission wurden die gleichzeitigen Bemühungen in der Bundesrepublik zur Einführung des Mehrwertsteuersystems gefördert, da als Begründung nunmehr nicht nur die Neutralität des Mehrwertsteuersystems in Bezug auf Konzentrationsvorgänge, sondern auch die Beseitigung von Wettbewerbsverfälschungen im grenzüberschreitenden Verkehr angeführt werden konnte. Dies ist für das Funktionieren des Gemeinsamen Marktes von erheblicher Bedeutung. Die konstruktive Haltung der Bundesrepublik hat die Annahme der Richtlinie und die Einführung des Mehrwertsteuersystems in allen Mitgliedstaaten sehr erleichtert. Damit war ein weiterer wichtiger Schritt in Richtung auf binnenmarktähnliche Verhältnisse in der EWG getan.

## 8. Vorausschau und mittelfristige Wirtschaftspolitik

Der EWG-Vertrag geht davon aus, daß die Zuständigkeit für die Wirtschafts- und Währungspolitik primär bei den Mitgliedstaaten verblieben ist;[9] er verpflichtet die Mitgliedstaaten, ihre Wirtschaftspolitik zu koordinieren, um das Funktionieren des Gemeinsamen Marktes zu ermöglichen, die nationale Politik auf die Ziele des magischen Vierecks auszurichten und dabei die

9 Eine andere Meinung vertritt *Zuleeg,* a.a.O. S. 84.

Interessen der Gemeinschaft zu wahren. Damit hatten sich die Mitgliedstaaten eine weitgehende Autonomie hinsichtlich der Art und des Umfangs wirtschaftspolitischer Maßnahmen, insbesondere soweit es sich um Eingriffe in das marktwirtschaftliche System handelt, vorbehalten. Diese sehr grundsätzliche Feststellung wird nicht dadurch beeinträchtigt, daß der Ministerrat nach Art. 103 des Vertrages auf Vorschlag der Kommission Maßnahmen ergreifen kann, um unerwünschten Entwicklungen der Konjunktur zu begegnen. Einmal handelt es sich hierbei nicht um eine allgemeine Zuständigkeit für eine gemeinsame Wirtschafts- und Währungspolitik, sondern um eine Ermächtigung zu speziellen Maßnahmen für eine besondere Situation, zum anderen sieht der Vertrag Einstimmigkeit im Ministerrat vor, so daß es jedem Mitgliedstaat frei bleibt zu beurteilen, ob er eine Maßnahme für notwendig hält und wie diese ausgestaltet werden soll. Schon damals wurde aber insbesondere von der Kommission der Europäischen Wirtschaftsgemeinschaft[10] die Meinung vertreten, daß das Ordnungssystem des Gemeinsamen Marktes auf die Dauer nur Bestand haben würde, wenn es gelänge, durch Koordinierung der nationalen Wirtschaftspolitiken die Strukturen, Interessen und Ziele der Wirtschaftspolitik so einander anzunähern, daß eine gemeinsame Wirtschaftspoltitik ermöglicht wird. Damals schienen die Voraussetzungen hierfür gegeben zu sein, da das Festkurssystem des IMF noch intakt war und die Konjunkturlage und die Entwicklung der Preise innerhalb der Gemeinschaft keine allzu großen Unterschiede aufwies. Die Kommission entwickelte ihre Gedanken hierzu in dem Aktionsprogramm für die zweite Stufe vom 24. 10. 1962. Darin wurde kein Zweifel über die fundamentale Bedeutung des Wettbewerbssystems und des Marktmechanismus für die Entwicklung der Europäischen Wirtschaftsgemeinschaft gelassen. In der Absicht, die nationalen Wirtschaftspolitiken kohärenter zu gestalten und mehr auf die gemeinsamen Ziele auszurichten, wurde ferner in diesem Aktionsprogramm vorgeschlagen, gemeinsam jährliche Gesamtvorausschätzungen der wirtschaftlichen Entwicklung in Form von Wirtschaftsbudgets, die durch partielle Vorausschätzungen für die einzelnen Wirtschaftszweige ergänzt werden sollten, vorzunehmen. Auch längerfristige Vorausschauen wurden für notwendig gehalten, um eine rationale Verteilung der Mittel der öffentlichen Hand und eine Abstimmung der Infrastrukturmaßnahmen zu ermöglichen und daraus Erkenntnisse für die Zweckmäßigkeit und den Umfang einzelner Programme insbesondere für die Struktur- und Regionalpolitik zu gewinnen. Außerdem versprach sich die Kommission von einer solchen längerfristigen Vorausschau günstige Auswirkungen für die Verbesserung der

10 Vgl. hierzu insbesondere die eingehenden Ausführungen des Aktionsprogramms für die zweite Stufe vom 24. 10. 1962.

Wettbewerbspolitik und eine rationellere Gestaltung der Maßnahmen auf dem Gebiete der Einkommenspolitik. Diese Vorschläge führten zu einer recht heftigen, aber im Ergebnis äußerst fruchtbaren Diskussion über die zukünftige Wirtschaftsordnung der Gemeinschaft. Der gegen die Kommission erhobene Vorwurf planwirtschaftlicher und dirigistischer Absichten war ungerechtfertigt, weil sie eine solche Veränderung des Wirtschaftssystems der EWG nicht vorgeschlagen hatte, und gegenstandslos, weil hierzu die im Vertrag geregelten Zuständigkeiten und Entscheidungsmöglichkeiten der Gemeinschaftsorgane gar nicht ausgereicht hätten. Diese Diskussionen und insbesondere auch die Stellungnahmen des Europäischen Parlaments und des Wirtschafts- und Sozialausschusses gaben der Kommission Veranlassung, ihre Auffassung in dem Dokument »Empfehlungen der Kommission an den Rat zur mittelfristigen Wirtschaftspolitik der Gemeinschaft« vom 25. 7. 1963 neu zu formulieren. Dabei waren mißverständliche Formulierungen des Aktionsprogramms verbessert und die marktwirtschaftliche Grundlage des EWG-Systems klar herausgestellt. Ich habe damals vor der List-Gesellschaft[11] dargelegt, warum die EWG-Kommission eine solche längerfristige Vorausschau für zweckmäßig und notwendig hielt. Die Auffassung der Kommission stimmte in allen wesentlichen Punkten mit den Ausführungen des Gutachtens des Wissenschaftlichen Beirats beim Bundeswirtschaftsministerium vom 9. 11. 1963 über »Die wirtschaftliche Vorausschau aus mittlerer Sicht« überein. Die Hoffnungen der Kommission, daß diese Initiativen und die Programme über die mittelfristige Wirtschaftspolitik zu einer größeren Kohärenz der nationalen Wirtschaftspolitiken führen würde, haben sich nur teilweise erfüllt. Die Krise des Weltwährungssystems, die unterschiedlichen Preissteigerungsraten innerhalb des Gemeinsamen Marktes, die eher wachsenden regionalen Ungleichgewichte machten es praktisch unmöglich, sich über gemeinsame Ziele und Methoden der Wirtschaftspolitik zu einigen, besonders, nachdem auch der politische Wille hierzu durch die französische Ablehnung jeder Verstärkung der Zuständigkeiten der Gemeinschaft entscheidend geschwächt war (Politik des leeren Stuhles 1965/66). Immerhin gelang es, den Bestand und das Funktionieren des Gemeinsamen Marktes auch über die Weltwirtschafts- ind Weltwährungskrise hinaus zu erhalten.

Die europäische »Diskussion« brachte für die Wirtschaftsordnung und Wirtschaftspolitik der Bundesregierung sehr wichtige Erkenntnisse, die zunächst in dem schon erwähnten Gutachten des Wissenschaftlichen Beirats beim Bundeswirtschaftsministerium ihren Ausdruck fanden, bereits im Jahre 1964 von Bundeswirtschaftsminister *Schmücker* aufgenommen wurden und schließlich in

11 Vgl. *Alfred Plitzko*, Planung ohne Planwirtschaft, Basel, 1964; S. 195.

das Gesetz zur Förderung der Stabilität und des Wachstums der Wirtschaft vom 8. Juni 1967 (Stabilitätsgesetz) eingingen. Das Stabilitätsgesetz sieht vor, daß die Bundesregierung im Januar eines jeden Jahres einen Jahreswirtschaftsbericht abzustatten hat. Die angestrebten wirtschafts- und finanzpolitischen Ziele (Jahresprojektion) und die für das laufende Jahr geplante Wirtschafts- und Finanzpolitik sind darin aufzuzeigen. Der Haushaltswirtschaft des Bundes ist eine fünfjährige Finanzplanung zugrundezulegen, für die die Bundesminister in ihrem Geschäftsbereich mehrjährige Investitionsprogramme aufstellen. Im Falle der Gefährdung eines der Ziele des magischen Vierecks soll die Bundesregierung außerdem Orientierungsdaten für ein aufeinander abgestimmtes Verhalten (Konzertierte Aktion) der Gebietskörperschaften, der Gewerkschaften und der Unternehmensverbände und eine Darstellung der gesamtwirtschaftlichen Zusammenhänge zur Verfügung stellen. Schon diese wenigen naturgemäß unvollständigen Angaben über den Inhalt des Stabilitätsgesetzes zeigen, daß sich nicht zuletzt aufgrund der Diskussionen in der EWG die deutschen Auffassungen gewandelt hatten. Inzwischen hat sich gezeigt, daß die Erwartungen zu hoch gesteckt waren. Angesichts der weltwirtschaftlichen Entwicklungen, politischer und militärischer Krisen und des hiermit verbundenen Auf und Ab der Konjunktur ist es immer schwieriger geworden, einigermaßen verläßliche mittelfristige Voraussagen über die wirtschaftliche Entwicklung zu machen. Ja selbst die jährlichen Voranschläge müssen oft korrigiert werden. Die Möglichkeiten, die Konjunktur durch gezielte Eingriffe oder Veränderungen der Rahmenbedingungen rechtzeitig zu beeinflussen, sind stark überschätzt worden, so daß heute mehr einer »Verstetigung« der Wirtschaftspolitik der Vorzug gegeben wird. Betrachtet man die Entwicklung der letzten 10 Jahre im Hinblick auf die Wirtschaftsordnung der Bundesrepublik, so hat der EWG-Vertrag und die europäische Diskussion nicht etwa eine Gefährdung dieser Ordnung mit sich gebracht, sondern einen marktkonformen Ausbau, um den durch die Marktwirtschaft nicht gelösten Problemen besser Rechnung tragen zu können. In anderen Ländern des Gemeinsamen Marktes, die ursprünglich mehr einer staatlichen Wirtschaftslenkung zuneigten, war dagegen eine stärkere Beachtung marktwirtschaftlicher Gedanken zu bemerken.

## 9. Sektorale und regionale Strukturpolitik (Industriepolitik)[12]

Auch hier ist die Lage nach dem EWG-Vertrag klar. Die Mitgliedstaaten sind zuständig geblieben und verpflichtet, ihre Politik zu koordinieren, soweit dies

12 Vgl. *Wolfgang Hillebrand:* Hypothesen zur zukünftigen Entwicklung der Industriepolitik der Gemeinschaft. Berlin, 1978.

zur Erreichung der Ziele des Gemeinsamen Marktes notwendig ist. Danach ist es in erster Linie Aufgabe der Mitgliedstaaten, die für die Lösung der regionalen und sektoralen Strukturprobleme erforderlichen Maßnahmen zu ergreifen. Aber auch die Organe der Gemeinschaft konnten nicht untätig bleiben, weil die wirtschaftlichen und sozialen Folgen des Strukturwandels sich ungünstig auf das Funktionieren des Gemeinsamen Marktes auszuwirken begannen. Soweit die Vorschläge der Kommission darauf hinausliefen, das marktwirtschaftliche Instrumentarium zu verbessern oder die nationalen Maßnahmen zu unterstützen oder besser zu koordinieren, wurden sie von den Mitgliedstaaten im allgemeinen günstig aufgenommen. Dies gilt insbesondere auch für die Regionalpolitik und den Regionalfonds. Die zu Anfang der 70er Jahre gemachten Versuche der Kommission, die Industriepolitik stärker planmäßig zu beeinflussen, waren im wesentlichen erfolglos. Allerdings zeigte sich in den letzten Jahren eine gefährliche Tendenz, Schwierigkeiten, die durch den Strukturwandel und die Einfuhr preiswerter Erzeugnisse aus dritten Ländern hervorgerufen wurden, durch protektionistische Maßnahmen oder Eingriffe in das Marktgeschehen abzufangen.[13]

## 10. Währungsfragen

Der EWG-Vertrag setzt das in Bretton Woods verabredete Festkurssystem des IMF gewissermaßen voraus; besonders das Agrarsystem baut darauf auf. Wie schon erwähnt, ergaben sich in den ersten Jahren des Gemeinsamen Marktes in diesem Bereich keine unüberwindlichen Schwierigkeiten. In der Folgezeit kam es aber zu unterschiedlichen Inflationsraten innerhalb des Gemeinsamen Marktes, so daß es immer schwieriger wurde, gleichzeitig Freihandel und feste Wechselkurse aufrecht zu erhalten, wenn weder die Länder mit höherer Inflation zu einer Stabilisierungspolitik, noch die Stabilitätsländer zu einer Inflationspolitik bereit waren. Hier gab es nun eine unterschiedliche Interessenlage. Während die EWG-Kommission versuchte, das Festkurssystem solange als möglich zu erhalten, um die Aushöhlung des Gemeinsamen Marktes und ein Scheitern der Agrarpolitik zu vermeiden, lehnten die Mitgliedstaaten mit einer vergleichsweise niedrigen Inflationsrate es ab, Inflationspolitik zu betreiben oder Inflation zu importieren. Da die Chance, rechtzeitig zu einer gemeinsamen Wirtschafts- und Währungspolitik zu gelangen, schon Mitte der 60er Jahre aus politischen Gründen vertan war, stand die EWG-Kommission hierbei allerdings von vornherein auf verlorenem Posten. Die Kräfte des

13 Vgl. hierzu die Ausführungen am Ende von III.

Marktes setzten sich ungestüm durch und führten zu flexiblen Wechselkursen, wobei es nur innerhalb der »Kleinen Schlange« gelang, Regeln für das Floaten aufzustellen. Insoweit galt es also in der Tat vom Standpunkt der Bundesrepublik aus, Gefahren für die eigene Wirtschaftsordnung abzuwehren. Die Währungsprobleme des Gemeinsamen Marktes blieben ungelöst. Erst Ende des Jahres 1978 wurde mit dem Vorschlag des europäischen Währungssystems (EWS) ein neuer Versuch unternommen.

## 11. Sozialpolitik

Die Freizügigkeit der Arbeitnehmer und Regelungen für die soziale Sicherheit der Wanderarbeiter wurden in der EWG frühzeitig verwirklicht. Die Errichtung des Gemeinsamen Marktes trug dazu bei, die Diskussionen über Fragen der Berufsausbildung, der Bekämpfung der Arbeitslosigkeit und der bestmöglichen Gestaltung der sozialen Sicherheit auf europäischer Ebene zu intensivieren. Welche Rückwirkungen davon auf die Gestaltung der nationalen Systeme ausgegangen sind, wird sich nur schwer feststellen lassen. Der Wettstreit der Systeme dürfte aber zur Verbesserung der sozialen Lage der Arbeitnehmer und damit zur Konsolidierung der Wirtschaftsordnung beigetragen haben.

## 12. Mitbestimmung

Die im Betriebsverfassungsgesetz und im Mitbestimmungsgesetz der Bundesrepublik getroffenen Regelungen, die das Stimmrecht und die Zugehörigkeit der Arbeitnehmer in den Aufsichtsgremien der Handelsgesellschaften betreffen, stießen in den anderen Ländern der EWG in den 60er Jahren noch auf weitgehende Ablehnung oder auf Unverständnis sowohl bei den Unternehmern als auch bei den Gewerkschaften. Dies zeigte sich noch im Jahre 1969 bei der von der Kommission durchgeführten Anhörung über ihren Vorschlag für das Statut einer Europäischen Aktiengesellschaft. Die Kommission betrat deswegen für viele Bürger der EWG Neuland, als sie im Juli 1970 in diesem Entwurf vorschlug, ein Drittel der Aufsichtsratsmitglieder von den Arbeitnehmern wählen zu lassen. Inzwischen haben sich auch Gruppierungen in anderen Mitgliedstaaten mit diesen Gedanken befreundet. Das Statut für die Europäische Aktiengesellschaft ist bisher noch nicht in Kraft getreten. Mit der Ausdehnung des Mitbestimmungsrechts auf das gesamte Gebiet des Gemeinsamen Marktes würden die Bemühungen der Bundesrepublik anerkannt werden, der sozialen Komponente der Marktwirtschaft durch eine stärkere

Mitwirkung der Arbeitnehmer am Wirtschaftsprozeß größeres Gewicht zu verleihen.

## III Gesamtbeurteilung

Auch wenn die vorstehenden Erwägungen im Rahmen dieses Beitrages nicht vertieft werden konnten, zeigen die angeführten Beispiele, daß sehr enge Wechselbeziehungen zwischen dem EWG-System und der Wirtschaftsordnung der Bundesrepublik bestehen. Einerseits ist das normative und institutionelle System der EWG durch die Wirtschaftsordnung der Bundesrepublik und die damit gemachten Erfahrungen stark beeinflußt worden, andererseits hat aber auch das EWG-System in vielfältiger Weise auf die Gesetzgebung und die Wirtschaftspolitik in der Bundesrepublik eingewirkt und die Wirtschaftsordnung der Bundesrepublik durch räumliche Ausweitung und institutionelle Absicherung erst zur vollen Wirksamkeit kommen lassen. Die Erhaltung und das Funktionieren des EWG-Systems ist im übrigen für die Wirtschaftsordnung der Bundesrepublik in den letzten Jahren noch wichtiger geworden, da die weltweiten Regeln des IMF und des GATT, nicht zuletzt wegen der ungelösten Probleme der Beziehungen zu den unterentwickelten Ländern, aufgeweicht wurden oder gar unwirksam geworden sind.
Bei aller Anerkennung der wirtschaftlichen und sozialen Erfolge der Wirtschaftsordnung der Bundesrepublik und des EWG-Systems muß man sich jedoch darüber klar sein, daß es auch in Westeuropa zahlreiche Gegner dieses Systems gibt, die sich in einzelnen kommunistischen oder sozialistischen Parteien und in sonstigen Gruppierungen wirksame Plattformen geschaffen haben und an die Macht drängen, um ihre abweichenden Ideen durchsezten zu können. In diesen Kreisen ist es üblich, das marktwirtschaftliche System für die Verschlechterung der Umweltbedingungen und der Lebensqualität, für die verschwenderische Ausbeutung der Rohstoff- und Energiequellen verantwortlich zu machen und ihm Zentralismus, Technokratie, seelenlose Mechanisierung, mangelnde Gerechtigkeit, Übersteigerung des Leistungsprinzips, mangelnde soziale Einstellung und Manipulation des Menschen, die seine Selbstverwirklichung verhindert, vorzuwerfen. Viele dieser Vorwürfe entspringen vielleicht einem wirklichkeitsfremden Streben nach einer besseren Welt, sehr häufig handelt es sich aber um Vorwände, um an die Macht zu kommen. Gemeinsam ist allen diesen Politikern und Gruppen ein Übermaß an Kritik an den bestehenden Zuständen und das Fehlen jeder konkreten Alternative für eine Wirtschafts- und Gesellschaftspolitik, die den Wohlstand erhält und den Lebensstandard verbessert, ohne die Freiheit einzuschränken. Sicherlich sind

viele Probleme noch ungelöst; die Entwicklung der Bundesrepublik hat aber gezeigt, daß es im Rahmen der Sozialen Marktwirtschaft möglich ist, nicht nur den Lebensstandard aller Bürger beträchtlich zu erhöhen, sondern auch zu einer besseren Verteilungsgerechtigkeit zu kommen und das Sozialsystem in großzügiger Weise auszubauen.

Im gegenwärtigen Integrationssystem, das auf den drei Pfeilern Gemeinsamer Markt, Koordinierung der Wirtschaftspolitik und politischer Zusammenarbeit (EPZ) beruht,[14] stehen wir vor dem Dilemma, daß zwar die Grundsätze für die Wirtschaftsordnung und deren Kontrolle durch Europäisches Recht festgelegt sind, daß aber die Eingriffspolitik, also insbesondere die sektorale und regionale Strukturpolitik, die Umverteilungspolitik, die Sozialpolitik etc. in den Händen der Mitgliedstaaten verblieben ist.[15] Insoweit ist die Gemeinschaft auf das schwache Instrument der Koordinierung der nationalen Wirtschaftspolitiken angewiesen, um ihre Ziele zu erreichen und die Erfüllung dringender Aufgaben zu gewährleisten. Derzeit bedrohen Arbeitslosigkeit, sektorale und regionale Probleme und zu hohe Inflationsraten nicht nur die Wirtschafts- und Gesellschaftsordnung der Mitgliedstaaten, sondern den Bestand der Gemeinschaft. Diese Problematik wird sich bei der Erweiterung durch die Länder Griechenland, Spanien und Portugal noch verschärfen. Die Meinungen über die Prioritäten und die Methoden der Wirtschaftspolitik, die zur Lösung dieser Probleme angewendet werden sollen, gehen innerhalb der Mitgliedstaaten und zwischen den Regierungen der Mitgliedstaaten noch auseinander. Während in der Bundesrepublik nach Möglichkeiten gesucht wird, marktkonforme Wege zu beschreiten,[16] befürworten andere stärkere Eingriffe in den Marktmechanismus.

Die Gemeinschaft steht also vor der großen Aufgabe, die Funktionsfähigkeit des marktwirtschaftlichen Systems zu erhalten, aber gleichzeitig Mittel und Wege zu finden, um den genannten Gefahren zu begegnen. In diesem Rahmen wird auch über eine Verstärkung der Einflußmöglichkeiten der Gemeinschaft nachgedacht werden müssen. Doch dies ist ein Thema für sich.

14 Vgl. *Hans von der Groeben:* Die Europäische Gemeinschaft zwischen Förderation und Nationalstaat (Einleitung Handbuch für Europäische Wirtschaft), Baden-Baden, 1977 und: Die Erweiterung der Europäischen Gemeinschaft durch Beitritt der Länder Griechenland, Spanien, Portugal; IV. Ziff. 1 und 2 (Band 1 der Reihe: Möglichkeiten und Grenzen einer Europäischen Union), Baden-Baden, 1979.

15 Wie *Hans Möller* und *Wolfgang Cezanne* in Band 5 der Reihe: Möglichkeiten und Grenzen einer Europäischen Union – Titel: Die Europäische Union als Währungsunion? – nachgewiesen haben, ist das europäische Ordnungssystem hauptsächlich durch die ungeregelte Wechselkursflexibilität bedroht.

16 Vgl. hierzu das Gutachten des Wissenschaftlichen Beirats des Bundeswirtschaftsministeriums vom 12. 1. 1979: Staatliche Interventionen in einer Marktwirtschaft.

# 3. Der Einfluß liberaler Vorstellungen auf die Gründungsverträge der Europäischen Gemeinschaften

Die Chancen für eine Vergemeinschaftung der Wirtschaftspolitik während der Vertragsverhandlungen waren gering. Die Gründe dafür sind einleuchtend. Solange es keine Gewißheit über den künftigen wirtschaftspolitischen Kurs gab, mußten die Verfechter der Marktwirtschaft erhebliche Bedenken haben, Gemeinschaftsorganen weitgehendere Zuständigkeiten zu übertragen. Auch konnte man auf eine Vergemeinschaftung der Eingriffspolitik zunächst verzichten, da wesentliche Bedingungen für eine harmonische Wirtschaftsentwicklung der Mitgliedsstaaten – systemfeste Wechselkurse, Stabilitätspolitik, hohe Beschäftigung und ausgeglichene Zahlungsbilanzen – gegeben waren. Diese Voraussetzungen sind nur noch bedingt, wenn überhaupt, gegeben. Die Stabilisierung des Integrationssystems durch Eingriffspolitiken bleibt deshalb ein Desiderat. Geprägt von de Gaulles Veto, das zugleich Ende aller Bemühungen für eine stärkere Vergemeinschaftung der Eingriffspolitik bedeutete, und mit Rücksicht auf ordnungspolitische Überlegungen, warnt von der Groeben jedoch vor Hoffnungen auf einfache Rezepte und schnelle Lösungen.

*Quelle:* Hans von der Groeben, Der Einfluß liberaler Vorstellungen auf die Gründungsverträge der Europäischen Gemeinschaften, in: Vorstand des Arbeitskreises Europäische Integration e. V. (Hg.), Politische Grundströmungen im europäischen Integrationsprozeß, Baden-Baden, 1982, S. 9 – 25

Das Vorhaben des Vorstandes, den Einfluß politischer oder wirtschaftspolitischer Grundströmungen auf den Integrationsprozeß zum Gegenstand dieses Jahreskolloquiums zu machen, habe ich sehr begrüßt. Gerade die Entwicklung der letzten Jahre mit dem konservativen Experiment in Großbritannien und dem sozialistischen Neuanfang in Frankreich haben uns gezeigt und werden uns zeigen, welch großen Einfluß die Grundmuster der Wirtschafts- und Gesellschaftsordnung für den Bestand und die Weiterentwicklung der Europäischen Gemeinschaften haben. Wenn auch die mir gestellte Aufgabe einen mehr historischen und analytischen Charakter hat, so werde ich im zweiten Teil meiner Ausführungen auch einige Bemerkungen über die sich hieraus für die Zukunft ergebenden Schwierigkeiten und Lösungsmöglichkeiten machen.

**Die Vorgeschichte**

Zunächst einige wenige stichwortartige Bemerkungen zur Geschichte der Europäischen Wirtschaftsgemeinschaft, wobei ich die Betrachtung der wirtschaftlichen Integration in engem Zusammenhang mit der politischen Entwicklung stellen werde. Nach dem Scheitern des Vertrages über die Europäische Verteidigungsgemeinschaft in der französischen Nationalversammlung im Sommer 1954 ging es um die Frage, ob der Integrationsprozeß unter den sechs Mitgliedsstaaten der Montanunion überhaupt fortgesetzt werden sollte und, falls diese Frage bejaht wurde, welche Ziele und welche Methoden hierfür in Betracht kämen.
Es hatte sich gezeigt, daß der institutionell-politische Ansatz auf erhebliche Widerstände stieß, besonders soweit es sich um die Vergemeinschaftung im Verteidigungsbereich handelte, der nach wie vor von den führenden Gruppen und den Bevölkerungen – jedenfalls außerhalb der Bundesrepublik – als eine nationale Domäne angesehen wurde. So griffen überzeugte Europäer wie der holländische Außenminister Beyen, der belgische Außenminister Spaak, Jean Monnet und ihre engsten Mitarbeiter auf den schon der Errichtung der Montanunion zugrundeliegenden Gedanken zurück, eine verstärkte wirtschaftliche Integration zum Kern und Anfang einer politischen Entwicklung zu machen. Auch in der Bundesrepublik bildete sich eine Gruppe von Politikern und Beamten, um der Integration der Sechs neuen Auftrieb zu geben; ich nenne hier die Namen Etzel, Hallstein, Rust und Ophüls, mit denen ich als Leiter der Schumanplan-Abteilung des Bundeswirtschaftsministeriums zusammenarbeitete. Der wirtschaftliche Ansatz war auch deshalb erfolgversprechend, weil nach den schlechten Erfahrungen, die man mit nationaler Kleinstaaterei, Protektionismus und Dirigismus gemacht hatte, das Anliegen, einen großen Europä-

ischen Gemeinsamen Markt zu schaffen, bei der überwiegenden Mehrheit der führenden Gruppen in Wirtschaft und Gesellschaft und auch in der Bevölkerung selbst auf Zustimmung rechnen konnte. Nur so konnten die Voraussetzungen für die volle Ausnutzung der neuen technischen und betriebswirtschaftlichen Möglichkeiten geschaffen und die Finanzierung sichergestellt werden, nur so bestand die Aussicht, dem Wettbewerb aus dem großen amerikanischen Markt auf die Dauer standhalten zu können. Marktwirtschaftliche Gedanken (die Meistbegünstigung, eine liberale Handelspolitik mit niedrigen Zöllen, Regeln für einen fairen und unverfälschten Wettbewerb, die Konvertibilität der Währungen) hatten bei der Neuordnung des Welthandels- und Weltwährungssystems und der Gründung der Organisationen GATT, Internationaler Währungsfonds und Weltbank Pate gestanden und ihre ersten Bewährungsproben abgelegt.

Angesichts der unverminderten Gegensätze zwischen Ost und West und des Kalten Krieges wurde eine Verstärkung des wirtschaftlichen Potentials in Westeuropa auch aus militärischen Gründen, nämlich als Voraussetzung für den Aufbau einer angemessenen europäischen Verteidigungsstreitkraft, für notwendig gehalten.

Der Gedanke, Europa oder besser eine europäische Föderation oder Konföderation *als Ziel an sich* oder gewissermaßen als Selbstzweck anzusehen, war nicht zuletzt wegen der negativen Erfahrungen mit der EVG gegenüber dem funktionalen Denken in den Hintergrund getreten. Man fragte nach den Werten, Zielen und Aufgaben, die erfüllt werden sollten und nicht von den bisherigen nationalen Steuerungssystemen bewältigt werden konnten, und erst in zweiter Linie nach den Institutionen und Methoden, die dafür notwendig und angemessen sind. Das Denken in Zielmittelsystemen gerät nun leicht in Gefahr, die sachliche verstandesmäßige Komponente zu überschätzen und zu verkennen, wie stark Politik, besonders wenn es sich um die Veränderung althergebrachter Verfassungssysteme handelt, von Gefühlen und mehr oder minder festen Meinungen oder sogar Vorurteilen bestimmt ist. In diesem Zusammenhang ist auf die fundamentalen Unterschiede zwischen dem deutschen Einigungsprozeß im 19. Jahrhundert und den Anstrengungen zum europäischen Zusammenschluß in unserer heutigen Zeit hinzuweisen. Damals gab es in Deutschland eine stark gefühlsbetonte Bewegung, die von den führenden Gruppen des Bürgertums und weiten Bevölkerungskreisen getragen wurde, die einen deutschen Nationalstaat als vordringliches, weitgehend alles politische Denken beherrschendes Ziel ansahen. Jeder praktische Schritt in diese Richtung konnte auf Zustimmung rechnen, auch wenn vielleicht einzelne Interessen dem entgegenstanden oder einzelne Gruppen wie z. B. beachtliche Teile des preußischen Adels damit nicht einverstanden waren. Selbstverständlich haben dabei auch wirtschaftliche Überlegungen, z. B. der Freiverkehr in einem einheitlichen Zollgebiet, die Rechtsangleichung durch Schaffung eines einheitlichen Handels- und Wechselrechtes usw., eine erhebliche Rolle gespielt; sie hätten allein wohl aber kaum ausgereicht, um den mit der Gründung des Norddeutschen Bundes und des Deutschen Reiches unternommenen qualitativen Schritt der grundlegenden Veränderung der Zuständigkeitsregeln zwischen Reich und Ländern zu legitimieren. Zweifellos gab es auch am Anfang des europäischen Einigungsprozesses stark emotionale Elemente, die sich aus den negativen Erfahrungen der Vergangenheit und der Erkenntnis herleiten lassen, daß es den europäischen Nationalstaaten nicht gelungen war, den Frieden zu erhalten und eine den Erfordernissen der Moderne entsprechende Gesellschaftsordnung zu schaffen. Ein neuer Anfang wurde gefordert, die europäische Einigung in diesen Rahmen gestellt. Es zeigte sich jedoch sehr bald, daß diese Bewegung aus sich selbst heraus nicht stark genug war, um die Politiker zu motivieren und die europäische Einigung zu einem vordringlichen und unbestrittenen Ziel zu machen. Die Bevölkerung stand dem Gedanken der europäischen Einigung zwar wohlwollend gegenüber und wäre wohl bereit gewesen, ziemlich weitgehend mitzumachen; von den politischen Akteuren waren aber nur wenige bereit, andere Ziele im Interesse der europäischen Einigung zurückzustellen und ihr politisches Schicksal mit dem Einigungsprozeß zu verbinden.

Um so mehr spielten für die Zukunft die verstandesmäßigen Erwägungen hinsichtlich der Notwendigkeit eines wirtschaftlichen Zusammenschlusses und der Schaffung von geeigneten Steuerungsinstrumenten für die Lösung bestimmter Probleme und Aufgaben eine entscheidende Rolle.

Hinsichtlich der Methoden einer verstärkten wirtschaftlichen Zusammenarbeit in Europa gingen die Meinungen auseinander.

Maßgebende Politiker und bedeutende Wissenschaftler hielten weltweite Lösungen, wie sie im GATT und im Internationalen Währungsfonds angelegt sind, für ausreichend und befürworteten auch für Westeuropa ein System der Meistbegünstigung, der Wettbewerbsregeln des GATT, der Konvertibilität, niedriger Zölle und einer liberalen Handelspolitik. Auf institutionellem Gebiet wollte man sich mit den bestehenden Organisationen des GATT und der OEEC begnügen; die Zuständigkeit für die Wirtschaftspolitik sollte uneingeschränkt bei den Nationalstaaten verbleiben, die sich allerdings an die genannten internationalen Regeln der Welthandels- und Weltwährungsordnung zu halten hätten. Hervorragende Vertreter dieser Richtung waren Bundeswirtschaftsminister Ludwig Erhard und Professor Wilhelm Röpke.

Jean Monnet und eine Gruppe seiner Mitarbeiter vertraten mit großem Eifer die Idee der additiven sektoralen Teilintegration, wonach der Montanunion weitere Integrationsbereiche, z. B. für die friedliche Nutzung der Atomenergie, für weitere Sparten der herkömmlichen Energie, für den Verkehr usw., hinzugefügt werden sollten. Von der wirtschaftlichen Gesamtintegration, wie sie später in der Europäischen Wirtschaftsgemeinschaft verwirklicht wurde, hielt Jean Monnet nicht sehr viel; er fürchtete auch, daß sich für diesen Gedanken angesichts der ungünstigen wirtschaftlichen Lage des Frankreichs der Vierten Republik in der Französischen Nationalversammlung keine Mehrheit finden lassen würde. Dagegen wurde in den Niederlanden und in der Bundesrepublik Deutschland sowie im belgischen Wirtschaftsministerium der Gedanke der wirtschaftlichen Gesamtintegration auf der Basis einer Zollunion mit den für das Funktionieren eines solchen Gemeinsamen Marktes notwendigen Institutionen entwickelt. In der Bundesrepublik war auch das Auswärtige Amt, das unter dem Einfluß von Ophüls sehr stark auf das föderative Ziel ausgerichtet war, bereit, die gesamtwirtschaftliche Konzeption der Schumanplan-Abteilung des Bundeswirtschaftsministeriums mitzutragen, sofern im institutionellen Bereich die Ansätze der Montanunion für eine föderative Entwicklung erhalten blieben und ausgebaut würden.

Die französische Regierung neigte unter dem Einfluß von Jean Monnet zunächst dazu, nur eine Gemeinschaft für die friedliche Nutzung der Kernenergie (Euratom) anzustreben. Die Idee des Gemeinsamen Marktes stieß anfangs auf große Skepsis oder sogar erheblichen Widerstand in der Bürokratie und der Wirtschaft. Erst nach dem mißglückten Suez-Abenteuer (1956) entschloß sich die französische Regierung, beide Projekte – nämlich die EWG und Euratom – zu unterstützen.

So hatten die Anhänger der Gesamtintegration, die gleichzeitig überzeugte Verfechter marktwirtschaftlicher Gedanken waren, in den Vorverhandlungen des Jahres 1955 (nach der Konferenz von Messina) ziemlich freie Bahn für die Festlegung der Grundsätze und Regeln des zukünftigen EWG-Systems. Man entschied sich für eine Zollunion und nicht für eine Freihandelszone, für einen GATT-konformen Außentarif, für den Einschluß der Landwirtschaft in den Gemeinsamen Markt, für die Freizügigkeit der Personen, für die Freiheit des Niederlassungsrechts und des Dienstleistungsverkehrs und für einen europäischen Kapitalmarkt. Besonderer Wert wurde auf die Sicherung eines fairen und wirksamen Wettbewerbs gelegt, der durch Verbot oder Kontrolle der Kartelle, ein Verbot des Mißbrauchs marktbeherrschender Stellungen, ein Beihilfeverbot und die Angleichung dazu unterschiedlicher Rechts- und Verwaltungsvorschriften gewährleistet werden sollte. Im sogenannten Spaak-Bericht, der von Pierre Uri und mir redigiert und unter Vorsitz von Spaak von den sechs Delegierten der Mitgliedsstaaten der Montanunion eingesegnet wurde, gelang es, diese Regelungen zu einem einheitlichen Konzept zusammenzufassen, das dann von den Regierungen in Venedig als Grundlage für die Regierungsverhandlungen akzeptiert wurde. Natürlich war es damit noch nicht endgültig gelungen, die unterschiedlichen Meinungen unter einen Hut zu bringen und die Interessen der einzelnen Mitgliedsstaaten und Volkswirtschaften auszugleichen. Es kam also darauf an, einmal das Grundkonzept sicher über die Runden zu bringen, zum anderen aber auch die Regierungen davon zu überzeugen, daß ihre nationalen Interessen, jedenfalls auf längere Sicht gesehen, mit dem Gemeinschaftsinteresse konform gehen würden. Paul Henri Spaak, dem das Hauptverdienst an dem Gelingen der Rom-Verträge zuzumessen ist, hatte die Organisation der Regierungsverhandlungen auf diese Zielsetzung eingestellt. Neben der von ihm präsidierten Gruppe der Delegationsleiter wurde ein Ausschuß für den Gemeinsamen Markt unter meinem Vorsitz, ein Ausschuß für Euratom unter dem Vorsitz des Franzosen Guillaumat und ein Ausschuß für redaktionelle Fragen unter dem Vorsitz des Italieners Ducci eingesetzt. Die Vorsitzenden der Ausschüsse waren nicht gleichzeitig Sprecher ihrer Delegationen, sondern nur dem Vorsitzenden der Konferenz, Paul Henri Spaak, verantwortlich. Ihre Aufgabe bestand darin, die Grundkonzeption des Spaak-Berichtes zu verteidigen und zusammen mit den Delegationsleitern auf dieser Basis einen Ausgleich der Interessen und Meinungen zu versuchen.

Im Ausschuß Gemeinsamer Markt entstand eine schwierige Situation, als die französische Delegation, die sich ab Sommer 1956 mit dem Gedanken des Gemeinsamen Marktes abzufinden begann, Forderungen hinsichtlich der Harmonisierung der Soziallasten und stark protektionistische Vorschläge für die Landwirtschaftspolitik vorlegte. Außerdem wollte sie sich nicht auf die volle Dauer einer Zollunion verpflichten, sondern sich vorbehalten, nach 4 Jahren die Situation neu zu überprüfen. Erst als die französische Regierung sich nach dem mißglückten Suez-Abenteuer (November 1956) endgültig für die europäische Option entschieden hatte, gelang es, diese nach marktwirtschaftlichen Vorstellungen gefährlichen Vorschläge zu entschärfen. Auch für den Einschluß der früheren Kolonien in das Integrationssystem wurde Übereinstimmung erzielt. In das Kapitel »Landwirtschaftspolitik« wurden allerdings auf französischen Wunsch einige Bestimmungen über Mindestpreise und eine Absicherung der nationalen Preis- und Absatzgarantie aufgenommen, die als ungünstiges Vorzeichen für die später von den Organen der Gemeinschaft erlassene Agrarregelung angesehen werden müssen.

## Der Vertrag

Soviel zur Vorgeschichte. Uns interessiert hier aber hauptsächlich das Resultat der Verhandlungen: *der Vertrag zur Gründung der Europäischen Wirtschaftsgemeinschaft.* Im Rahmen einer nach den Vorschriften des GATT zulässigen Zollunion sieht der EWG-Vertrag einen Abbau aller Handelshemmnisse und die Freizügigkeit der Produktionsfaktoren vor. Durch eine europäische Wettbewerbsordnung soll ein fairer und wirksamer Wettbewerb gewährleistet werden, weshalb nicht nur private Wettbewerbsbeschränkungen, sondern auch staatliche Wettbewerbsverfälschungen verboten werden und durch eine Rechtsangleichung Wettbewerbsverzerrungen, die sich aus unterschiedlichen Rechts- oder Verwaltungsvorschriften ergeben können, zu beseitigen sind. Unter den in allen Mitgliedsstaaten gegebenen Voraussetzungen einer grundsätzlichen Eigentumsgarantie, des freien Zugangs zu den Märkten, der Vertragsfreiheit und Gewerbefreiheit besteht also ein für alle Bürger der Gemeinschaft verbindlicher gesetzlicher Rahmen, *in dem sich die Koordination einzelwirtschaftlicher Planung über die Märkte vollzieht,* Angebot und Nachfrage die Preise bestimmen und die Freiheit der Berufsausübung und der freie Zugang zu den Märkten grundsätzlich gewährleistet sind. Diese marktwirtschaftliche Ordnung wird durch Gemeinschaftsinstitutionen gesichert und kontrolliert, die darüber hinaus keine dirigistischen oder planwirtschaftlichen Zuständigkeiten besitzen. Im Verhältnis zu dritten Ländern verpflichtet sich die Gemeinschaft zu einem den Vorschriften des GATT entsprechenden Außentarif und zu einer liberalen Handelspolitik. Wir haben also einen nahezu vollständigen supranationalen Ordnungsrahmen für eine europäische Marktwirtschaft, jedenfalls im nicht-landwirtschaftlichen Bereich.

Anders sieht die Situation hinsichtlich der Eingriffs- oder Prozeßpolitik aus. Der Vertrag beläßt die Zuständigkeit für die Wirtschafts- und Währungspolitik primär bei den Mitgliedsstaaten. Er enthält allerdings einige Grundsätze für die nationale Wirtschaftspolitik:

- In Artikel 104 verpflichten sich die Mitgliedsstaaten zu einer Wirtschaftspolitik, die erforderlich ist, um unter Wahrung eines hohen Beschäftigungsstandes und eines stabilen Preisniveaus das Gleichgewicht der Gesamtzahlungsbilanz zu sichern und das Vertrauen in die Währung aufrechtzuerhalten (Magisches Dreieck);
- die Mitgliedsstaaten betrachten ihre Konjunkturpolitik als eine Angelegenheit von gemeinsamem Interesse (Artikel 103);
- jeder Mitgliedsstaat behandelt *seine* Politik auf dem Gebiet der Wechselkurse als eine Angelegenheit von gemeinsamem Interesse.

Darüber hinaus verpflichten sich die Mitgliedsstaaten nur zu einer Koordinierung der nationalen Wirtschaftspolitiken, soweit dies zum Funktionieren des Gemeinsamen Marktes notwendig ist oder sonst nützlich erscheint. Die Mitgliedsstaaten hatten sich also eine weitgehende Autonomie hinsichtlich der Art und des Umfangs wirtschaftspolitischer Maßnahmen, insbesondere soweit es sich um Eingriffe in das marktwirtschaftliche System handelt, vorbehalten. *Diese Handlungsfähigkeit ist allerdings dadurch eingeschränkt,* daß die Mitgliedsstaaten dabei die Regeln des Vertrages, insbesondere die Wettbewerbsregeln, einhalten müssen.

Diese sehr grundsätzliche Feststellung über die Zuständigkeitsverteilung wird nicht wesentlich dadurch eingeschränkt, daß der Ministerrat nach Artikel 103 des Vertrages auf Vorschlag der Kommission Maßnahmen ergreifen kann, um unerwünschten Entwicklungen der Konjunktur begegnen zu können. Einmal handelt es sich hierbei nicht um eine *allgemeine* Zuständigkeit für eine gemeinschaftliche Wirtschafts- und Währungspolitik, sondern um eine Ermächtigung zu speziellen Maßnahmen für besondere Situationen, zum anderen sieht der Vertrag Einstimmigkeit im Ministerrat vor, so daß es jedem Mitgliedsstaat freibleibt zu beurteilen, ob er eine Maßnahme für notwendig hält und wie diese ausgestaltet werden soll.

Warum kam es nun über den supranationalen europäischen Ordnungsrahmen hinaus nicht zu einer Vergemeinschaftung der Wirtschaftspolitik? Hierfür sind wirtschaftspolitische und politische Gründe maßgebend gewesen. Die Anhänger der Marktwirtschaft hatten erhebliche Bedenken dagegen, den Gemeinschaftsorganen, über deren zukünftigen wirtschaftspolitischen Kurs keine Gewißheit bestand, weitergehende Zuständigkeiten zu übertragen.

Die Anhänger eines intergouvernementalen Europa, die supranationale Organe weitgehend ablehnen, waren keineswegs bereit, der Gemeinschaft Gestaltungs- und Eingriffsbefugnisse auf dem Gebiet der allgemeinen Wirtschaftspolitik zu geben, da dies starke Institutionen und eine demokratische Legitimierung vorausgesetzt hätte.

Auch damals war nicht verborgen geblieben, daß sich aus der mangelnden Kohärenz der Zuständigkeiten – supranationaler Ordnungsrahmen und Ordnungspolitik, aber nationale Eingriffspolitik – erhebliche Probleme für die Verwirklichung des Gemeinsamen Marktes ergeben könnten. Man glaubte, dieses Risiko auf sich nehmen zu können, da man davon ausging, daß das Weltwährungssystem (Bretton Woods) intakt bleiben würde und daß die Mitgliedsstaaten sich an die Vorschrift des Artikel 104 (Magisches Dreieck) halten würden. Beide Voraussetzungen waren übrigens in den ersten 6 Jahren des Gemeinsamen Marktes gegeben. Erhebliche Sorgen machte schon damals das Problem der unausgeglichenen Entwicklung innerhalb der Regionen des Gemeinsamen Marktes, da man annehmen mußte, daß die Steigerung der

Produktivität innerhalb des großen europäischen Marktes sich nicht gleichmäßig vollziehen würde und deshalb Ausgleichsmaßnahmen für die weniger begünstigten Gebiete schon aus politischen Gründen unumgänglich sein würden. Der Vertrag hatte nur in allgemeiner Weise und in einigen Spezialbestimmungen diesem Problem Rechnung getragen, auch sollte sich die Europäische Investitionsbank hauptsächlich der weniger entwickelten Gebiete annehmen. Während der Vertragsverhandlungen konnte keine bessere Lösung erreicht werden, man rechnete aber damit, daß dies im Laufe der Verwirklichung des Gemeinsamen Marktes möglich werden würde. Wie wir uns überhaupt bei der Betrachtung der Vertragsartikel immer wieder vergegenwärtigen müssen, daß nach der Auffassung der Verfasser des Vertrages und der die europäische Integration tragenden Kreise die Regeln des Vertrages als der Anfang einer Entwicklung zu einer Wirtschaftsgemeinschaft und politischen Gemeinschaft gedacht waren.

Besondere Regeln wurden im Vertrag für die Landwirtschaft und für den Verkehr getroffen, da auf diesen Gebieten – den sogenannten Interventionsmärkten – in fast allen Mitgliedsstaaten weitgehende Eingriffe in das Marktgeschehen erfolgen. Im Bereich der Landwirtschaft kam es zu einer Vergemeinschaftung der Eingriffspolitik, soweit dadurch das Marktgeschehen beeinflußt wird. Ein Gemeinsamer Markt für landwirtschaftliche Produkte konnte nämlich nur entstehen, wenn entweder die nationalen Eingriffe zugunsten einer rein marktwirtschaftlichen Ordnung gänzlich beseitigt wurden oder aber eine europäische Marktordnung an Stelle der nationalen Systeme trat. Hierfür schuf der Vertrag entsprechende Zuständigkeiten, ohne im einzelnen bereits festzulegen, inwieweit bei einer zukünftigen Regelung das Marktgeschehen durch Eingriffe der Gemeinschaft korrigiert oder gesteuert werden sollte.

Im Verkehrsbereich blieb es bei einer wenig konkretisierten allgemeinen Ermächtigung für eine gemeinsame Verkehrspolitik, ohne daß in den Vertrag eine Verpflichtung hierzu aufgenommen wurde.

Eine gemeinsame Energiepolitik wurde vom Vertrag nicht vorgesehen. Es blieb bei den Regelungen der Montanunion und von Euratom, die für diese Teilbereiche ordnungspolitische Regeln und auch gewisse Eingriffsmöglichkeiten vorsehen. Für die übrigen Energiebereiche sollten die allgemeinen Regeln des Vertrags gelten.

Die Analyse der Vertragsbestimmungen führt hinsichtlich der Wirtschaftsordnung der Europäischen Gemeinschaft also zu folgenden Ergebnissen:

Europäisches Recht und europäische Institutionen bestimmen und sichern einen europäischen Ordnungsrahmen für das marktwirtschaftliche Geschehen:

Die Eingriffsbefugnisse der Gemeinschaftsinstitutionen sind beschränkt

und beziehen sich nur auf konjunkturelle Situationen, auf die Landwirtschaft, auf die Handelspolitik und potentiell auch auf den Verkehr;
unberührt bleiben die Bestimmungen des Montanvertrages und des Euratomvertrages;
die Mitgliedsstaaten haben sich verpflichtet, ihre Wirtschaftspolitik zu koordinieren, soweit dies zum Funktionieren des Gemeinsamen Marktes notwendig ist;
die Mitgliedsstaaten müssen sich bei ihrer Wirtschaftspolitik, insbesondere bei speziellen Eingriffen, an die strengen Wettbewerbsvorschriften des Vertrages halten.

Entsprechend dieser Systematik sind auch die Zuständigkeiten und Befugnisse der Gemeinschaftsinstitutionen geregelt:

Soweit es um das Funktionieren des marktwirtschaftlichen Systems geht, mußte gewährleistet werden, daß die Entscheidungen sachgerecht und zeitgerecht erfolgen; sie mußten also einem unabhängigen Organ, nämlich der supranationalen Kommission unter Kontrolle des Europäischen Gerichtshofes, übertragen werden, die mit Mehrheit entscheidet.

Soweit Fragen der Eingriffspolitik zur Debatte stehen, deren zeit- und sachgerechte Entscheidung für die Weiterentwicklung des Gemeinsamen Marktes unverzichtbar sind, die man aber aus den genannten wirtschaftspolitischen und politischen Gründen nicht der *alleinigen* Entscheidungsbefugnis der Kommission überlassen wollte, wurden Mehrheitsentscheidungen des Ministerrates auf Vorschlag der Kommission vorgesehen. Es handelt sich hierbei hauptsächlich um Fragen der Landwirtschaftspolitik, der Verkehrspolitik und der Handelspolitik. Das Vorschlagsrecht sollte eine Beteiligung der Kommission am Gesetzgebungs- und Entscheidungsverfahren gewährleisten, eine Ausrichtung der Entscheidungen am Gemeinschaftsinteresse sicherstellen, das Mehrheitsprinzip sollte eine Blockierung des Entscheidungsprozesses durch eine Minderheit verhindern.

In Fragen, die primär in der Zuständigkeit der Mitgliedsstaaten verblieben waren, und in allen Fragen, die die Weiterentwicklung der Integration betreffen, blieb es bei der Einstimmigkeit, wobei davon ausgegangen wurde, daß eine weitere Vergemeinschaftung im Zuge der Verwirklichung des Gemeinsamen Marktes möglich sein würde. Die schon im Vertrag vorgesehene Direktwahl der Abgeordneten des Europäischen Parlamentes und die damals als selbstverständlich unterstellte gleichzeitige Verstärkung der Rechte dieses Parlamentes sollten eine solche Entwicklung ermöglichen oder erleichtern.

Auch ging man damals davon aus, daß es keine Schwierigkeiten bereiten würde, in weniger wichtigen Fragen und in Verfahrensfragen – soweit der Vertrag es vorsah – im Ministerrat mit Mehrheit zu entscheiden.

**Die Verwirklichung der Regeln des Vertrages**

Inwieweit gelang es nun, die Regeln des Vertrages mit Leben zu erfüllen? Trotz der düsteren Voraussagen, die insbesondere in zwei Aufsätzen von Wilhelm Röpke im Ordojahrbuch enthalten waren, wurden auf dem gewerblichen Sektor die Ordnungsvorstellungen des Vertrages sehr weitgehend in die Wirklichkeit umgesetzt. Im Inneren wurden die Zölle und sonstigen Handelshemmnisse abgebaut; es gelang, der Freizügigkeit der Produktionsfaktoren näher zu kommen, wobei der Kapitalverkehr wegen des engen Zusammenhangs mit der Währungsfrage besondere Schwierigkeiten machte; eine Europäische Wettbewerbsordnung wurde geschaffen; auch bei der Rechtsangleichung wurden erhebliche Fortschritte erzielt.

Im Verhältnis zu dritten Ländern konnte der gemeinsame Außentarif durch die erfolgreichen Dillon- und Kennedyverhandlungen erheblich gesenkt werden, die Gemeinschaft setzte sich ferner energisch für eine Beseitigung sonstiger Handelshemmnisse, für eine liberale Handelspolitik und die Aufrechterhaltung der Weltwährungs- und Welthandelsordnung ein.

Auf Einzelheiten, insbesondere auf die Assoziationsverträge und Handelsverträge der Gemeinschaft, kann ich hier nicht eingehen; ich nehme an, daß sie uns morgen noch beschäftigen werden. Anmerken möchte ich nur, daß mir im Zuge der weltweiten Inflation und Rezession die Gefahr ungeheuer gewachsen scheint, daß sowohl die Wettbewerbsordnung im Innern des Gemeinsamen Marktes als auch die liberale »handelsschaffende« Politik gegenüber dritten Ländern zugunsten eines einzelstaatlichen Dirigismus und Protektionismus verlassen wird.

Ein Wort noch zu dem wenig erfreulichen Kapitel Landwirtschaft. Die ursprüngliche Konzeption der Kommission trug marktwirtschaftlichen Gedanken in sehr viel größerem Umfange Rechnung, als dies heute angenommen wird. Sie hatte 1959 ein Agrarsystem vorgeschlagen, in dem im Inneren des Agrarmarktes – bei einem verhältnismäßig hohen Außenschutz – Angebot und Nachfrage für die Preisgestaltung und dementsprechend für die Investitionen und die Standortbestimmung maßgeblich sein sollten. Marktinterventionen, die übrigens ursprünglich nur bei Getreide, Milch und Zucker vorgesehen waren, sollten nur zum Ausgleich konjunktureller Schwankungen dienen. Um Mißbräuche auszuschließen, d. h. strukturelle Überschüsse zu vermeiden, wurde eine Limitierung der für Marktinterventionen und Rückvergütungen vorgesehenen finanziellen Mittel vorgeschlagen. Von den Erzeugern sollten Beiträge erhoben werden können, wenn die Einnahmen des Weizenfonds, aus dem Marktinterventionen und Rückvergütungen finanziert werden sollten, nicht ausreichen würden. Der Stabilitätsfonds für Milch sollte teils aus den

Abschöpfungen an der Grenze des Gemeinsamen Marktes, teils aber auch aus Beiträgen der Mitgliedsstaaten finanziert werden. Dafür sollte eine Höchstgrenze gelten, die nur einstimmig erhöht werden konnte. Damit sollte von der finanziellen Seite her den Gefahren automatischer Interventionen bei festen Preisen entgegengewirkt werden.
Entscheidend war aber, daß die Kommission davon ausging, daß die Festsetzung der Richt- und Interventionspreise »marktkonform« erfolgen würde. Dazu hatte sie vorgeschlagen, daß der Ministerrat mit 2/3 Mehrheit nur *Kriterien* für die Preisfestsetzung festlegen sollte. Die Preisfestsetzung selbst sollte durch die Kommission erfolgen; man ging, wahrscheinlich zu optimistisch, davon aus, daß sie auf Grund ihrer unabhängigen Stellung – auch gegenüber der Agrarlobby – in der Lage sein würde, ihre ursprünglichen marktwirtschaftlichen Vorstellungen zu verwirklichen.
Es ist bekannt, daß im Laufe der Verhandlungen im Sonderausschuß »Landwirtschaft« und im Ministerrat »Landwirtschaft« alle diese Sicherungen entfielen, die Interventionen automatisch gestaltet wurden, das Marktordnungssystem auf viele weitere Produkte ausgedehnt wurde, schließlich – nicht zuletzt auf deutschen Druck – die Preise von Anfang an zu hoch festgesetzt wurden. Auch die Kommission hat den marktwirtschaftlichen Standpunkt nicht genügend verteidigt; hierfür war einmal die Haltung Sicco Mansholts, der die Sicherung eines »angemessenen« Einkommens der Landwirte im Auge hatte, maßgebend; aber auch die anderen Mitglieder der Kommission mußten sich dem Preiskartell der Landwirtschaftsminister fügen, weil es sonst nicht zu einer gemeinsamen Agrarpolitik gekommen wäre, mit unabsehbaren Folgen für die Weiterführung des Integrationsprozesses. Bekanntlich hatte Präsident de Gaulle unmißverständlich klargemacht, daß Frankreich bei einer längeren Verzögerung der Verhandlungen über die gemeinsame Agrarpolitik aus dem Gemeinsamen Markt ausscheiden werde.

## Die ungelösten Probleme

Nach diesen mehr historischen Ausführungen gestatten Sie mir noch einige Bemerkungen zum Verhältnis Ordnungspolitik/Eingriffspolitik und zu der Frage, welche Probleme dadurch entstanden sind, daß innerhalb der Europäischen Wirtschaftsgemeinschaft die Ordnungspolitik supranational geregelt ist und weitgehend in den Händen der Gemeinschaftsinstitutionen liegt, wogegen die Eingriffs- und Prozeßpolitik primär zur Zuständigkeit der nationalen Institutionen gehört und die Gemeinschaft lediglich auf das schwache Steue-

rungsinstrument der Koordinierung der nationalen Wirtschaftspolitiken angewiesen ist.
Ich gehe davon aus, daß der Staat sich nicht auf *Ordnungssicherungspolitik* beschränken darf, sondern daß das marktwirtschaftliche System nur lebensfähig erhalten werden kann, wenn es durch Eingriffspolitik in einigen Bereichen ergänzt wird. Ohne Anspruch auf Vollständigkeit seien folgende Bereiche genannt:

- Eine aktive Wettbewerbspolitik
- Globalsteuerung zur Stabilisierung des Kreislaufs und Vermeidung von Inflation und Arbeitslosigkeit
- Der Staatshaushalt und sein Einfluß auf die Investitionen und die Nachfrage
- Korrigierende Maßnahmen der Einkommens- und Vermögenspolitik
- Das Sozialsystem
- Das Bildungssystem
- Förderung der Mitbestimmung in Politik und Wirtschaft
- Umweltschutz und Verbesserung der Lebensbedingungen.

Die Entscheidung, ob und in welchem Umfang eingegriffen werden soll und welche Methoden und Instrumente dafür in Frage kommen, hängt von den Zielvorstellungen der Akteure ab. Auch bei grundsätzlicher Bejahung des marktwirtschaftlichen Systems finden wir hier ein weitgespanntes Spektrum vor: von den Befürwortern der selbstheilenden Kraft der Wirtschaft bis zur Beeinflussung der Investitionstätigkeit durch Vorausschau und Finanzplanung. Während die einen Wert darauf legen, daß nur marktkonforme Mittel angewandt werden, daß die Eingriffe sich möglichst auf die Beeinflussung von Rahmenbedingungen beschränken und Einzeleingriffe vermieden werden, sind andere auch bereit, Übergangs-, Anpassungs- und Sozialmaßnahmen für einzelne Industriezweige oder Regionen zuzulassen oder anzuregen. Über die richtige Wirtschaftspolitik herrscht auch heute keineswegs Übereinstimmung. Während in Großbritannien und Nordamerika die Bestrebungen dahin gehen, die Staatsausgaben einzuschränken, die Belastungen der Wirtschaft zu begrenzen und dadurch die Investitionstätigkeit anzuregen, durch Geldmengensteuerung die Inflation zu bekämpfen und durch diese Maßnahmen auf längere Sicht eine Gesundung der Wirtschaft herbeizuführen und damit die Arbeitslosigkeit erheblich zu vermindern, haben sich im Frankreich Mitterrands offenbar wieder Vorstellungen durchgesetzt, die Wirtschaft durch staatliche Konjunkturprogramme und Stärkung der Nachfrage zu beleben. Wie Professor Fritz Neumark vor einiger Zeit in der Frankfurter Zeitung ausgeführt hat, gibt es kein Allheilmittel; die Methoden und Instrumente können nicht im vorhinein bestimmt, sondern müssen je nach der Situation und dem zu erreichenden Ziel abgestuft und dosiert werden. Angesichts der anhaltenden weltweiten Stagnation, der zunehmenden Arbeitslosigkeit und der kaum verminderten Inflation befinden wir uns dabei in einer Zwickmühle. Einerseits muß vermieden werden, daß das marktwirtschaftliche System seine Funktionsfähigkeit verliert, was bei einer Vermehrung der Belastungen und der staatlichen Eingriffe, besonders wenn sie nicht allgemein und voraussehbar sind, befürchtet werden muß. Andererseits muß das System konsensfähig bleiben, weil es sonst politisch nicht überleben würde. Sollte die Arbeitslosigkeit weiter ansteigen, die inflationären Tendenzen zunehmen, die sozialen Errungenschaften eingeschränkt werden müssen, so kann es zu politischen Entwicklungen kommen, die es überflüssig machen, sich über die richtige Politik oder die richtige Methode zu unterhalten.

Richard Löwenthal hat vor einigen Jahren in seiner Stellungnahme zu Jürgen Habermas' »Legitimationsprobleme des Spätkapitalismus« die Meinung vertreten, daß es im Rahmen der parlamentarischen Demokratie möglich sein würde, den »organisierten Kapitalismus« oder, wie wir sagen würden, die soziale Marktwirtschaft so weiter zu entwickeln, daß sie zur Lösung der heute anstehenden Probleme in der Lage ist. [Es handelt sich dabei um größere Verteilungsgerechtigkeit, Erhaltung des sozialen Netzes, Umweltschutz, Verbesserung der Umweltbedingungen und stärkere Beteiligung am wirtschaftlichen und politischen Geschehen.]. Dabei ging aber Löwenthal davon aus, daß die wirtschaftlichen und politischen Voraussetzungen für das Überleben des marktwirtschaftlichen Systems gewährleistet wären, was uns heute nicht mehr so sicher erscheint.

Bei diesen Überlegungen wird mehr oder minder bewußt davon ausgegangen, daß der westeuropäische Nationalstaat, wenn sich die Regierung der Zustimmung des Parlaments sicher ist, diese Probleme lösen kann. Dabei wird häufig übersehen, daß eine sehr große Abhängigkeit von weltpolitischen Entwicklungen und von Entwicklungen in anderen Ländern besteht. Abgesehen von der Verteidigungspolitik, wo die Abhängigkeit von den Vereinigten Staaten von Amerika evident ist, nenne ich hier die Konjunkturpolitik, die ihre Autonomie sehr weitgehend eingebüßt hat, die Struktur- und Regionalpolitik, die die Regeln des GATT und die Europäische Wettbewerbsordnung beachten muß, den Einfluß der multinationalen Unternehmungen, die nur beschränkt auf die nationale Wirtschaftspolitik Rücksicht nehmen, und im Bereich der EWG die Landwirtschaftspolitik, die der nationalen Zuständigkeit entzogen ist.

Damit kommen wir auf die Versuche zurück, eine wenigstens im Euroäischen Bereich größere Gemeinsamkeit zu ereichen, um die Nachteile der territorialen Begrenztheit auszugleichen.

Die Kommission hat vom ersten Tage ihres Bestehens an die Problematik, die sich aus dem Auseinanderfallen der Zuständigkeiten für die Ordnungspolitik und die Maßnahmen der Eingriffspolitik ergibt, erkannt. Nachdem sich in den ersten 4 Jahren die Verwirklichung des Geimeinsamen Marktes gut angelassen hatte, haben wir denn auch schon im Aktionsprogramm für die zweite Stufe des Gemeinsamen Marktes vom Herbst 1962 eingehende Vorschläge für eine bessere Koordinierung der Eingriffspolitik mit dem Ziel einer stärkeren Vergemeinschaftung gemacht und zum Ausdruck gebracht, daß der Gemeinsame Markt zu einer Wirtschafts- und Währungsunion weiterentwickelt werden müsse. Wir gingen davon aus, daß dies nicht mit einem großen Sprung ereicht werden konnte. Ein kontinuierlicher Prozeß war im Gange. Nachdem die wesentlichsten Entscheidungen über die Landwirtschaftspolitik und Wettbewerbspolitik getroffen waren, wurden Vorschläge über eigene Einnahmen der Gemeinschaft, die Agrarfinanzierung und eine gewisse Verstärkung der Haushaltsrechte des Parlamentes gemacht. Diese keineswegs spektakulären Vorschläge nahm Präsident de Gaulle zum Anlaß, um jede politische Weiterentwicklung der EWG zu stoppen. Dies bedeutete für lange Zeit auch ein Ende aller Bemühungen um eine stärkere Vergemeinschaftung der Eingriffspolitik im wirtschaftlichen Bereich. Die politischen Gründe für dieses Verhalten der französischen Regierung sind bekannt. Nachdem die Bemühungen Präsident de Gaulles um eine politische Zusammenarbeit zwischenstaatlichen Charakters am Widerspruch der holländischen und der belgischen Regierung gescheitert waren, nachdem Präsident de Gaulle dem grand design Präsident Kennedys und dem Beitritt Englands zum Gemeinsamen Markt widersprochen hatte und auch der deutsch-französische Vertrag nicht zu einer politischen Union in seinem Sinne geführt hatte, wurde auch der im EWG-Vertrag angelegte Ansatz für eine politische Weiterentwicklung torpediert, weil er den übertriebenen Vorstellungen von der uneingeschränkten nationalen Souveränität nicht entsprach.

Für die Beurteilung der weiteren Entwicklung, die übrigens hinsichtlich der politischen Einstellung der französischen Regierung keine fundamentalen Veränderungen brachte, ist es nun sehr bedeutsam, daß zwischen 1965 und 1975 sich die Bedingungen wesentlich änderten, die zu Beginn des Gemeinsamen Marktes einen Verzicht auf eine Vergemeinschaftung der Eingriffspolitik erträglich erscheinen ließen. Das Weltwährungssystem geriet ins Schwanken, das Festkurssystem wurde durch das System flexibler Wechselkurse ersetzt, einige Mitgliedsstaaten der EWG konnten die Verpflichtungen des Artikels 104 (Stabilitätspolitik, hohe Beschäftigung, Ausgleich der Zahlungsbilanz) nur sehr unvollkommen einhalten. Es gelang der Gemeinschaft nicht, einen wesentlichen Beitrag zum Ausgleich der regionalen Unterschiede zu leisten.

Angesichts dieser Veränderungen und den zunehmenden Ansprüchen der

Bürger gelang es den Regierungen der Mitgliedsstaaten immer weniger, ihre Wirtschaftspolitik auf gemeinsame Ziele auszurichten, von der im Vertrag vorgesehenen Koordinierung der Eingriffspolitiken konnte also kaum noch die Rede sein.

**Schlußbetrachtung**

Welche Schlußfolgerungen ergeben sich nun aus dieser Situation? Zunächst ist vorauszuschicken, daß sich aus politischen und wirtschaftlichen Gründen in absehbarer Zeit kaum eine Veränderung des gegenwärtigen Integrationssystems wird erreichen lassen. Dieses System beruht auf den drei Pfeilern:

Gemeinsamer Markt mit supranationalen Regeln und Gemeinschaftsinstitutionen;

einer Verpflichtung der Mitgliedsstaaten zur Koordinierung der Wirtschaftspolitik, soweit dies zur Erhaltung und zum Funktionieren des Gemeinsamen Marktes notwendig ist;

einer organisierten politischen Zusammenarbeit (EPZ).

Hieraus ergibt sich für die einzelnen Regierungen die Notwendigkeit, nicht nur für ihren eigenen Bereich das Verhältnis zwischen Ordnungspolitik und Eingriffspolitik einschließlich der anzuwendenden Methoden festzulegen, sondern auch eine sehr weitgehende Abstimmung mit den übrigen Partnern zu erreichen, um einerseits die Durchsetzung der eigenen Politik zu ermöglichen, um aber andererseits auch die Entwicklung der Partner nicht zu stören. Dies bezieht sich auf die Maßnahmen der Globalsteuerung, aber auch auf die Struktur-, Industrie- und Regionalpolitik. Hierfür reichen die bisherigen Methoden der Koordinierung nicht aus; auch scheint angesichts der unterschiedlichen Vorstellungen über die Ziele und Methoden der Wirtschaftspolitik z. Zt. wenig Aussicht zu bestehen, eine größere Einheitlichkeit und gegenseitige Rücksichtnahme zu erreichen. Eine längere Andauer des gegenwärtigen Zustandes und ein Fehlschlag bei den Bemühungen, eine Verbesserung herbeizuführen, würden aber auch das Ordnungssystem des Gemeinsamen Marktes lebensgefährlich bedrohen und damit auch den Kern einer immerhin ganz erfolgreichen politischen Zusammenarbeit zerstören. Es ist deshalb nicht völlig ausgeschlossen, daß eine Erkenntnis dieser Zusammenhänge und der drohenden Gefahren für das ganze europäische Einigungswerk die Regierungen doch veranlassen könnte,

– die drohende Erosion des Gemeinsamen Marktes zu verhindern;

- sich über Ziele und Methoden in der Wirtschaftspolitik zu verständigen und wirksame Methoden zu einer Koordinierung der Eingriffspolitik zu entwickeln:
- die regionalpolitischen Probleme, sei es durch die Gemeinschaft, sei es durch gegenseitige bilaterale oder multilaterale Unterstützung, tatkrätig anzugreifen.

Dann würden auch die Voraussetzungen für die Aufrechterhaltung und Weiterentwicklung des europäischen Währungssystems gegeben sein und eine größere Gemeinsamkeit gegenüber der amerikanischen Wirtschafts- und Währungspolitik möglich werden.

Auch wenn es gelingen sollte, das Integrationssystem in der vorgeschlagenen Weise zu stabilisieren, so bleibt die Frage der demokratischen Legitimierung der Enscheidungen. Wenn die Regierungen in stärkerem Umfange als bisher auf Abstimmung mit den Partnern und die Berücksichtigung des Gemeinschaftsinteresses angewiesen sind, so sinkt nämlich der Einfluß der nationalen Parlamente; im Koordinierungsbereich sind aber die Möglichkeiten des Europäischen Parlamentes noch beschränkter als im supranationalen Bereich. Das Koordinierungsverfahren eignet sich ja auch angesichts der Technizität und Kompliziertheit der Materie wenig für eine parlamentarische Mitwirkung. Es ist also nicht einfach, befriedigende Lösungen zu finden.

Bei alledem gehe ich wahrscheinlich zu optimistisch davon aus, daß es in den nächsten Monaten gelingen könnte, die gemeinsame Agrarpolitik wieder mehr nach marktwirtschaftlichen Gesichtspunkten auszurichten und die bekannten Mißbräuche abzustellen. So sehr ich dem Vorschlag von Außenminister Genscher zustimme, dem sich aus der Entwicklung der letzten Jahre hervorgegangenen Integrationssystem eine bessere rechtliche Basis zu geben, so würde ich doch auch die von mir heute beschriebenen materiellen Anliegen für vordringlich und für das Überleben der Gemeinschaft wichtig halten.

## 4. Zur Wirtschaftsordnung der Europäischen Gemeinschaft

Die Versuche der Kommission in den frühen sechziger Jahren unter Wahrung der marktwirtschaftlichen Konzeption des Vertrages, Voraussetzungen für eine gemeinsame Wirtschaftspolitik zu schaffen, hatten nur beschränkten Erfolg. Dennoch muß immer wieder geprüft werden, wie das Integrationssystem auch ohne Verstärkung der Zuständigkeiten der Gemeinschaften auf dem Gebiete der Eingriffspolitik erhalten und weiterentwickelt werden kann. Dies kann einerseits nur geschehen unter Einbeziehung der unterschiedlichen wirtschaftspolitischen Vorstellungen der Gründungs- und Aufbaujahre. Andererseits setzt es voraus, daß die Mitgliedsstaaten ihre Wirtschaftspolitiken enger koordinieren, den Gedanken der Wirtschafts- und Währungsunion unterstützen und den Prozeß der politischen Integration fortsetzen wollen. Innerhalb dieses Bezugsrahmens versucht von der Groeben, die verbliebenen Spielräume auszuloten.

*Quelle:* Hans von der Groeben, Zur Wirtschaftsordnung der Europäischen Gemeinschaft, in: integration, H. 1, 1981, S. 3-21.

Bei der Diskussion darüber, ob sich die Europäische Gemeinschaft in einer Krise befindet, worauf die Schwierigkeiten bei der Fortführung des Integrationsprozesses zurückzuführen sind und welche Maßnahmen zur Lösung der anstehenden Probleme ergriffen werden sollten, ist es auch zu einer Wiederbelebung der Auseinandersetzung über die bestehende und wünschenswerte Wirtschafts- und Gesellschaftsordnung in der Gemeinschaft oder in den Mitgliedsstaaten der Gemeinschaft gekommen.[1]

Nachdem von wissenschaftlicher Seite die Problematik eingehend behandelt worden ist, möchte ich vom Standpunkt der politischen Praxis als Mitwirkender bei der Ausarbeitung des Rom-Vertrages und der Wirtschaftsordnung des Gemeinsamen Marktes zu der Entstehungsgeschichte, der Verwirklichung der Vertragsbestimmungen und den Möglichkeiten und Grenzen einer zukünftigen Entwicklung Stellung nehmen.[2]

1 Zum gegenwärtigen Stand der Integration: *Ralf Dahrendorf,* Europa droht die Balkanisierung, in: Die Zeit 1980 Nr. 18 und *Ulrich Everling,* Ehrenrettung für Europa, in: Die Zeit 1980 Nr. 25. Ich stimme den Ausführungen von Everling weitgehend zu; vgl. auch meine Schriften, Die Europäische Gemeinschaft zwischen Föderation und Nationalstaat, Nomos-Verlagsgesellschaft Baden-Baden 1977 (Sonderdruck) und Die Erweiterung der Europäischen Gemeinschaft durch Beitritt der Länder Griechenland, Spanien und Portugal, Nomos-Verlagsgesellschaft Baden-Baden, 1979; Sonderband der Reihe Möglichkeiten und Grenzen einer Europäischen Union, herausgegeben von *Hans von der Groeben* und *Hans Möller*.
Zur Auseinandersetzung über die Wirtschafts- und Gesellschaftsordnung der Europäischen Gemeinschaft: *Manfred Zuleeg,* Die Wirtschaftsverfassung der Europäischen Gemeinschaften, in: Ordnungsprobleme der Europäischen Gemeinschaften, Schriftenreihe des Arbeitskreises Europäische Integration e. V. Band 1, Baden-Baden 1978; *Jacques Pelkmans,* Die Theorie der wirtschaftlichen Integration auf dem Prüfstein in: Integration 3/80, Beilage zur Europäischen Zeitung 7/80 und *Detlev W. Rahmsdorf,* Eine zweite Euro-Ordo-Debatte, in: Integration 4/80, Beilage zur Europäischen Zeitung 10/80. Ich selbst habe zu diesen Fragen in dem Aufsatz: EG-Wettbewerbsregeln und Wettbewerbspolitik als Instrumente der Europäischen Integration in: Wettbewerbsordnung im Spannungsfeld von Wirtschafts- und Rechtswissenschaft, Seite 105 ff., Carl Heymans-Verlag KG, 1976 und in meiner Schrift: Die Rolle der Europäischen Integration in der westdeutschen Wirtschaftsordnung, abgedruckt im Septemberheft 1979 der Zeitschrift für die Gesamte Staatswissenschaft (deutscher Text in: »Orientierungen der Ludwig-Erhard-Stiftung« Nr. 5, 1980) Stellung genommen.

2 Dem Verfasser oblag zusammen mit *Pierre Uri* die Redaktion des sogenannten Spaak-Berichtes, er war anschließend Vorsitzender der Arbeitsgruppe Gemeinsamer Markt bei den Regierungsverhandlungen (1956/57) und wurde dann von den Regierungen der Mitgliedsstaaten zum Mitglied der Kommission der Europäischen Wirtschaftsgemeinschaft (von 1958 – 1967) und anschließend zum Mitglied der Kommission der Europäischen Gemeinschaften (von 1967 – 1970) ernannt. Als Kommissionsmitglied war der Verfasser zuständig für die Wettbewerbspolitik, für die Harmonisierung der nationalen Rechtsvorschriften, insbesondere auch für die Steuerharmonisierung und ab 1967 für die Regionalpolitik.

**Vorbemerkungen**

Zunächst möchte ich aber einige Bemerkungen über das Bezugssystem vorausschicken, das ich bei der Behandlung dieser Fragen zugrunde zu legen beabsichtige.

Viele Mißverständnisse und Kontroversen beruhen darauf, daß die Diskussionspartner bei der Beurteilung von Erfolgen oder Mißerfolgen des Integrationsprozesses von unterschiedlichen Zielvorstellungen ausgehen und dementsprechend sehr häufig auch zu entgegengesetzten Schlußfolgerungen kommen. Es scheint mir also notwendig zu sein, daß man sich zunächst darüber verständigt, im Rahmen welcher Zielmittelvorstellungen man diskutieren will und wie danach der gegenwärtige Zustand des Integrationsprozesses zu beurteilen ist. Bei der Betrachtung von Integrationsprozessen, die sich auf bisher selbständige Steuerungssysteme beziehen, wird in der Regel von den im folgenden beschriebenen drei unterschiedlichen Zielvorstellungen oder Zielprioritäten ausgegangen, die einander nicht ausschließen, sondern im Verhältnis »übergeordnet« zu »untergeordnet« stehen.

- Die Entstehung eines neuen Steuerungssystems mit eigenständigen Hoheitsrechten, das die nationalen Steuerungssysteme überlagert oder ergänzt. Dies würde in der gegenwärtigen Situation eine qualitative Veränderung des vorhandenen Integrationssystems im Sinne einer Föderation oder Konföderation, sei es im Wege der sukzessiven Veränderung, sei es im Wege eines »großen Sprunges«, bedeuten.[3]

Eine solche Veränderung kann als Ziel an sich betrachtet oder in der Erwartung angestrebt werden, daß Macht und Einfluß der europäischen Staaten insgesamt – also der Europäischen Gemeinschaft – dadurch vermehrt und die Möglichkeit, bestimmte Sachprobleme zu lösen, verbessert werden würden.

Da bei nüchterner Betrachtung mit einer solchen Entwicklung in absehbarer Zeit nicht gerechnet werden kann, da weder die Regierungen zu so grundlegenden Veränderungen der Verfassung der Gemeinschaft und der Mitgliedsstaaten bereit zu sein scheinen, noch auch Chancen für eine Volksbewegung, die eine europäische verfassungsgebende Versammlung ermöglichen könnte, zu erkennen sind, muß im Rahmen dieses Beitrags von einer Erörterung der im Falle einer solchen Lösung entstehenden Probleme abgesehen werden.[4]

3 In diesem Sinne hat die Europäische Bewegung kürzlich wieder eine »Europäische Regierung« gefordert (vgl. die »Europäische Zeitung« vom November 1980).

4 Vgl. hierzu meine in Anmerkung 1 aufgeführten Schriften und *Heinrich Schneider* in: »Die Europäische Union im Werden« insbesondere Seite 227 ff.; Band 1 der Reihe »Möglichkeiten und Grenzen einer Europäischen Union«.

- Integration im Sinne weiterer Verdichtung und größerer Verflechtung, zum Beispiel durch Verbesserung des geistigen Austausches und der Information auf allen Gebieten; durch Zusammenarbeit der Regierungen, Parteien, Verbände, Gewerkschaften über die Grenzen hinweg im Sinne der Koordinierung und einer möglichst weitgehenden Arbeitsteilung; durch intensivere wirtschaftliche Verflechtung infolge des grenzüberschreitenden Handels, durch gegenseitige Beteiligung an Unternehmen und durch Direktinvestitionen; durch Kapitalverflechtung.

Durch gemeinsame Parteien, Verbände, Gewerkschaften usw. sowie durch Stiftungen und gemeinsame Institute kann eine gewisse Institutionalisierung dieser Vorgänge unterhalb der Regierungsebene erfolgen.

Ein Fortschritt wird festgestellt, wenn die Verdichtung oder Verflechtung in *einem* Bereich zunimmt, ohne daß eine Verwässerung in *anderen* Bereichen erfolgt. Es bleibt dabei grundsätzlich offen, wozu diese Entwicklung »gut« sein soll, wenn der Betrachter auch den einen oder anderen Fortschritt in Richtung auf die Erfüllung bestimmter ihm persönlich wichtig erscheinender Aufgaben oder Zielverwirklichungen konstatiert oder sein Ausbleiben bedauert.

Im Rahmen dieses Ansatzes werden auch die institutionellen Verhältnisse unter dem Gesichtspunkt überprüft, ob eine Veränderung im Sinne einer Verdichtung oder Verflechtung stattgefunden hat. Man versucht dann ohne konkrete Bezugnahme auf zu erfüllende Aufgaben oder zu verwirklichende Werte zu urteilen, ob Chancen für eine Veränderung im »guten« Sinne oder Gefahren für eine Verschlechterung bestehen.

Eine solche Betrachtungsweise ist nützlich, weil sie eine umfangreiche Materialsammlung für die Beurteilung künftiger Möglichkeiten des EG-Systems bereitstellt.[5] Sie ergibt aber weder Kriterien für eine solche Beurteilung noch eine in sich schlüssige Zusammenstellung der Daten oder deren Zuordnung zu bestimmten Zielen und Aufgaben.

- Es liegt deshalb nahe, nach einem Ansatzpunkt zu suchen, der die Unvollkomenheiten der beiden beschriebenen Ansätze vermeidet und gleichzeitig ein Urteil darüber ermöglicht, ob bestimmte naturwüchsige Vorgänge oder Handlungen bzw. Unterlassungen von Institutionen (Regierungen) einen Fortschritt oder Rückschritt für das Integrationssystem bedeutet haben oder in Zukunft bedeuten könnten. Es wird danach gefragt, welche Werte die Europäische Gemeinschaft oder das EG-System verwirklicht oder infragegestellt hat, welche Aufgaben es erfüllt oder nicht erfüllt hat und was in Zukunft von der Europäischen Gemeinschaft in dieser Hinsicht

5 Vgl. hierzu die umfangreichen Untersuchungen von *Heinrich Schneider* und *Rudolf Hrbek* in Band 1 der in Anmerkung 4 genannten Reihe, Seite 209ff.

erwartet wird. Solche Aussagen lassen sich nur im Rahmen eines Zielmittelsystems machen, in dem die Werte und Ziele (Aufgaben) beschrieben, Annahmen über die zur Erfüllung der Aufgaben oder Verwirklichung dieser Ziele voraussichtlich erforderlichen Aktionen der Institutionen (oder Personen) gemacht und schließlich drittens Erwägungen über die Realisierbarkeit des angestrebten Erfolgs im Rahmen des gegebenen innen- und außenpolitischen Kräftefeldes angestellt werden.

Dieser Ansatz bedarf natürlich eingehender Erläuterung und Begründung.[6] Im Zusammenhang dieses Beitrages kommt es mir vor allem darauf an, festzustellen, daß nach meiner Auffassung eine Beurteilung der Vorteile oder Nachteile des Integrationssystems und der Möglichkeiten seiner Weiterentwicklung nur durchgeführt werden kann, wenn die Ziele und Aufgaben in Beziehung zu den zu ihrer Verwirklichung vorhandenen oder notwendigen Institutionen gesetzt werden und geprüft wird, ob sich diese Ziele im gegebenen politischen Kräftefeld durchsetzen lassen. Werden Veränderungen der bestehenden Institutionen, z. B. im Sinne größerer Gemeinschaftszuständigkeiten vorgeschlagen, so ist eine Überprüfung der Realisierungschancen ebenfalls unerläßlich. Selbstverständlich gehe ich nicht davon aus, daß die Regierungen, die ja im Integrationssystem und bei seiner eventuellen Veränderung als Hauptakteure auftreten, omnipotent sind. Es bedarf also der Prüfung, inwieweit sie von den politischen Kräften ihres Landes abhängig sind oder durch allgemein vertretene Meinungen oder Vorurteile geleitet werden.

Ich sehe die europäische Integration als einen Teilbereich jener allgemeinen Problematik, die dadurch entstanden ist, daß die territorial beschränkten Steuerungsmöglichkeiten des Nationalstaates nicht ausreichen, um die transnational gewordenen wirtschaftlichen und politischen Vorgänge in den Griff zu bekommen. Dabei ist natürlich zu prüfen, inwieweit eine solche Steuerung überhaupt möglich und wünschenswert ist. Wenn wir davon ausgehen, daß sich gesellschaftliche Entwicklungen teils naturwüchsig oder aufgrund von Entscheidungen der Bürger oder in den durch Unternehmen, Parteien, Verbände, Vereinigungen usw. gebildeten Substrukturen vollziehen, teils durch Institutionen mit Herrschaftsmacht gesteuert werden, so verfügt nur der Nationalstaat über originäre, also nicht abgeleitete Handlungsmöglichkeiten nach innen und außen. Soweit die nationale Steuerungskapazität wegen der territorialen Begrenzung nicht ausreichte, wurde diesem Mangel durch internationale Vereinbarungen und die Errichtung internationaler Organisationen abgeholfen. In der Europäischen Gemeinschaft ging man einen Schritt weiter und

6 Vgl. hierzu *Hans von der Groeben,* Europäische Integration und sozialer Wandel, in: Der Agrarsektor im Integrationsprozeß, Nomos-Verlagsgesellschaft, Baden-Baden, 1972.

übertrug ihr Steuerungskapazitäten in Teilbereichen und schränkte damit die nationale Souveränität auch de jure ein.

Die wirtschaftlichen Vorgänge sind zunehmend transnational geworden. Die Kräfte des Marktes wirken im weltweiten Rahmen. Die auch nach liberaler Auffassung erforderliche Staatstätigkeit stößt an die nationalen Grenzen, die internationalen Organisationen konnten die Aufgaben nicht oder nur unvollkommen meistern. Angesichts ungelöster Probleme der Erhaltung der Grundlagen des Lebens, der Gefährdung der Welthandels- und Weltwährungsordnung, der Energieversorgung, des sozialen Ausgleichs zwischen Reichen und Armen kann der Frage nicht mehr ausgewichen werden, ob Steuerungskapazitäten, d. h. Herrschaftsmacht, vom Nationalstaat auf eine übergeordnete Ebene, sei es in Europa, sei es in der Welt, übertragen werden müßten.[7]

Im Nationalstaat war es gelungen, die Voraussetzungen für die Zielfindung und Zielverwirklichung zu schaffen. Gemeinsam erlebte Geschichte, gemeinsame Sprache, weitgehende Übereinstimmung der Eliten über Werte und Ziele trugen die Idee des Nationalstaates und legitimierten seine Entscheidungen. Nicht nur die Erkenntnis, daß heute viele Probleme ungelöst bleiben, sondern auch andere Beobachtungen wie die regionalen Bestrebungen einerseits, die Europa-Bewegung andererseits, ferner Abneigung gegen nationale Phrasen sprechen dafür, daß diese Legitimationsbasis nicht mehr stabil ist. Die Frage, ob das Abbröckeln der Legitimationsbasis des Nationalstaates in Westeuropa nur ein Erosionsprozeß ist oder ob sich gleichzeitig neue Loyalitäten herausbilden, ist schwer zu beantworten.

Soweit ich sehe, setzt dies gewisse Veränderungen des Bewußtseins und der Wirklichkeit voraus, die wiederum nicht isoliert betrachtet werden können, sondern sich gegenseitig bedingen und in der Entwicklung voneinander abhängen.

Es muß sich die Meinung verbreiten und durchsetzen,

- daß wichtige Probleme nicht mehr mit den bisherigen Instrumenten zureichend gelöst werden können;
- daß die supranationalen Organe zur Erfüllung von Aufgaben und Verwirklichung von Zielen *besser* in der Lage sind;
- daß nicht andere Errungenschaften, z. B. der Rechtsstaat, die parlamentarische Demokratie, die Wirtschaftsordnung, der soziale Ausgleich, in Frage gestellt werden.[8]

7 Vgl. *Carl Friedrich von Weizsäcker,* Wege in Gefahr, Hanser 1976, Seite 113 ff.

8 Vgl. die von *Jürgen Habermas* zur Entstehung der Nationalstaaten entwickelten Gedanken in: Zur Rekonstruktion des Historischen Materialismus, Suhrkamp 1976, S. 177.

Von der Antwort auf die Frage, inwieweit dieser Prozeß vorangeschritten ist, inwieweit sich ein Konsens über Werte und Ziele auf supranationaler Ebene herausgebildet hat, hängen die Möglichkeiten, supranationale Institutionen und supranationales Recht zu schaffen sowie supranationale Entscheidungen zu treffen und zu verwirklichen, ab.

Soviel zu den Beurteilungskriterien und zur Einordnung des Integrationsprozesses in die allgemeine Entwicklung. Was nun die Erörterung der Wirtschafts- und Gesellschaftsordnung der EG anlangt, so müssen zwei Dinge auseinandergehalten werden:

a) einmal die Frage, ob ganz allgemein gesehen (d. h. ganz gleich, um welches Steuerungssystem es sich handelt) das marktwirtschaftliche System der Ergänzung durch Eingriffs- oder Ablauf-Politik bedarf.

b) inwieweit nach dem gegenwärtigen Stand der Integration die materiellen und institutionellen Bestimmungen des Vertrages es erlauben, eine gemeinsame Politik oder besser eine Politik der Gemeinschaft zu planen und zu verwirklichen; dazu würde auch gehören, daß die Betroffenen die Entscheidungen der Gemeinschaft als legitim anerkennen.

Zu a). Die Neoliberalen unterscheiden sich vom klassischen Liberalismus durch eine stärkere Betonung der Erkenntnis, daß die Vorteile der Marktwirtschaft sich nicht allein aus dem freien Spiel der wirtschaftlichen Kräfte ergeben, daß vielmehr die konstituierenden Prinzipien und der vorausgesetzte Ablauf durch eine im Rechtssystem verankerte »Wettbewerbsordnung«, also durch eine staatliche Veranstaltung gesichert werden müssen. Die »soziale« Marktwirtschaft unterscheidet sich vom Ordo-Liberalismus durch größere Wirklichkeitsnähe und stärkere Betonung sozialpolitischer Ziele. So wird beim Wettbewerb nicht die Vollständigkeit, sondern der Leistungsgedanke betont, eine bewußte Politik des wirtschaftlichen Wachstums im Rahmen einer aktiven Konjunkturpolitik angestrebt und die soziale Komponente aller Wirtschaftspolitik hervorgehoben.[9] Nach diesen Vorstellungen kann sich der Staat nicht auf »Ordnungssicherungspolitik« beschränken, sondern muß die Steuerung bestimmter Prozesse in die Hand nehmen. Über die Materien, über das Maß der Eingriffe und über die Instrumente gehen die Meinungen auseinander. Aber kaum jemand wird grundsätzlich leugnen, daß das marktwirtschaftliche System nur lebensfähig erhalten werden kann, wenn es durch Eingriffspolitik in einigen Bereichen ergänzt wird. Während die einen Wert darauf legen, daß nur marktkonforme Mittel angewandt werden, daß sich die Eingriffe möglichst auf die Beeinflussung von Rahmenbedingungen beschränken und Einzeleingriffe tunlichst vermieden werden, sind andere auch bereit, Übergangs-, Anpassungs-

9 Vgl. *Herbert Giersch*, Allgemeine Wirtschaftspolitik, Wiesbaden 1960, Seiten 183, 188.

und Sozialmaßnahmen für einzelne Industriezweige oder Regionen zuzulassen. Als entscheidendes Kriterium wird angesehen, daß der marktwirtschaftliche Prozeß möglichst wenig beeinträchtigt wird, weil sonst die damit verbundenen Vorteile verloren gehen würden.[10]
Zu b). Eine durchaus andere Frage ist es, wer die Zuständigkeit für die Eingriffs- oder Ablaufpolitik hat – in unserem Falle also die Europäische Gemeinschaft oder die Nationalstaaten –, und inwieweit eine Zuständigkeitsabgrenzung erfolgt ist. Sollte die Feststellung zutreffen, daß die Gemeinschaft in gewissen Bereichen nicht in der Lage ist oder gar nicht befugt ist, eine alle Bürger des Gemeinsamen Marktes bindende Eingriffspolitik zu betreiben, so bedeutet dies nicht, daß eine solche Politik überflüssig oder gar untersagt wäre. Es wird also zu prüfen sein, welche Möglichkeiten das geltende Integrationssystem eröffnet und wo die Grenzen einer gemeinschaftlichen oder nationalen Eingriffspolitik liegen. Hierfür wird uns die Entstehungsgeschichte des Rom-Vertrages und die sich darauf gründende Entwicklung des Integrationsprozesses in den letzten Jahren Anhaltspunkte geben.

## Die Entstehungsgeschichte und der Inhalt des Vertrages über die Europäische Wirtschaftsgemeinschaft

Die Entstehungsgeschichte des EWG-Vertrages muß in Zusammenhang mit der gesamten wirtschaftlichen und politischen Entwicklung der Nachkriegszeit gesehen werden. Nach dem Zweiten Weltkrieg waren in Europa zunächst alle Anstrengungen auf die Beseitigung der Zerstörungen, den Aufbau der Wirtschaft und die Konsolidierung der administrativen und politischen Strukturen ausgerichtet. Obgleich die wiedererstandenen europäischen Nationalstaaten zunächst stark mit ihren eigenen inneren Angelegenheiten beschäftigt waren, setzte sich unter Mitwirkung und auf Verlangen der Amerikaner, die die Hilfe des Marshall-Planes an die Voraussetzung einer weitgehenden Zusam-

10 In meinem Vortrag: Europäische Integration und sozialer Wandel; abgedruckt in: Symposion in memoriam Edgar Salin, 1975, habe ich auf Seite 54 dazu ausgeführt:
»Ich möchte andererseits annehmen, daß dieses System nur überlebensfähig ist, wenn es durch Prozeßpolitik in folgenden Bereichen gesteuert wird:
zur Vermeidung von Disfunktionen durch eine aktive Wettbewerbspolitik,
zur Stabilisierung des Kreislaufs und Vermeidung von Inflation und Arbeitslosigkeit durch Globalsteuerung,
durch direkte Beeinflussung der Nachfrage, durch aus dem Staatshaushalt finanzierte Investitionen,
durch Struktur- und Regionalpolitik,
durch korrigierende Maßnahmen der Einkommenspolitik und der Vermögensbildung,
durch das Sozialsystem,
durch das Bildungssystem,
durch Förderung der Mitbestimmung und Selbstverwirklichung.«

menarbeit knüpften, immer mehr die Auffassung durch, daß zunächst im wirtschaftlichen Bereich eine enge Zusammenarbeit der europäischen Staaten notwendig sein würde, um die Fehler der Vergangenheit – Abschließung der nationalen Märkte, Autarkie und Protektionismus – zu vermeiden und die Voraussetzungen für einen ungehinderten Handelsverkehr auf der Grundlage der Havanna-Charta (GATT, IMF, Weltbank) zu schaffen. Die OEEC wurde gegründet (am 17.4.1948), um dieser Zusammenarbeit auch eine institutionelle Basis zu geben.
Auf militärischem Gebiet stand zunächst die Sicherung gegen eine Wiedererstarkung Deutschlands im Vordergrund. Die Situation änderte sich jedoch schnell. Nachdem das Kriegsbündnis auseinandergebrochen war, entwickelte sich immer stärker der Gegensatz zwischen den USA und den freien Staaten einerseits und der Sowjetunion andererseits; dies führte zum Kalten Krieg. Amerika entschloß sich zu einer Politik der politischen und militärischen Konsolidierung und Stärkung Westeuropas, und zwar unter Einschluß Westdeutschlands. Es übernahm eine Führungsrolle und erteilte allen Versuchungen zum Isolationismus eine Absage.
Parallel hierzu liefen die Bemühungen, zu einer engeren politischen Zusammenarbeit in Westeuropa zu gelangen. Es zeigte sich aber sehr bald, daß man sich wegen erheblicher Differenzen über Aufgaben und Zuständigkeiten nur auf eine Organisation einigen konnten, deren aus Parlamentariern der Mitgliedsstaaten zusammengesetzte Versammlung die Probleme diskutieren und Resolutionen fassen kann, deren entscheidendes Organ, das »Ministerkomitee des Europarates«, das aus den Vertretern der Regierungen besteht, nur einstimmige Beschlüsse fassen kann. Gesetzgebung, Verwaltung und Rechtsprechung blieben bei den nationalen Regierungen – abgesehen von dem Europäischen Gerichtshof für Menschenrechte (21.1.1959). Angesichts des hartnäckigen Widerstandes der Engländer gegen jede weitere Ausdehnung der Zuständigkeiten des Europarates, insbesondere seiner Versammlung, und der Ablehnung jeder Übertragung formeller Zuständigkeiten ist es heute noch schwer zu beurteilen, ob die anderen Mitgliedsstaaten bereit gewesen wären weiterzugehen.
Darüber hinaus galt es im politischen Bereich jedoch, den Weg der Bundesrepublik zu klären, nachdem die Konfrontation zwischen Ost und West sich verhärtet hatte und die Teilung Deutschlands Tatsache geworden war. Frankreich mußte seine auf extreme Föderalisierung und dauernde Schwächung Deutschlands ausgerichtete Nachkriegspolitik revidieren, sollte es sich nicht in immer größere Schwierigkeiten mit seinen Verbündeten und insbesondere mit den USA verwickeln, die den westlichen Teil Deutschlands als integrierenden Teil des sich entwickelnden westlichen Bündnisses ansahen und es wirtschaftlich

und politisch wieder auf die Beine stellen wollten. Frankreich mußte also sein Verhältnis zur Bundesrepublik Deutschland neu gestalten. Man wollte nicht, daß ein wiedererstarktes Deutschland, etwa nach einem Ausgleich mit der Sowjetunion, für Frankreich wieder eine Bedrohung werden könnte. Deutschland hingegen, unter Führung von Bundeskanzler Adenauer, der sich dem Westen und der freiheitlichen Ordnung zutiefst verbunden fühlte, der von der Unvereinbarkeit der beiden Gesellschaftsordnungen durchdrungen war und den Expansionsdrang der Sowjetuntion als höchst gefährlich bewertete, war an einer festen über die OEEC und den Europarat hinausgehenden Einbindung in den Westen höchst interessiert. Dabei spielte die Furcht, daß Frankreich seinerseits eine Verbindung mit den Russen suchen könnte – angesichts der früheren französisch-russischen Bündnisse, angesichts der Bemühungen de Gaulles nach dem Kriege und vielfältiger Kontakte und Äußerungen französischer Politiker – eine erhebliche Rolle.

Die Fragen der europäischen Integration und Zusammenarbeit müssen außerdem im Gesamtrahmen der deutschen Bestrebungen gesehen werden, die politischen Folgen des Zweiten Weltkrieges mit ihren Beschränkungen der deutschen Souveränität zu bereingen. Auferlegte einseitige Bindungen trachtete Bundeskanzler Adenauer durch freiwillige gegenseitige oder vielseitige Bindungen zu ersetzen.

Aus dieser Situation heraus ist der Vorschlag des französischen Außenministers Schuman zur Gründung der Montanunion zu verstehen, der von Bundeskanzler Adenauer sofort grundsätzlich bejaht wurde. Robert Schuman und Jean Monnet waren überzeugte Europäer. Sie schlugen eine radikale Kehrtwendung der französischen Nachkriegs-Deutschlandpolitik vor; sie gingen davon aus, daß die zunehmende Gleichberechtigung der Bundesrepublik Deutschland ein Faktum war und es deshalb richtig sein würde, dieses Deutschland als Partner in einer Europäischen Gemeinschaft zu gewinnen, die die Aufhebung des Ruhrstatuts möglich machte, die Kohleversorgung der französischen Wirtschaft sicherstellte und gleichzeitig – so waren wohl die Vorstellungen – die für die Wirtschaft, aber auch für militärische Zwecke so wichtige Kohle- und Stahlindustrie in gewisser Weise internationalisieren sollte.

Um das politische Gewicht dieser Anstrengung beurteilen zu können, ist es interessant, die institutionelle Entwicklung des Projektes zu verfolgen. Während ursprünglich Jean Monnet wohl mehr an ein technokratisches Organ, allerdings mit Hoheitsbefugnissen, gedacht hatte, stellte sich bei den Verhandlungen einmal die Notwendigkeit heraus, den Standort dieser »Hohen Behörde« im Gefüge der nationalen Institutionen und Ordnungen näher zu bestimmen; zum anderen gewannen diejenigen Kräfte, wohl unter deutscher Führung, immer mehr an Gewicht, die gewisse föderative Elemente im Vertrag

verankern wollten. Diese Bemühungen wurden natürlich von der Europäischen Bewegung und anderen Anhängern der Idee der Vereinigten Staaten von Europa lebhaft unterstützt.
Wenn sich auch wirtschaftlich gesehen die Konzeption einer auf einzelne Branchen beschränkten Teilintegration als verfehlt und nicht lebensfähig erwiesen hat, so kamen in dem Vertrag über die Montanunion Vorstellungen zum Zuge, die sich, jedenfalls was die Grundstoffindustrie anlangt, nicht mit der durch GATT, IMF und OEEC festgelegten Ordnungspolitik begnügen wollten, sondern, abgesehen von strengeren Wettbewerbsregeln und deren supranationaler Durchsetzung und Kontrolle, jedenfalls für die Fälle der Mangellage oder der Überproduktion, direkte Eingriffe auf europäischer Ebene für notwendig hielten.
Mit diesen institutionellen und wirtschaftspolitischen Ordnungsfragen wurden neuralgische Punkte, und zwar für die einzelnen Regierungen in durchaus unterschiedlicher Weise, berührt. England lehnte eine so enge institutionelle Bindung ab. In Deutschland wurden von Bundeswirtschaftsminister Professor Dr. Erhard starke Bedenken gegen die »dirigistischen« Klauseln des Vertrages erhoben, deren Mißbrauch durch die vorgesehenen Gemeinschaftsinstitutionen befürchtet wurde. Aus den erwähnten übergeordneten politischen Gründen stimmte die Regierung Adenauer dem Vertrag ohne Vorbehalt zu, nachdem es gelungen war, die volle Gleichberechtigung der Bundesrepublik Deutschland herzustellen und jede Diskriminierung auszuschließen.
Frankreich selbst hatte diesen Vorschlag gemacht und seine Politik darauf eingestellt. Jean Monnet führte die Verhandlungen mit Hilfe einer Gruppe intelligenter und dynamischer Mitarbeiter. Die dirigistischen Klauseln machten den französischen Technokraten, aber auch den in der merkantilistischen Tradition stehenden führenden Gruppen ohnehin keine Schwierigkeiten. Die formelle Tragweite der institutionellen Bestimmungen wurde dadurch eingeschränkt, daß die Hohe Behörde in wichtigen Fragen an die Zustimmung des Minsterrats gebunden wurde und die Europäische Parlamentarische Versammlung nur beratende Funktionen hatte. So glaubte man, daß die Eingriffe in die nationale Souveränität erträglich sein würden, und sah keinen Anlaß, bei dieser Gelegenheit die Grundsatzfragen allzu sehr zu vertiefen. Die Gaullisten lehnten die Regelung schon damals aus grundsätzlichen Erwägungen ab; auch weil sie – wohl mit Recht – den präjudiziellen Charakter der Lösung sahen.
In der Tat ergab sich, über die Regelung akuter politischer Probleme und einer gewissen Weichenstellung auf dem Gebiet der Wirtschaftspolitik hinaus, in dem Vertragswerk ein selbständiger Ansatzpunkt und gleichzeitig Antrieb für die politische Entwicklung in Europa, die auf eine Eigenständigkeit und Handlungsfähigkeit europäischer Institutionen abzielte. So haben auch Robert

Schuman, Jean Monnet, Konrad Adenauer und Walter Hallstein den Montanunionsvertrag verstanden und interpretiert. Abgesehen von einer »geregelten« Kohleversorgung hat der Vertrag die wirtschaftliche Entwicklung nicht wesentlich beeinflußt; beim Eintritt von Schwierigkeiten (Kohlenschwemme) zeigte sich, daß die Hohe Behörde nicht in der Lage war, den Vertrag anzuwenden, weil ihre Autorität nicht ausreichte, um sich durchzusetzen, und die für die Teilintegration bereitgestellten Instrumente nicht angemessen waren. Die wirtschaftliche Gesamtentwicklung in der freien Welt und ebenso in Europa vollzog sich nach den Regeln des GATT, des IMF und der OEEC, die Pionierarbeit auf den Gebieten der Abschaffung der Kontingente und des Zahlungsverkehrs geleistet hatte.
Die folgenden Jahre standen in Europa ganz im Banne des Für und Wider und der Modalitäten eines deutschen Verteidigungsbeitrages. Die Widerstände gegen eine selbständige deutsche Armee einerseits und das ungeduldige Drängen der Amerikaner nach einem substantiellen deutschen Verteidigungsbeitrag andererseits führten zu dem französischen Vorschlag einer integrierten Europa-Armee, die wegen der erhofften positiven Wirkung für die europäische Integration und die deutsch-französische Aussöhnung auch den Beifall Bundeskanzler Adenauers fand und natürlich von der Mehrzahl der europäischen Föderalisten unterstützt wurde. Es ist hier nicht möglich, die wechselhaften und zunehmend schwierigen Verhandlungen über den EVG-Vertrag im einzelnen nachzuzeichnen. Die Verhandlungen erwiesen sich als Test einmal für die Entwicklung des deutsch-französischen Verhältnisses, zum anderen für die Bereitschaft der Partner zu supranationalen Lösungen. In beiden Fällen war das Ergebnis damals noch negativ. Die Franzosen versuchten die Deutschen voll zu integrieren, ihre eigenen Truppen aber stärker herauszuhalten, was sich insbesondere bei den Änderungsvorschlägen des Ministerpräsidenten Mendès-France zeigte. Damit wurde gegen das Grundprinzip der Nichtdiskriminierung verstoßen, was die Entstehung einer Europäischen Gemeinschaft stark behindert hätte. Die in der französischen Kammer (1954) erfolgte Ablehnung – der Vertrag wurde von der Tagesordnung abgesetzt – muß aber auch unter dem Gesichtspunkt der supranationalen Struktur des Vorhabens gesehen werden, insbesondere, wenn man sie im Zusammenhang mit dem zu gleicher Zeit vorgelegten Plan einer Europäischen Union (Brentano-Entwurf) betrachtet. Schon der Vertrag selbst enthielt stark supranationale Elemente. Jedermann sagte sich außerdem, daß eine integrierte Armee auf kürzere oder längere Sicht eines politischen Gegengewichts und Entscheidungszentrums bedürfen würde. Die Befürworter der EVG machten ja auch kein Hehl daraus, daß Montanunion und EVG ihre Krönung in einer Politischen Union finden sollten, für die die Parlamentarische Versammlung einen »supranationalen« Entwurf vorgelegt

hatte. Es ist schwer zu entscheiden, welche Gründe in der französischen Nationalversammlung den Ausschlag gegeben haben. Jedenfalls erlitt die Idee, in verhältnismäßig kurzer Zeit eigenständige europäische Institutionen mit weitgehenden Entscheidungsbefugnissen zu schaffen, einen schweren Rückschlag. Der Plan einer Europäischen Politischen Union wurde nicht mehr ernsthaft in Erwägung gezogen und verschwand in den Aktenschränken. Eine für das Vorhaben einer politisch-institutionellen Integration der Sechs äußerst schwerwiegende Folge des Scheiterns des EVG-Vertrages bestand darin, daß eine Lösung des europäischen Sicherheitsproblems und des deutschen Verteidigungsbeitrags auf einer anderen Ebene, nämlich durch Beitritt der Bundesrepublik zur NATO gefunden wurde. Damit entfiel einer der Hauptgründe für eine beschleunigte politische Integration, da nun das starke Bedürfnis der Bevölkerung nach Sicherheit und Selbstdarstellung, das mit den militärischen Fragen verbunden ist, nicht mehr für die politische Einigung Europas nutzbar gemacht werden konnte.

So standen die Dinge 1954/55. Man fragt sich, woher eigentlich die Antriebe kamen, die Integration der Sechs fortzusetzen und wieder neu zu beleben. Der militärische Antrieb war entfallen, wirtschaftlich verlief die Entwicklung zufriedenstellend im Rahmen der weltweiten Regeln des GATT und des IMF unter tätiger Mitwirkung der OEEC. Außenpolitisch waren alle Augen auf die fundamentale Auseinandersetzung zwischen den USA und der UdSSR gerichtet, innenpolitisch waren Frankreich mit dem Indochina- und Algerienproblem und der Gestaltung seines Verhältnisses zu Afrika, England mit der Liquidierung des Empires, die Bundesrepublik mit den sich aus der Teilung Deutschlands ergebenden Problemen beschäftigt. Außerdem war überall der Wiederaufbau und die Modernisierung der Wirtschaft noch in vollem Gange.

Es sind im wesentlichen politische Gründe gewesen, die die erneuten Initiativen von Monnet, Spaak, den Benelux-Staaten und schließlich auch von Bundeskanzler Adenauer und seinem damaligen Staatssekretär Hallstein hervorgerufen haben. Man hatte mit der Montanunion aus den beschriebenen Gründen einen Anfang gemacht, man wurde sich zunehmend darüber klar, daß diese auf die Dauer isoliert nicht würde bestehen können und deshalb zur Bedeutungslosigkeit herabsinken müßte. Ihre Organisation würde jedenfalls nicht ausreichen, um eine größere politische Kohärenz zu sichern, die viele Politiker wegen des Deutschland-Problems, aber auch, um das politische Schwergewicht des westlichen Europa zu vermehren, für notwendig hielten. Auch die idealistisch ausgerichteten Stimmen waren nicht verstummt, die sich ein vereinigtes Europa als Ideal gesetzt hatten und davon die Lösung vieler Probleme erwarteten. Sie

fürchteten, daß die fruchtbaren institutionellen und normativen Ansätze des Montan-Vertrages verkümmern könnten.
Auf wirtschaftlichem Gebiet waren die Meinungen sehr geteilt. Bundeswirtschaftsminister Erhard, einflußreiche Kreise der Wissenschaft – es seien hier nur die Namen Röpke, Haberler, Machlup genannt – und Teile der deutschen öffentlichen Meinung und der Industrie hielten die weltweiten Regeln und die Institution der OEEC für durchaus ausreichend für Europa und versprachen sich von einer strikten Anwendung dieser Regeln, insbesondere von dem Übergang zur Konvertibilität und einer lockeren Zusammenarbeit der Nationalstaaten, positive Wirkungen für die Ausdehnung des Welthandels und den eigenen Wohlstand. Einer weitergehenden Integration der Sechs standen sie mit Skepsis gegenüber, sie befürchteten, daß die Institutionen Dirigismus und Protektionismus praktizieren und damit das Welthandelssystem gefährden würden, außerdem sahen sie Gefahren für die wirtschaftliche und politische Einheit Europas, da England sich schon an der Montanunion nicht beteiligt hatte und keinerlei Neigung zeigte, sich auf noch weitergehende Pläne einzulassen.
Bei den Befürwortern stoßen wir auf die unterschiedlichsten Motive. Bei denjenigen, die der Marktwirtschaft skeptisch oder ahnungslos gegenüberstanden, herrschte wohl die Idee vor, daß die öffentliche Hand nicht nur Regeln setzen solle, sondern mehr eingreifen müßte, um die Dinge auf den rechten Weg zu bringen. Man war sich darüber klar, daß viele wirtschaftliche Vorgänge transnational geworden waren und sich der nationalen Einwirkung entziehen konnten, und folgerte daraus, daß europäische Lösungen gesucht werden müßten. Paradox war es, daß gerade französische Politiker diese Argumentation vorbrachten, wohl ohne völlige Klarheit darüber, daß dies starke supranationale Institutionen erfordert hätte, die gerade in Frankreich kaum durchzusetzen waren.
Eine andere Gruppe teilte zwar die Erhardsche Grundkonzeption, hatte aber gewisse Zweifel hinsichtlich seines allzu großen Vertrauens in das vollständige, ungehinderte und dauerhafte Funktionieren der Weltwirtschaftsordnung. Diese Gruppe hielt es für möglich und notwendig, in Europa mit dem Abbau der Zollschranken und sonstiger Handelshemmnisse weiterzugehen, und meinte, daß eine solche Ordnung nur durch strengere und verbindliche Wettbewerbsregeln und Institutionen zu sichern und auf Dauer zu stellen sei. Diese Gruppe fand sich zu gemeinsamer Überzeugung und gemeinsamem Handeln mit denjenigen zusammen, von denen die wirtschaftliche Integration als willkommenes Vehikel für die politische Integration oder wenigstens eine verstärkte wirtschaftliche und politische Zusammenarbeit angesehen wurde.
Das war die Konstellation, von der die Verhandlungsführung bei den

Verhandlungen zum EWG- und EURATOM-Vertrag ausgehen mußte. Dabei mußte man sich stets der Mißerfolge gegenwärtig bleiben, die man mit den Vorstellungen, die Probleme durch Errichtung neuer Institutionen und globale Zuständigkeitsübertragungen zu lösen, in den letzten Jahren gemacht hatte. Hieraus ergab sich die Notwendigkeit – wenn man nicht wieder scheitern wollte – die Institutionen nicht als ein Ziel an sich, sondern in Funktion sachlicher Aufgaben zu sehen, über deren Europäisierung Übereinstimmung erzielt werden konnte. Dies war ein wichtiger Einschnitt. Man unterschätzte die Rolle der Institutionen keineswegs, man war aber nicht mehr der Meinung, daß sie etwas Nützliches bewirken könnten, wenn die ökonomischen und politischen Voraussetzungen nicht gegeben sind. Andererseits kann ein funktionierendes institutionelles System viel zur Konsolidierung, Förderung und Weiterentwicklung von Integrationsprozessen beitragen.

**Die Vertragsbestimmungen**

Betrachten wir uns unter diesen Gesichtspunkten die in den Rom-Verträgen gefundenen Lösungen, so stellen sie eine glückliche Kombination zwischen wirtschaftlichen und politischen Anliegen dar, die die Erfahrungen, die mit der Institutionalisierung gemacht worden waren, voll in Rechnung stellen.
Im Rahmen einer nach den Vorschriften des GATT zulässigen Zollunion sieht der Rom-Vertrag einen Abbau aller Handelshemmnisse und die Freizügigkeit der Produktionsfaktoren vor. Durch eine europäische Wettbewerbsordnung soll ein fairer und wirksamer Wettbewerb gewährleistet werden, weshalb nicht nur private Wettbewerbsbeschränkungen, sondern auch staatliche Wettbewerbsverfälschungen verboten werden und durch Rechtsangleichung Wettbewerbsverzerrungen, die sich aus unterschiedlichen Rechts- oder Verwaltungsvorschriften ergeben können, beseitigt werden sollen. Unter den in allen Mitgliedsstaaten gegebenen Voraussetzungen weitgehender Eigentumsgarantien, des freien Zugangs zu den Märkten, der Vertragsfreiheit und grundsätzlicher Gewerbefreiheit besteht also ein für alle Bürger der Gemeinschaft verbindlicher gesetzlicher *Rahmen,* in dem sich die Koordination einzelwirtschaftlicher Planungen über die Märkte vollzieht, Angebot und Nachfrage die Preise bestimmen und die Freiheit der Berufsausübung und der freie Zugang zu den Märkten grundsätzlich gewährleistet sind. Diese marktwirtschaftliche Ordnung wird durch Gemeinschaftsinstitutionen gesichert und kontrolliert, die darüber hinaus keine dirigistischen oder planwirtschaftlichen Zuständigkeiten besitzen. Der EWG-Vertrag enthält ferner einige Grundsätze für die nationale Wirtschaftspolitik (Art. 104: magisches Viereck), über wirtschaftspolitische

Anliegen von gemeinsamem Interesse (Art. 103, Art. 107) und über die Koordinierung der nationalen Wirtschaftspolitiken, soweit dies zum Funktionieren des Gemeinsamen Marktes notwendig ist oder sonst nützlich erscheint.
Der Vertrag geht also davon aus, daß die Zuständigkeit für die Wirtschafts- und Währungspolitik primär bei den Mitgliedsstaaten verblieben ist. Was die im Vertrag vorgesehene Koordinierung der Wirtschaftspolitik anlangt, so hatten sich die Mitgliedsstaaten eine weitgehende Autonomie hinsichtlich der Art und des Umfangs wirtschaftspolitischer Maßnahmen, insbesondere soweit es sich um Eingriffe in das marktwirtschaftliche System handelt, vorbehalten, wobei allerdings die Wettbewerbsregeln des Vertrages zu beachten sind. Diese sehr grundsätzliche Feststellung wird nicht dadurch beeinträchtigt, daß der Ministerrat nach Art. 103 des Vertrages auf Vorschlag der Kommission Maßnahmen ergreifen kann, um unerwünschten Entwicklungen der Konjunktur begegnen zu können. Einmal handelt es sich hierbei nicht um eine allgemeine Zuständigkeit für eine gemeinsame Wirtschafts- und Währungspolitik, sondern um eine Ermächtigung zu *speziellen* Maßnahmen für besondere Situationen, zum anderen sieht der Vertrag Einstimmigkeit im Ministerrat vor, so daß jeder Mitgliedsstaat frei bleibt, zu beurteilen, ob er eine Maßnahme für notwendig hält und wie diese ausgestaltet werden soll.
Ausnahmeregelungen wurden für die Landwirtschaft und für den Verkehr getroffen, da auf diesen Gebieten – den sogenannten Interventionsmärkten – in fast allen Mitgliedsstaaten weitgehende Eingriffe in das Marktgeschehen erfolgten. Ein Gemeinsamer Markt für landwirtschaftliche Produkte konnte also nur entstehen, wenn entweder diese Eingriffe zugunsten einer rein marktwirtschatlichen Ordnung gänzlich beseitigt wurden oder aber eine europäische Marktordnung an die Stelle der nationalen Systeme trat. Hierfür schuf der Vertrag entsprechende Zuständigkeiten, ohne im einzelnen bereits festzulegen, inwieweit bei einer zukünftigen Regelung das Marktgeschehen durch Eingriffe der Gemeinschaft korrigiert oder gesteuert werden sollte. Auch im Verkehrsbereich blieb es bei einer noch weniger konkretisierten allgemeinen Ermächtigung für eine gemeinsame Verkehrspolitik.
Im Bereich der Energie hatten die meisten Mitgliedsstaaten, ähnlich wie in der Landwirtschaft und beim Verkehr, ein staatliches Interventionssystem für alle Energiearten entwickelt. Es hätte deshalb nahegelegen, der Gemeinschaft die Zuständigkeit für eine gemeinsame Energiepolitik als Eingriffspolitik zu geben oder wenigstens die Möglichkeit hierzu durch eine entsprechende Ermächtigung zu eröffnen. Hinsichtlich des Erdöls, des Erdgases und der Sekundärenergie beschränkt sich der EWG-Vertrag aber auf den für die Gesamtwirtschaft geltenden Ordnungsrahmen, während die Sonderbestimmungen des

Montan-Vertrages und des EURATOM-Vertrages für Kernenergie ausdrücklich für unberührt, also für weiterhin anwendbar, erklärt wurden. Abgesehen von diesen Spezialbestimmungen sind die Mitgliedsstaaten also nur zur Koordinierung ihrer nationalen Eingriffspolitiken verpflichtet, soweit dies zur Erreichung der Ziele des Vertrages erforderlich ist. Ob hierzu eine gemeinsame Energiepolitik notwendig sein würde und ob sich mit dem Instrumentarium des Vertrages, nämlich mit einer Koordinierung nationaler Politiken, eine solche Politik erreichen lassen würde, war also offen geblieben.

Die Analyse der Vertragsbestimmungen führt hinsichtlich der Wirtschaftsordnung der Europäischen Gemeinschaften zu folgenden Ergebnissen:

- Europäisches Recht und Europäische Institutionen bestimmen und sichern einen europäischen Ordnungsrahmen für das marktwirtschaftliche Geschehen;
- die Eingriffsbefugnisse der Gemeinschaftsinstitutionen sind beschränkt und beziehen sich nur auf besondere konjunkturelle Situationen (Art. 103), auf die Landwirtschaft und potentiell auch auf den Verkehr, sowie auf die Bestimmungen des Montan-Vertrages und des EURATOM-Vertrages;
- die Mitgliedsstaaten müssen sich bei ihrer Wirtschaftspolitik, insbesondere bei speziellen Eingriffen, an die strengen Wettbewerbsvorschriften der Gemeinschaft halten.

Natürlich war es den Verfassern des Vertrages nicht entgangen, daß dieses System unvollkommen und ergänzungsbedürftig war. Es ging davon aus, daß das allgemeine Gleichgewicht zwischen den Volkswirtschaften der Mitgliedsstaaten bei festen Wechselkursen nach dem Weltwährungssystem von Bretton Woods und bei Einhaltung der Bestimmungen des Art. 104 gesichert werden könne, was in den ersten Jahren auch der Fall war.

Auch konnte die Entstehung des Gemeinsamen Marktes regionale oder strukturelle Probleme mit sich bringen oder verstärken; hier mußte man darauf vertrauen, daß es gelingen würde, die nationalen Maßnahmen wirksam zu koordinieren.

**Die Einstellung der Regierungen**

Es ist nun gefragt worden, wie es in den Regierungsverhandlungen zu dieser Regelung gekommen ist und wie die wirtschaftspolitischen Vorstellungen der vertragschließenden Parteien waren.[11]

Die Bundesrepublik nahm an diesen Verhandlungen zum ersten Mal als völlig

11 Vgl. *Rahmsdorf,* a.a.O., (Anmerkung 1) Seite 158.

freier und gleichberechtigter Partner teil, während bei den Verhandlungen über die Montanunion noch die vielfachen Bindungen des Besatzungsrechts bestanden und die Auseinandersetzungen über den EVG-Vertrag durch die ungelöste Frage eines deutschen Verteidigungsbeitrages belastet waren. Diese veränderte Situation hat es der Bundesrepublik gestattet, ihre Interessen wirksam zu vertreten, ihre Vorstellungen über eine wünschenswerte Wirtschaftsordnung ins Spiel zu bringen und den Vertrag in diesem Sinne maßgebend zu beeinflussen. Die Verhandlungen waren durch zwei umfangreiche Gutachten des Wissenschaftlichen Beirats des Bundeswirtschaftsministeriums über die Europäische Integration (1953) und durch eingehende Vorarbeiten, insbesondere im Bundeswirtschaftsministerium, vorbereitet worden. Es gelang in allen Phasen der Verhandlungen, die wesentlichen Grundsätze eines marktwirtschaftlichen Systems durchzusetzen und im EWG-Vertrag zu verankern. Dies ist mit der Behauptung, daß der Vertrag keine ausdrücklichen Bestimmungen über eine bestimmte Wirtschaftsordnung enthalte, bestritten worden. Wenn man aber die im Vertrag konkret geregelten Ziele und die in Regeln und Institutionen vorgegebenen Mittel zur Verwirklichung dieser Ziele zusammennimmt, so ergibt sich nicht nur, daß alle wesentlichen Merkmale eines marktwirtschaftlichen Systems darin enthalten sind, sondern auch, daß diese Vorschriften den Spielraum für nationales planwirtschaftliches Handeln beschränken, weil die Mitgliedsstaaten an die Wettbewerbsregeln des Vertrages gebunden sind. Die Bundesregierung wurde, insbesondere im Ausschuß »Gemeinsamer Markt«, durch die italienischen, belgischen, niederländischen und luxemburgischen Delegierten in ihren Grundauffassungen wirksam unterstützt. Die niederländische Regierung hatte sich ja auch schon sehr frühzeitig durch Vorlage des sogenannten Beyen-Planes einer »Europäischen Zollunion« in dieser Richtung festgelegt.

Die französische Delegation hatte sich in den Vorverhandlungen des Jahres 1955 mehr rezeptiv verhalten, da die Regierung noch nicht entschlossen war, ob sie den Gedanken eines Gemeinsamen Marktes akzeptieren wollte. Es gelang jedoch auf Expertenebene wichtige Ergebnisse zu erzielen und die späteren Entscheidungen damit in gewissem Maße zu kanalisieren. Übereinstimmung bestand unter den Experten insbesondere über die politische Zielsetzung; es sollte sich nicht nur um eine bloße Zusammenarbeit, sondern um einen organisierten Zusammenschluß in einer Gemeinschaft handeln. Die Vorstellung eines allgemeinen Gemeinsamen Marktes hatte sich durchgesetzt und damit die Notwendigkeit, den Freiverkehr und einen fairen und unverfälschten Wettbewerb zu gewährleisten. Durch eine liberale Handelspolitik sollte der Abschließungseffekt der Zollunion gemildert werden. Auch während der Redaktion des Spaak-Berichtes engagierte sich die französische Regierung

nicht, ließ aber dem französischen Unterhändler, dem späteren Ministerpräsidenten Felix Gaillard, freie Hand, der mit der marktwirtschaftlichen Grundkonzeption des Vertrages einverstanden war.[12]
Die Regierung Mollet (ab Januar 1956) beschloß, sich stärker europäisch zu engagieren; nachdem im Juli 1956 auch die Debatte in der französischen Nationalversammlung günstig für die Fortführung der wirtschaftlichen Integration ausgegangen war, beteiligte sich die französische Delegation aktiv an der Gestaltung des Vertrages. Die Konzeption lag durch die Vorverhandlungen und den Spaak-Bericht bereits weitgehend fest; es gelang aber auch, die französische Zustimmung zu dieser Konzeption zu erhalten. Einerseits mehrten sich auch in Frankreich, besonders in Kreisen der hohen Wirtschaftsbürokratie, die Stimmen, die eine allmähliche Abkehr von den merkantilistischen Traditionen empfahlen, andererseits wurde die Zustimmung zu dieser Integrationskonzeption dadurch erleichtert, daß der Souveränitätsverzicht überschaubar blieb.[13]
Die Frage, ob im Vertrag eine gemeinsame Wirtschaftspolitik zu verankern sei, wurde während der Vertragsverhandlungen diskutiert, aber von den meisten Delegationen verneint, da dies nur im Rahmen einer föderalen Struktur vertretbar erschien und die hierfür erforderliche Ausdehnung der Entscheidungsbefugnisse der Gemeinschaft, insbesondere in Frankreich, nicht durchsetzbar war.

Natürlich war während der Vertragsverhandlungen die Übereinstimmung nicht vollkommen. Soweit ich mich erinnere, wurde von französischer Seite der Versuch gemacht, den Gemeinschaftsinstitutionen für die Fälle der Überproduktion oder des Mangels an Rohstoffen und Vorstoffen – ähnlich wie in der Montanunion – gewisse Eingriffsbefugnisse zu geben; dies scheiterte an dem starken Widerstand der deutschen Delegation. Es blieb lediglich der Artikel 103. Nach der Vorstellung der deutschen Delegation sollten sich die danach gegebenen Möglichkeiten auf die Veränderung der Rahmenbestimmungen beschränken und direkte Eingriffe vermeiden. Ebenso wurde von der deutschen Delegation ein Vorschlag, die Preisdiskriminierung unter bestimmten Voraussetzungen – ähnlich wie im Montan-Vertrag – zu untersagen und mit Geldbußen zu belegen, abgelehnt; verboten blieb lediglich jede Diskriminierung aus

12 *Pierre Uri*, der zusammen mit dem Verfasser die Redaktion des Spaak-Berichtes besorgte, war Direktor der Hohen Behörde, also nicht Vertreter der französischen Regierung. Sein beweglicher Geist ermöglichte es ihm, sich schnell auf die marktwirtschaftliche Konzeption einzustellen.

13 Die in der französischen Delegation für die wirtschaftlichen Probleme maßgeblichen Persönlichkeiten, *Robert Marjolin* und *Jacques Donnedieu de Vabres*, waren im übrigen grundsätzlich von der Richtigkeit des marktwirtschaftlichen Konzeptes überzeugt, wenn sie gewiß auch, wie der Verfasser, eine Ergänzung durch eine Eingriffspolitik für notwendig hielten.

Gründen der Staatsangehörigkeit (Art. 7). Zu diesem Thema gehört auch der Streit über die soziale Harmonisierung, bei dem die französische Regierung offenbar davon ausging, daß der Integration die Harmonisierung bestimmter einzelner Kostenfaktoren vorausgehen müsse. In den Vertrag wurde jedoch nur eine Vorschrift über den Grundsatz des gleichen Entgelts für Männer und Frauen aufgenommen, sowie eine Verpflichtung der Mitgliedsstaaten, die bestehende Gleichwertigkeit der Ordnungen über die bezahlte Freizeit beizubehalten.

## Die Errichtung und das Funktionieren des Gemeinsamen Marktes

In den nächsten 10 Jahren gelang es, die Bestimmungen des Rom-Vertrages, die den rechtlichen Rahmen für einen Europäischen Gemeinsamen Markt darstellen, zu verwirklichen. Der Freiverkehr wurde hergestellt, eine Europäische Wettbewerbsordnung errichtet und die Grundlagen für eine gemeinsame Handelspolitik gelegt. Hinsichtlich des Freiverkehrs entstanden in den Bereichen Schwierigkeiten, in denen eine bloße Beseitigung oder Angleichung nationaler Rechts- und Verwaltungsvorschriften nicht genügte, sondern eine weitergehende Vereinheitlichung von Strukturen oder Politiken notwendig gewesen wäre. Dies gilt insbesondere für das Niederlassungsrecht; die Freiheit des Kapitalverkehrs konnte wegen des engen Zusammenhanges mit der Währungspolitik nur teilweise und unzulänglich hergestellt werden; die Steuerharmonisierung mußte sich im wesentlichen auf die Angleichung der Umsatzsteuersysteme beschränken, da eine weitergehende Angleichung einen gewissen Umbau der gesamten nationalen Steuersysteme erfordert hätte, der nur im Rahmen einer Wirtschafts- und Währungsunion denkbar ist – so blieb es bis auf weiteres bei der Aufrechterhaltung der Steuergrenzen. Die Wettbewerbspolitik blieb keineswegs auf »negative« Maßnahmen beschränkt, sondern schuf mit Kartellpolitik, Beihilfe-Politik, Rechtsangleichung und Steuerharmonisierung die Voraussetzungen für einen fairen und wirksamen Wettbewerb innerhalb des Europäischen Gemeinsamen Marktes.[14]

Was nun den Bereich der Eingriffs- oder Ablaufpolitiken anlangt, so war die Kommission der Europäischen Wirtschaftsgemeinschaft von Anfang an be-

14 Ich stimme der von *Pelkmans*, a.a.O. (vgl. Anmerkung 1), S. 116 ff. erhobenen Forderung, daß ein Gemeinsamer Markt nicht nur durch Abbau von Handelshemmnissen oder ähnlicher restriktiver Maßnahmen entstehen kann, durchaus zu. Ich habe dies s. Zt. häufig dargelegt u. a. in meiner Rede vom 16.6.1965 vor dem Europäischen Parlament in Straßburg, abgedruckt in: *Hans von der Groeben*, Europa, Plan und Wirklichkeit, Nomos-Verlagsgesellschaft Baden-Baden 1967.

strebt, durch eine enge Koordinierung der nationalen Politiken zunächst die Voraussetzungen für eine gemeinsame Politik zu schaffen, woraus sich später stufenweise eine Politik der Gemeinschaft selbst entwickeln sollte. Es wurden Vorschläge für eine gemeinsame Energiepolitik, eine gemeinsame Verkehrspolitik und später auch für eine gemeinsame Regionalpolitik (1969) und eine gemeinsame Industriepolitik (1969) vorgelegt. Auch auf dem Gebiete der allgemeinen Wirtschaftspolitik wurden große Anstrengungen unternommen, um durch Harmonisierung der Instrumente, durch Angleichung der Methoden und Annäherung der Zielvorstellungen die Voraussetzungen für eine gemeinsame Politik zu schaffen. Alle diese Bemühungen hatten jedoch nur beschränkten Erfolg. Zwar sollte man nicht verkennen, daß die gegenseitigen Informationen verstärkt, daß die Konsultationsverpflichtungen im wesentlichen eingehalten wurden, daß es in vielen Fällen zu einer Abstimmung über die zu verfolgenden Politiken kam, ja daß sogar häufig gemeinsames Vorgehen in bestimmten Situationen beschlossen wurde – eine gemeinsame Politik im Sinne eines längerfristigen einheitlichen Vorgehens ist daraus jedoch meist nicht erwachsen. Auch der in den 70er Jahren mit dem Werner-Plan erneut gemachte Versuch, eine Wirtschafts- und Währungsunion zu etablieren, ließ sich so nicht verwirklichen.[15]

Die Gründe für diesen Mißerfolg sind politischer und wirtschaftlicher Natur. Politisch wurden die Möglichkeiten für eine organische Weiterentwicklung der EWG im Sinne einer stärkeren Vergemeinschaftung der Wirtschaftspolitik (als Eingriffspolitik) durch das Verhalten der französischen Regierung unter Präsident de Gaulle für einige Zeit unmöglich gemacht. Nachdem sich das Integrationsklima bereits durch den einseitigen Abbruch der Englandverhandlungen verschlechtert hatte, machte Präsident de Gaulle durch die Politik des leeren Stuhles (1965/66) vollends klar, daß die französische Regierung einer Integration der Wirtschaftspolitik nicht zustimmen wollte. Diese Haltung änderte sich auch nicht unter der Präsidentschaft Pompidous, was sich u. a. aus der französischen Haltung zu den institutionellen Implikationen des Werner-Plans ergibt.

Wirtschaftlich gesehen hatten sich die Verhältnisse in der zweiten Hälfte der 60er Jahre und in den 70er Jahren wesentlich verändert. Während es in den ersten Jahren der Europäischen Wirtschaftsgemeinschaft auf der Grundlage des Festkurssystems von Bretton Woods und im Schwunge einer guten Konjunktur gelang, den Gemeinsamen Markt zu errichten, machten sich in der Folgezeit

15 Die Kommission hat seinerzeit im Aktionsprogramm für die zweite Stufe vom 24.12.1962, Veröffentlichungen der Gemeinschaft, Auszug bei *Heinrich Siegler,* Dokumentation der Europäischen Integration, Bd. 2, Bonn 1964, S. 195, ihren Standpunkt dargelegt und konstruktive und dynamische Vorschläge gemacht.

zunehmend die Unterschiede in den Strukturen, Interessen und Zielvorstellungen bemerkbar. Das Weltwährungssystem geriet in Schwierigkeiten. Unterschiedliche Inflationsraten machten es den Mitgliedsstaaten immer schwerer, sich auf eine gemeinsame Wirtschaftspolitik zu einigen. Hinzu kam, daß die Regierungen sich zunehmender Ansprüche ihrer Mitbürger ausgesetzt sahen, sie aus politischen Gründen der Versuchung, eine Inflationspolitik zu betreiben, nicht widerstehen konnten, während andere Regierungen ihre Stabilitätspolitik nicht aufgeben wollten, so daß es immer schwerer wurde, Übereinstimmung zu erzielen.

Lediglich auf landwirtschaftlichem Gebiet gelang eine gemeinsame Politik. Erstens war sie bereits vom Vertrag als unverzichtbarer Bestandteil des Gemeinsamen Marktes vorgesehen.[16] Dazu wurden gewisse Grundsätze festgelegt,die Ausführung aber den Institutionen überlassen. Ferner waren die Gemeinschaftsinstitutionen mit entsprechenden Zuständigkeiten ausgestattet. Darüber hinaus machte aber die französische Regierung die Entwicklung einer gemeinsamen Agrarpolitik mit Recht zur Voraussetzung für die Fortsetzung der Europäischen Wirtschaftsgemeinschaft.

Wenn im vorstehenden die Bemühungen der Gemeinschaftsinstitutionen, über den europäischen Ordnungsrahmen des Vertrages hinaus zu einer gemeinschaftlichen Eingriffspolitik zu gelangen, geschildert wurden, so darf dies nicht zu dem Mißverständnis Anlaß geben, daß die Kommission damit von der marktwirtschaftlichen Konzeption des Vertrages abweichen wollte. Niemals wurde ein Zweifel über die fundamentale Bedeutung des Wettbewerbsystems und des Marktmechanismus für die Entwicklung der Europäischen Wirtschaftsgemeinschaft gelassen.Dies gilt auch für die Vorschläge der Kommission über die Industriepolitik, das sogenannte Colonna-Memorandum des Jahres 1969. Die in den 70er Jahren unter Einfluß des Mitglieds der Kommission Spinelli gemachten Vorschläge, die eine stärkere staatliche Beeinflussung des wirtschaftlichen Geschehens zum Ziel hatten, ließen sich nicht verwirklichen.

Wir alle wissen, daß die gemeinsame Agrarpolitik keinen glücklichen Verlauf genommen hat. Die ursprüngliche Idee, dem Marktmechanismus im Rahmen eines gemäßigten Präferenzsystems gegenüber dritten Ländern für den landwirtschaftlichen Binnenmarkt die entscheidende Funktion zu übertragen und Interventionen lediglich zum Ausgleich konjunktureller oder saisonaler Schwankungen zuzulassen, wurde zugunsten einer Preispolitik verlassen, die sich nicht mehr nach Angebot und Nachfrage ausrichtete, sondern von politischen und sozialen Erwägungen bestimmt war. Außerdem war die

16 Im Gegensatz hierzu enthielt der Vertrag für die Verkehrspolitik nur eine allgemeine Ermächtigung.

Landwirtschaftspolitik in der Vorstellung entwickelt worden, daß auch die Wirtschaftsintegration sich stufenweise verwirklichen lassen würde.[17]

**Die künftigen Probleme und Möglichkeiten**

Das Ergebnis unserer Überlegungen ist nicht sehr positiv, wenn man es unter dem Gesichtspunkt der Wirtschaftsintegration, d. h. der Möglichkeit einer Eingriffspolitik der Gemeinschaft, betrachtet. Es wäre deshalb notwendig, auch die positiven Seiten des Integrationsprozesses darzulegen, was im Rahmen dieses Beitrages nicht geschehen kann.[18]

Die Gemeinschaft hat sich weiterentwickelt, zwar nicht nach den ursprünglichen Plänen der Kommission, aber zum wirtschaftlichen Nutzen der Mitglieder und als Kern enger politischer Zusammenarbeit.

Das gegenwärtige Integrationssystem läßt sich als ein Gesamtsystem beschreiben, in dem supranationale, völkerrechtliche und nationale Elemente bei der Steuerung des gesellschaftlichen Prozesses zusammenwirken.

Der Gemeinsame Markt mit Freiverkehr, Wettbewerbsordnung, gemeinsamer Handelspolitik und Agrarpolitik beruht auf europäischen Regeln, wobei sich die Zuständigkeit der Gemeinschaft – mit Ausnahme der Agrarpolitik – in der Regel auf den Erlaß von allgemeinen Vorschriften und auf deren Kontrolle beschränkt (Ordnungspolitik), der eigentliche Integrationsprozeß in diesem Ordnungsrahmen also den Privatrechtssubjekten überlassen bleibt.

Für die allgemeine Wirtschaftspolitik, insbesondere die Globalsteuerung, die Industrie-, Struktur-, Regional- und Forschungspolitik sind die Mitgliedsstaaten primär zuständig geblieben. Die Gemeinschaft ist in diesen Bereichen auf das verhältnismäßig schwache Instrument der Koordinierung der nationalen Politiken angewiesen.

Nachdem die Bemühungen zu einer Verstärkung der »politischen« Zuständigkeiten der Gemeinschaft nicht erfolgreich waren, haben sich die Mitgliedsstaaten zu einer lockeren, nicht durch bestimmte Zielvorgaben gekennzeichneten politischen Zusammenarbeit entschlossen (EPZ).

17 Es ist hier nicht der Ort, die Landwirtschaftspolitik im einzelnen aufzuzeichnen, insoweit wird auf Band 6 der Reihe »Möglichkeiten und Grenzen einer Eruopäischen Union«, herausgegeben von *Hans von der Groeben* und *Hans Möller*, die agrarwirtschaftliche Integration Europas, insbesondere auf die Beiträge von *Hermann Priebe,* hingewiesen: Nomos-Verlagsgesellschaft Baden-Baden, 1979.

18 Insoweit wird auf den in Anmerkung 1 zitierten Aufsatz von *Ulrich Everling* und die in den weiteren Anmerkungen aufgeführten Arbeiten des Verfassers verwiesen.

Schließlich haben sich seit einiger Zeit die Staats- und Regierungschefs im »Europäischen Rat« zusammengefunden, um die politische Zusammenarbeit zu verstärken, der Gemeinschaft Impulse zu geben, Schwierigkeiten zu beheben und ein Auseinanderlaufen der verschiedenen Stränge der Integration zu verhindern.

Dieses so entstandene Gesamtsystem hat sich als durchaus lebensfähig erwiesen. Der Gemeinsame Markt konnte trotz aller Krisen erhalten werden; der Beitritt Englands, Dänemarks und Irlands wurde mit einigen Schwierigkeiten verkraftet; die politische Zusammenarbeit der Neun wurde verstärkt und ist ausbaufähig. Die Neun konnten viel dazu beitragen, daß die Währungs- und Wirtschaftskrisen der vergangenen Jahre sich nicht katastrophal auswirkten.

Es wäre also nicht richtig, die Gemeinschaft in diesem System isoliert zu betrachten, sie muß vielmehr stets in ihrer Verzahnung mit den Mitgliedsstaaten gesehen werden. Wenn die Gemeinschaft für einen Bereich nicht zuständig ist oder sich eine gemeinsame Politik mangels materieller Vorschriften oder fehlender Übereinkunft nicht erzielen läßt, so bedeutet dies in der Regel kein Vakuum, da die Mitgliedsstaaten die Probleme mit ihren Mitteln lösen können, es sei denn, daß es sich wie z. B. in der Landwirtschaft um eine ausschließliche Zuständigkeit der Gemeinschaft handelt. Wie weiter oben dargelegt, gehen die Meinungen, inwieweit in das Marktgeschehen eingegriffen werden soll und welche Mittel hierzu geeignet sind, auseinander. Es ist auch keineswegs sicher, ob sich die Erwartungen derjenigen, die einer Wirtschaftsintegration und einer stärkeren Aktivität der Gemeinschaft auf diesem Gebiete das Wort reden, erfüllen werden. Die Erfahrungen, die die Gemeinschaft mit der Landwirtschaftspolitik gemacht hat, sind nicht gerade ermutigend; ob die Anwendung des Art. 58 des Montan-Vertrages zur Bereinigung der Schwierigkeiten in der Stahlindustrie beitragen wird, bleibt abzuwarten. Was nun die Eingriffspolitik der *Mitgliedsstaaten* anlangt, so haben die umfangreichen regionalpolitischen Maßnahmen die Ballung und den wirtschaftlichen Niedergang einzelner Regionen zwar verlangsamen, aber nicht verhindern können. Auch eine *gemeinsame* Regionalpolitik würde vor den gleichen Schwierigkeiten stehen, könnte im übrigen nur subsidiär zur nationalen Politik erfolgreich sein. Die sogenannte industrielle Strukturpolitik ist noch stärker umstritten, sie hat häufig dazu geführt, notwendige Umstrukturierungen zu behindern oder zu verlangsamen. Der Schwerpunkt sollte auf soziale Maßnahmen gelegt werden, für die ohnehin die nationalen Regierungen zuständig sind.[19]

19 Zu den Möglichkeiten einer Eingriffspolitik, die das marktwirtschaftliche System nicht zerstört, vgl. das Gutachten des wirtschaftlichen Beirates beim Bundesministerium für Wirtschaft vom 12.1.1979, Studien-Reihe Nr. 24 und *Bernhard Molitor*, Politique industrielle et planification en France, Revue Economique No. 5, Septembre 1980.

Da wir davon ausgehen müssen, daß die Mitgliedsstaaten in absehbarer Zeit nicht bereit sein werden, weitere Zuständigkeiten an die Gemeinschaft abzutreten und die Entscheidungsbefugnisse der Gemeinschaftsinstitutionen zu verstärken, stellt sich also die Frage, ob das gegenwärtige Integrationssystem ohne verstärkte Wirtschafsintegration, d. h. *ohne* Verstärkung der Zuständigkeiten der Gemeinschaft auf dem Gebiet der Eingriffspolitik, erhalten und weiterentwickelt werden kann.

Entsprechend der von mir in den Vorbemerkungen vorgeschlagenen Methode muß also geprüft werden, ob die Aufgaben und Ziele, die sich die Gemeinschaft und die Mitgliedsstaaten mit dem Vertrag von Rom und den späteren Beschlüssen der Mitgliedsstaaten, insbesondere über die Süderweiterung, gesetzt haben, im Rahmen des weiter oben beschriebenen Integrationssystems im gegebenen politischen Kräftefeld verwirklicht werden können.

Soweit ich sehe, handelt es sich hierbei hauptsächlich um folgende Fragen:

- Das marktwirtschaftliche System muß erhalten und – insbesondere – vor Wettbewerbsverfälschungen und Protektionismus geschützt werden.
- Voraussetzung für die Erhaltung des Gemeinsamen Marktes ist ein europäisches Währungssystem, das ausgehend von einer engen Zusammenarbeit der europäischen Währungsbehörden, Regeln für eine Eingrenzung der Wechselkursflexibilität bei möglicher Anpassung der Wechselkurse an veränderte wirtschaftliche Situationen enthält und eine größere Angleichung der Wirtschaftspolitiken im Sinne der Stabilität erleichtert. Es ist zu hoffen, daß das europäische Währungssystem (EWS), das im Jahre 1979 eingeführt wurde, sich in dieser Richtung entwickeln wird.
- Hinsichtlich der Eingriffspolitiken (z. B. Energie-, Regional-, Strukturpolitik) wird die Kommission alles daran setzen müssen, um die Regierungen zu einer engen Zusammenarbeit, zur Abstimmung ihrer Maßnahmen und zu gemeinsamem Vorgehen, wo dies möglich oder geboten ist, zu veranlassen. Der Einsatz von Gemeinschaftsfonds könnte für eine solche koordinierte Politik durchaus nutzbar gemacht werden. Ich übersehe nicht, daß einer solchen engen Zusammenarbeit und Kooperation große Schwierigkeiten entgegenstehen. Die Strukturen sind unterschiedlich, die Interessen z. T. gegenläufig, die nationalen Geldmittel teilweise beschränkt, die Bereitschaft zu einem europäischen Finanzausgleich noch unvollkommen entwickelt. Auch gehen die Meinungen, ob und wie eingegriffen werden soll, eher auseinander. Es wäre aber ein Irrtum anzunehmen, daß diese Schwierigkeiten durch eine Verstärkung der Zuständigkeiten der Gemeinschaftsinstitutionen mit einem Schlage beseitigt werden könnten. Es wird also nichts anderes übrig bleiben, als sich mühsam zusammenzuraufen. Die

Lösungen werden oft unvollkommen sein oder ganz ausbleiben. Es liegt auf der Hand, daß diejenigen Regierungen, die sich an nationalen Maßnahmen durch die Wettbewerbsvorschriften des Vertrages gehindert sehen, mehr geneigt sind, eine aktive Eingriffspolitik der Gemeinschaft zu fordern.[20]
Übereinstimmung besteht darüber, daß eine Reform der europäischen Agrarpolitik notwendig ist. Es ist zu hoffen, daß dabei die ursprüngliche marktwirtschaftliche Konzeption wieder stärker zum Tragen kommt. Wenn sich die landwirtschaftlichen Preise unter dem Schutz eines angemessenen Präferenzsystems grundsätzlich nach Angebot und Nachfrage ausrichten würden, könnte auf viele der heutigen dirigistischen Maßnahmen verzichtet und die unabsetzbaren Überschüsse könnten vermieden werden. Soziale Probleme und Probleme besonders benachteiligter Gebiete (z. B. Bergbauern) sollten im Wege der direkten Einkommensbeihilfen gelöst werden. Jeder Einsichtige ist sich darüber klar, daß eine solche Umstellung nicht von heute auf morgen erfolgen kann, sondern einer langen Übergangszeit bedarf, in der die Härten auf Kosten des Steuerzahlers ausgeglichen werden müssen. Nachdem sich eine Wirtschafts- und Währungsunion nicht hat verwirklichen lassen, würde eine solche Umstellung der Landwirtschaftspolitik dem gegenwärtigen Integrationssystem besser entsprechen als der jetzige Zustand.

Dies sind die Hauptprobleme, die sich im Zusammenhang mit den in diesem Beitrag behandelten Fragen, inwieweit die Marktintegration durch Wirtschaftsintegration ergänzt werden muß, stellen. Natürlich gibt es eine Vielzahl weiterer Probleme, die hier im einzelnen nicht abgehandelt werden können, vor allem die noch ungelösten Fragen der Süderweiterung.[21]

Der Verfasser hat sich als Mitglied der Komission der Europäischen Wirtschaftsgemeinschaft und später der Europäischen Gemeinschaften für eine enge Koordinierung der Wirtschaftspolitiken der Mitgliedsstaaten eingesetzt, den Gedanken der Wirtschafts- und Währungsunion schon frühzeitig tatkräftig unterstützt und eine Fortsetzung des Prozesses der politischen Integration für notwendig gehalten. Die Dinge sind anders gelaufen. Das bedeutet jedoch

20 Wenn dies auch aus politischen Gründen, nämlich weil man der Gemeinschaft *keine* größeren Zuständigkeiten geben will, manchen Regierungen nicht erwünscht erscheint, während die »liberaleren« Regierungen solchen Eingriffen und damit auch einer Übertragung der Zuständigkeiten auf die Gemeinschaft äußerst skeptisch gegenüberstehen. Es ist nicht zu verkennen, daß dieses Dilemma zu einer Nichtbeachtung der Wettbewerbsvorschriften des Vertrages und damit zu einer Aushöhlung des Gemeinsamen Marktes führen kann.

21 Ich habe dazu in meiner Schrift: Die Erweiterung der Europäischen Gemeinschaft durch Beitritt der Länder Griechenland, Spanien und Portugal (vgl. Anmerkung 1) Stellung genommen.

nicht, daß der Integrationsprozeß im Sinne der ursprünglichen Vorstellungen nicht eines Tages wieder aufgenommen werden könnte. Nur in einem solchen Rahmen würde es möglich sein, auch die Wirtschaftsintegration über das gegenwärtige System hinaus weiter voranzutreiben. Bis dahin sollten wir jedoch nicht warten, sondern das in der gegenwärtigen Situation mögliche tun, um die Errungenschaften der europäischen Einigung zu erhalten und – soweit möglich – behutsam fortzuentwickeln.

# Anhang:

## Verzeichnis der Schriften Hans von der Groebens

*Hans v. d. Groeben:* Handbuch für Europäische Wirtschaft; Baden-Baden, ab 1958 (Loseblattsammlung)

*Hans v. d. Groeben:* Schlußbericht B der Konferenz über Fragen der regionalen Wirtschaft, in Dokumente der EWG-Kommission, Brüssel 1961, S. 17 ff.

*Hans v. d. Groeben:* Wettbewerb im Gemeinsamen Markt, in: Europa-Archiv, H. 16, 1961, S. 17 ff.

*Hans v. d. Groeben:* Vier Jahre Gemeinsamer Markt, Straßburg, 1962.

*Hans v. d. Groeben:* Die Europäische Wirtschaftsgemeinschaft und unsere Wirtschafts- und Sozialordnung, herausgegeben von der EWG-Kommission, Brüssel, 1962.

*Hans v. d. Groeben:* Wettbewerb und Programmierung als Instrumente der Wirtschaftspolitik im Gemeinsamen Markt, herausgegeben von der EWG-Kommission, Brüssel, 1963.

*Hans v. d. Groeben:* Harmonisierung der Umsatzsteuern im Gemeinsamen Markt, Straßburg, 1963.

*Hans v. d. Groeben:* Die neue Verantwortung Europas, in: Europäische Gemeinschaft vom 14. Dezember 1963, herausgegeben vom Presse- und Informationsdienst der Europäischen Gemeinschaften; Bad-Godesberg, 1963.

*Hans v. d. Groeben:* Wettbewerb und Programmierung als Instrumente der Wirtschaftspolitik im Gemeinsamen Markt, in: Planung ohne Planwirtschaft, Basel, 1964, S. 191 ff.

*Hans v. d. Groeben:* Deutschland, Europäische Gemeinschaft, Atlantische Partnerschaft, herausgegeben von der EWG-Kommission, Brüssel, 1964.

*Hans v. d. Groeben:* Die Aufgaben der Wettbewerbspolitik im Gemeinsamen Markt und in der Atlantischen Partnerschaft, herausgegeben von der EWG-Kommission, Brüssel, 1964.

*Hans v. d. Groeben:* Möglichkeiten und Grenzen politischer Einigung durch wirtschaftliche Integration, herausgegeben von der EWG-Kommission, Brüssel, 1965.

*Hans v. d. Groeben:* Gesamteuropäische Perspektiven der westeuropäischen Integration, herausgegeben von der Europa-Union Deutschland, Baden-Baden, 1966.

*Hans v. d. Groeben:* Über das Problem der Grundrechte in der Europäischen Gemeinschaft, in: Ernst v. Caemmerer, Hans-Jürgen Schlochauer, Ernst Steindorff: Probleme des Europäischen Rechts, Frankfurt, 1966, S. 247 – 266.

*Hans v. d. Groeben:* Aufgaben der Wissenschaft für die Orientierung einer europäischen Wirtschaftspolitik, in: Presse- und Informationsdienst der EG (Hrsg.): europäische gemeinschaft, Sonderheft Nr. 19, 1967, S. 3 – 8.

*Hans v. d. Groeben:* Zur Politik der Rechtsangleichung in der Europäischen Wirtschaftsgemeinschaft, in: Zeitschrift für Rechtsvergleichung, 8 Jg. H. 3, 1967, S. 129 – 140.

*Hans v. d. Groeben:* Auf dem Wege zu europäischen Aktiengesellschaften, in: Die Aktiengesellschaft, H. 4, 1967, S. 1 – 7 (Sonderdruck).

*Hans v. d. Groeben:* Ansprache in Zusammenhang mit der Anhörung des Wirtschafts- und Sozialausschusses zu der derzeitigen Lage und den Perspektiven der Gemeinschaft, Brüssel, 1968 (Manuskript).

*Hans v. d. Groeben:* Die Ingenieure im Gemeinsamen Markt – heute und morgen, in: Der Baumeister, H. 6, 1969, S. 558 – 562.

*Hans v. d. Groeben:* Integration der europäischen Nationalstaaten als Instrument der Anpassung an sozialen Wandel, in: Landesverband Bayrischer Zeitschriftenverleger, München, 1969.

*Hans v. d. Groeben:* Die Politik der Europäischen Kommission auf dem Gebiet der Rechtsangleichung, herausgegeben von der Kommission der Europäischen Gemeinschaften, Straßburg, 1969.

*Hans v. d. Groeben:* Die Regionalpolitik der Gemeinschaft, Straßburg, 1969.

*Hans v. d. Groeben:* Europäische Integration als Gestaltungsfaktor in Politik, Gesellschaft und Wirtschaft, in: integration, H. 1, 1969, S. 57 – 70.

*Hans v. d. Groeben:* Die Europäische Wirtschaftsgemeinschaft als Motor der gesellschaftlichen und politischen Integration, in: Walter Eucken Insititut (Hrsg.), Vorträge und Aufsätze, Nr. 25, Tübingen, 1970.

*Hans v. d. Groeben:* Die Gesellschaft im Spannungsfeld zwischen wirtschaftspolitischer Integration und regionaler Subsidiarität, in: Freiherr-Vom-Stein-Gesellschaft e. V. (Hrsg.): Länderreform und Landschaften, Ein Cappenberger Gespräch, Bd. 3; Köln, Berlin, 1970.

*Hans v. d. Groeben:* Politische Union Europas. Wunsch und Wirklichkeit, in: Institut für staatsbürgerliche Bildung in Rheinland-Pfalz (Hrsg.): Europa. Wunsch und Wirklichkeit, Neuwied, 1971, S. 9 – 30.

*Hans v. d. Groeben:* Künftige politische und institutionelle Erfordernisse der Europäischen Gemeinschaften, in: Harry W. Zimmermann (Hrsg.): Zur Politik der Gegenwart, Neuwied, 1971, S. 2 – 10.

*Hans v. d. Groeben:* Europäische Integration und sozialer Wandel, in: Winfried v. Urff (Hrsg.): Der Agrarsektor im Integrationsprozeß, Baden-Baden, 1972, S. 47 – 67.

*Hans v. d. Groeben:* Messina und die Zukunft der Europäischen Gemeinschaft, Rheinbach, 1972, (Manuskript).

*Hans v. d. Groeben:* Der soziale Wandel (Vortrag anläßlich der Verleihung der Aristide-Briand-Medaille 1972), Saarbrücken, 1972 (Manuskript).

*Hans v. d. Groeben:* Europäische Integration, transnationale Entwicklungen und sozialer Wandel, Mannheim, 1972 (Manuskript).

*Hans v. d. Groeben, Ernst-Joachim Mestmäcker, (Hrsg.):* Ziele und Methoden der europäischen Integration; Frankfurt 1972.

*Hans v. d. Groeben:* Europa in Perspektive. Ziele und Methoden der Integration, in: EG, H. 2, 1973. S. 17 f.

*Hans v. d. Groeben, Hans v. Boeckh, Jochen Thiesing (Hrsg.):* Kommentar zum EWG-Vertrag, Baden-Baden, 1974.

*Hans v. d. Groeben:* Europäische Integration und sozialer Wandel (Sonderdruck aus »Symposium in memorian Edgar Salin«) o.O., 1975, S. 45 – 62.

*Hans v. d. Groeben:* Der Bericht der Brüsseler Kommission über die Europäische Union vom 25.6.1975, Rheinbach, 1975 (Manuskript).

*Hans v. d. Groeben:* Das Europa der kleinen Schritte, Rheinbach, 1976 (Manuskript).

*Hans v. d. Groeben:* Zum zwanzigsten Jahrestag der Unterzeichnung der Romverträge. Europäische Union – Illusion oder realisierbares Ziel?; Rheinbach, 1977 (Manuskript).

*Hans v. d. Groeben:* EG Wettbewerbsregeln und Wettbewerbspolitik als Instrumente der europäischen Integration, in: Forschungsinstitut für Wirtschaftsverfassung und Wettbewerb (Hrsg.): Wettbewerbsordnung im Spannungsfeld von Wirtschafts- und Rechtswissenschaft, Köln, Berlin 1977, S. 105 – 122.

*Hans v. d. Groeben:* Die Außenbeziehungen der Gemeinschaft zwischen Statik und Dynamik, in: Eberhard Schulz (Hrsg.): Die Ostbeziehungen der Europäischen Gemeinschaft, München, Wien, 1977, S. 25 ff.

*Hans v. d. Groeben:* Die Europäische Gemeinschaft zwischen Föderation und Nationalstaat, Baden-Baden, 1977 (Sonderdruck).

*Hans v. d. Groeben:* Zwischenbilanz zum 20. Jahrestag der Unterzeichnung der Romverträge; Rheinbach, 1977 (Manuskript).

*Hans v. d. Groeben:* Die Lage der europäischen Integration im Frühjahr 1977, Rheinbach, 1977 (Manuskript).

*Hans v. d. Groeben:* The Role of the European Integration in the West German

Economic Order, in: Zeitschrift für die gesamte Staatswissenschaft, H. 135/4, 1979, S. 493 – 509.

*Hans v. d. Groeben:* Thesen zur Direktwahl zum Europäischen Parlament, Rheinbach, 1979 (Manuskript).

*Hans v. d. Groeben:* Europa und die Aufgaben unserer Zeit, Göttingen, 1979.

*Hans v. d. Groeben, Hans Möller, Rudolf Hrbeck, Heinrich Schneider:* Die Europäische Union als Prozeß, Baden-Baden, 1980.

*Hans v. d. Groeben:* The common commercial policy after enlargement: Problems facing the twelve, in: J. W. Schneider (Hrsg.): From nine to twelve. Europe's destiny?; Alphenaan den Rijn, Germantown, 1980, S. 79 – 94.

*Hans v. d. Groeben:* Die Rolle der europäischen Integration in der westdeutschen Wirtschaftsordnung, in: Orientierungen, H. 5, 1980, S. 34 – 42.

*Hans v. d. Groeben:* Zur Wirtschaftsordnung der Europäischen Gemeinschaft, in: integration, H. 1, 1982, S. 3 – 21.

*Hans v. d. Groeben:* Der Einfluß liberaler Vorstellungen auf die Gründungsverträge der Europäischen Gemeinschaften, in: Arbeitskreis Europäische Integration e. V. (Hrsg.): Politische Grundströmungen im europäischen Integrationsprozeß, Baden-Baden, 1981, S. 9 – 25.

*Hans v. d. Groeben:* Aufbaujahre der Europäischen Gemeinschaft: Das Ringen um den Gemeinsamen Markt und die Politische Union; Baden-Baden 1982.

*Hans v. d. Groeben:* Zum 25. Jahrestag der Unterzeichnung der Rom-Verträge, in: aus politik und zeitgeschichte, B 12, 1982, S. 3 – 16.

*Hans v. d. Groeben:* Der gemeinsame Markt als Kern und Motor der Europäischen Gemeinschaft, in: o.V.: Europa ringt um seine Wirtschaftsverfassung, (liber amicorum aus Anlaß des 60. Geburtstages von Dr. Karl-Heinz Narjes), Bonn, 1984, S. 19 – 45.

*Hans v. d. Groeben:* Plädoyer für einen Ausbau der Gemeinschaft, in: integration, H. 1, 1984, S. 52 – 58.

*Hans v. d. Groeben:* Entwicklungslinien der Europäischen Integration, (Manuskript), Rheinbach, 1985.

*Hans v. d. Groeben:* Ist die Europäische Gemeinschaft noch die angemessene Antwort auf die Herausforderungen unserer Zeit? (Vortrag vor dem Arbeitskreis Europäische Integration), Rheinbach 1985 (Manuskript).

*Hans v. d. Groeben:* Die Europäische Gemeinschaft, in: Hans Peter Schwarz et al. (Hrsg.): Weltpolitik. Strukturen – Akteure – Perspektiven, Bonn, 1985, S. 167 – 181.

## Zum Autor

Dr. h. c. Hans von der Groeben wurde 1907 in Langheim (Ostpr.) geboren. Nach Beendigung seiner juristischen und volkswirtschaftlichen Studien war er im Reichsministerium für Ernährung und Landwirtschaft und nach Beendigung des Krieges, an dem er als Soldat teilnahm, im Niedersächsischen Finanzministerium und im Bundeswirtschaftsministerium, zuletzt als Leiter der Unterabteilung Schuman-Plan tätig.

1958 wurde er neben Professor Dr. Walter Hallstein zum deutschen Mitglied der Kommission der Europäischen Wirtschaftsgemeinschaft ernannt. Maßgeblich beteiligt an der Ausarbeitung der Römischen Verträge, die er im marktwirtschaftlichen und freiheitlichen Sinne beeinflussen konnte, hatte der Autor die einmalige Möglichkeit, seine Konzeption als zuständiges Mitglied der Kommission in die politische Wirklichkeit umzusetzen.

Nach seinem Ausscheiden aus der Kommission im Jahre 1970 wandte er sich der wissenschaftlichen Analyse der Erfolge und Mißerfolge der Europäischen Gemeinschaft zu. Es entstanden die beiden Bielefelder Berichte über »Ziele und Methoden der Integration« und »Möglichkeiten und Grenzen einer Europäischen Union«. Mit seinem 1982 erschienenen Buch: »Aufbaujahre der Europäischen Gemeinschaft: Das Ringen um den Gemeinsamen Markt und die politische Union« (1958-1966) schrieb von der Groeben die erste systematische und zeitgeschichtliche Analyse der entscheidenden frühen Phasen des europäischen Integrationsprozesses. Die hier vorliegende kleine Auswahl von Reden und Aufsätzen Hans von der Groebens aus den vergangenen zwanzig Jahren – sie schließt sich an an die Reden-Edition »Europa – Plan und Wirklichkeit. Reden, Berichte, Aufsätze zur europäischen Politik« (1967) – dokumentiert Grundlinien und Weiterentwicklung des integrationspolitischen Konzeptes eines maßgebenden Europäers der ersten Stunde.

Jürgen Schwarze (Hrsg.)

# Integrationsrecht

Mit Beiträgen von J. Schwarze, J. Pipkorn, M. Seidel, R. Bieber, C.-D. Ehlermann

Beiträge zu Recht und Politik der Europäischen Gemeinschaft

---

Der vorliegende Band vereint aktuelle Beiträge zu Recht und Politik der Europäischen Gemeinschaft, die aus Vorträgen im Europa-Kolleg Hamburg entstanden sind.
Die Themen der einzelnen Beiträge entsprechen der gegenwärtigen Lage der Gemeinschaft und des Gemeinschaftsrechts. Neben Grundfragen der europäischen Gemeinschaftsbildung und der institutionellen Reform werden vor allem Kernbereiche des europäischen Wirtschaftsrechts dargestellt und eingehend analysiert.
Prof. Jürgen Schwarze untersucht die Europäische Gemeinschaft zwischen Krise und Bewährung. Rechtsberater Dr. Jörn Pipkorn zeigt den Einfluß der Europäischen Gemeinschaft auf das Unternehmens- und Betriebsverfassungsrecht. Ministerialrat Dr. Martin Seidel stellt die aktuellen Rechtsprobleme der Subventionsgewährung und der Beihilfenaufsicht in der Europäischen Wirtschaftsgemeinschaft dar. Rechtsberater Dr. Roland Bieber schildert die Perspektiven des Europäischen Parlaments nach der 2. Direktwahl. Neuere Entwicklungen im Außenhandelsrecht der Europäischen Gemeinschaft sind Gegenstand der Betrachtung von Generaldirektor Prof. Claus-Dieter Ehlermann.

*1985, 128 S., geb., 29,– DM,* ISBN 3–7890–1095–2

Jürgen Schwarze (Hrsg.)

# Integrationsrecht

## Beiträge zu Recht und Politik der Europäischen Gemeinschaft
## Band 2

---

Der vorliegende Band vereint grundlegende und aktuelle Beiträge zu Recht und Politik in der Europäischen Gemeinschaft, die im Europa-Kolleg Hamburg entstanden sind. Er knüpft an den im Jahr 1985 erschienenen Band von »Integrationsrecht« an.
Neben Grundfragen der europäischen Gemeinschaftsbildung und der jüngsten Erweiterung der EG werden in diesem Band vor allem Fragen der europäischen Rechtsprechung behandelt.
Richter am EuGH Prof. Gil Carlos Rodriguez Iglesias analysiert die maßgeblichen Rechtsprobleme des Beitritts Spaniens zur EG. Prof. Werner von Simson behandelt in einem allgemeineren Zusammenhang die Kriterien einer politischen Vernunft. Prof. Joseph H. H. Weiler widmet sich der aktiven Rolle des EuGH angesichts eines vielfach untätig bleibenden europäischen Gesetzgebers. Generalanwalt Dr. Carl Otto Lenz berichtet aus der Praxis eines Generalanwalts am EuGH. Prof. Jürgen Schwarze untersucht die Grundlagen und den heutigen Entwicklungsstand des Grundrechtsschutzes in der EG.

*1986, 124 S., 39,– DM,* ISBN 3–7890–1286–6

**NOMOS VERLAGSGESELLSCHAFT**
**Postfach 610 · 7570 Baden-Baden**